抗日战争档案汇编

吉林省档案馆藏日伪奴役与镇压劳工档案汇编

2

吉林省档案馆 编

中華書局

本册目录

二、日伪在东北劳工统制的实施

二、日伪在东北劳工统制的实施

伪满民政部警务司长关于送交一九三四年十一月苦力出入伪满及拒签者和日、鲜、中国人出入伪满统计表致伪满国务院统计处长、情报处长等的函（一九三五年一月二十一日）

司令官	總務部長	警務部長	主任將校	係

10.2.12受

秘

民警特外秘發第1581號

康德二年一月二十一日

民政部警務司長

國務院統計處長
國務院情報處長
民政部次長
民政部總務司長　殿
外交部通商司長
各省公署警務廳長
各特殊警察隊長

十一月中苦力出入國及拒否者並日鮮中國人出入國統計表送附ニ關スル件

首題別紙御參考迄送附ス

本信寫送附先

關東軍司令部參謀長　駐滿海軍部司令官
關東憲兵隊司令官　日本大使館警務部長

附一：日、鲜、中国人出入伪满统计表（十一月）

21

出入國日鮮中國人統計表（十一月分）

種別 國籍別 國境別	入國 日	入國 鮮	入國 中	入國 合計	出國 男	出國 女	出國 中	出國 合計
瓦房店	一〇、九七四	五、一二一	四、〇〇九	二〇、一〇四	九、一九二	四、八一六	一、一八五	一五、一九三
安東		九〇	四、九三三	五、〇二三		九七	一〇、九五四	一一、〇五一
營口	一七	五	七、六五六	七、六七八	一	五	五、五〇〇	五、五〇六
山海關	六三二	九一	一三、七〇一	一四、四二四	八五七	一〇八	一二、七五三	一三、七一八
綏芬河	六	一	一〇	一七				
圖們	一九、九四〇	一八五、三一二	一、九九八	二〇八、二五〇	一九、〇二七	一八〇、六七〇	一、九二三	二〇一、六二〇
滿洲里	一七		九	二六	五	一	一	七

喜峰口	二		四四七五	四四七七	四六		五二五二	五四九八
古北口	七六	一	六五三	七三〇	八五	一	八七六	九六三
熱河	二〇			二〇	一六			二六
總計	三[illegible]六八四	一八六〇一三	三七四四四	二六[illegible]二五〇	二九二二九	一八五六九八	三八四四四	一五三三七一

附二：苦力出入伪满及拒签者统计表（十一月）

23

十一月中苦力出入國及拒否者統計表

國境別 ＼ 入出國並拒否數	入國	出國	拒否
大連	二三、一八五	二一、〇五七	
營口	一、六五二	二一、六九二	五
安東	二、四八五	六、二九七	七四
山海關	三、三四〇	八、六三二	
古北口	—	五四二	七一
喜峰口	一八五	四九八	三九
黑河	一六	一	
圖們	六三	七八	一四
合計	三〇、九二六	五八、七九七	二〇三

註　滿洲里國境警察隊取扱分ハ該當者無シ

日本关东局警务部长关于山东苦力在营口港移动状况致日本对伪满事务局次长、外务次官等的函（一九三五年一月三十日）

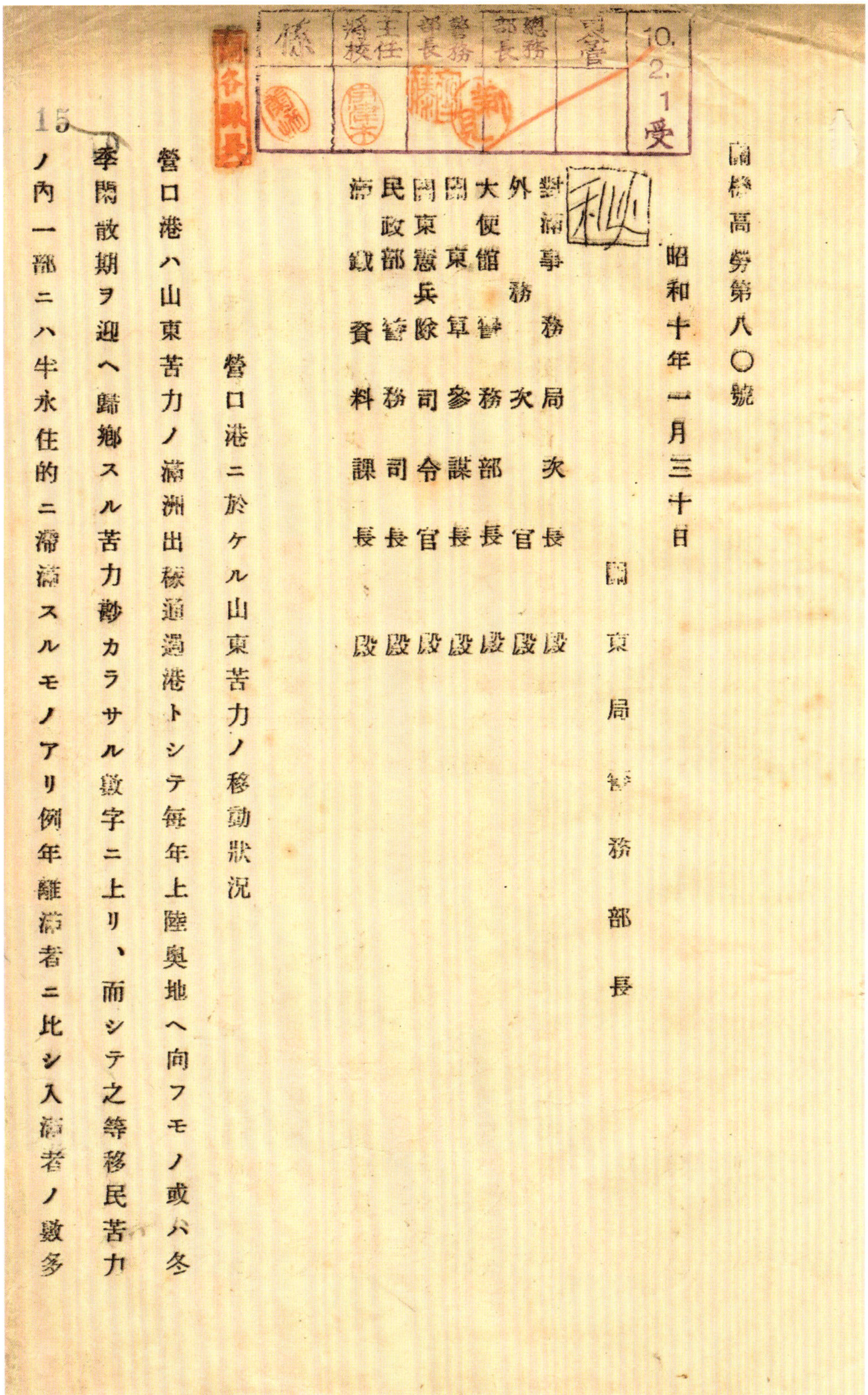

關警高第八〇號

昭和十年一月三十日

關東局警務部長

對滿事務局次長殿
外務次官殿
大使館警務部長殿
關東軍參謀長殿
關東憲兵隊司令官殿
民政部警務司長殿
滿鐵資料課長殿

營口港ニ於ケル山東苦力ノ移動狀況

營口港ハ山東苦力ノ滿洲出稼通過港トシテ每年上陸奧地ヘ向フモノ或ハ冬季閑散期ヲ迎ヘ歸鄉スル苦力尠カラサル數字ニ上リ、而シテ之等移民苦力ノ內一部ニハ半永住的ニ滯滿スルモノアリ例年離滿者ニ比シ入滿者ノ數多

16　11

キヲ原則トセリ。然ルニ滿洲事變ノ勃發ト共ニ國內ノ混亂ニ陷リ次表ニ
示ス如ク六、七年ニ於テハ入滿激減シ例年ニ見ラレサル反對ノ現象ヲ呈
セリ。

其ノ後建國基礎漸ク固リ建設的產業ハ各方面ニ勃興シ勞力ノ需要ハ急速
ナル膨脹ヲ示シ一方河北水災害及政變等ニヨリ八年度入滿苦力ハ近年ノ
最高記錄ヲ示現スルニ至リ次テ九年ニ入リ勞力ノ需要依然旺盛ニシテ國
內ハ其ノ不足ヲ來シ勞銀ハ引續キ強氣ヲ示セルニ拘ラス營口港苦力ノ出
入ハ前年ニ比シ入滿者約六萬減離滿者約九千增ノ奇現象ヲ呈スルニ到レ
リ。之カ原因ニ就キテハ種々論議セラルル處ナルモ客年以來滿洲國政府
ハ勞力ノ統制並國內治安維持ノ見地ヨリ大東公司ヲシテ支那各港ニ於テ
滿洲行移民ノ取調ヲ行ヒ之ニ入國許可證ヲ發給シ之カ所持者ノミヲ入國
セシメ他ハ全部上陸ヲ禁シ歸還セシメラレタル者一年ヲ通シ六千六百名

17 18

ノ多數ニ上リ一部苦力ハ大連港上陸ヲ計リタルト一方中國側ニ於テハ對內及對滿國策ナリトシテ苦力ノ海外進出ヲ防止シタルトニ依ルモノナリ又從來山東苦力ノ多ク從事シツツアリタル安東東邊道地方ニ於ケル農耕カ近年打續ク匪害ノ脅威或ハ降雨過多並ニ北滿ノ大水災害等ノ為收穫不良ニシテ生活ノ安定ヲ缺キ遂ニ耕地ヲ棄テ引揚ケ歸國セルモノ多ク斯クテ離滿者ノ增加トナレリ。

最近數年間ノ營口港出入客ヲ表示セハ左記ノ如シ

左記

年次	入滿者	離滿者
昭和四年	一四八、五七三	七八、六五四
〃 五年	一一六、八〇〇	一〇三、一七七
〃 六年	九二、〇六七	一〇九、〇一〇

18

〃七年	八〇、四一〇	一二六、四二四
〃八年	一九七、七六九	一〇〇、九〇六
〃九年	一三九、〇〇五	一〇九、八二三

「備考」右ハ營口港經由出入シタル滿支人ノ總數ニシテ此ノ中ニハ商人其ノ他一般船客ヲ含ムヲ以テ幾何カ純粹ノ苦力ナルヤハ確知シ得サルモ營口港ニハ船客ノ出入皆無ニ均シク船客ハ何レモ貨物船ニ依ルモノニシテ從來ノ情勢ヨリ推シテ其ノ約八割カ苦力ト推定セラルル處ナリ

尚昭和八、九兩年ニ於ケル主要港別ニ依ル營口ノ出入船客數ヲ見ルニ左記ノ如シ

左　記

入満数

港別	八年度	九年度
天津	一二一、一〇五	九一、三八三
青島	三、七八三	三二二
上海	四、八四〇	三、一〇〇
龍口	四六、二八三	四〇、六七二
其ノ他	二一、七五八	三、五二八
計	一九七、七六九	一三九、〇〇五

離満数

港別	八年度	九年度
天津	六二、五七四	七五、一一八
青島	三六一	三五四
上海	一、五五二	一、三九〇
龍口	二五、一九三	二九、〇三一
其ノ他	一一、二二六	三、九三〇
計	一〇〇、九〇六	一〇九、八二三

以上

日本关东宪兵队司令部警务部长关于要求调查大东公司致奉天宪兵队长的通牒（一九三五年一月三十日）

秘

至急

關憲高第一五二號

大東公司ノ内容調査方ニ關スル件通牒

昭和十年一月三十日

關東憲兵隊司令部警務部長

奉天憲兵隊長殿

大東公司ノ内容ニ關シ詳細調査ノ上至急報告相煩シ度依命通牒ス

發送先 奉天隊長

8

13

(3)

至急

14

發翰番號 高第一五二號

司令官

副官

部員

主計

主任

昭和十年一月三十日午前后 時 分發送

淨書者

宛名 奉天隊長

發翰者名 警ム部長

件名 大東公司ノ内容調査方ニ關スル件通牒

大東公司ノ内容ニ關シ詳細調査ノ上

至急報告相煩シ度依命通牒ス

日本关东局警务部长关于大东公司奉天事务所开设情况致日本对伪满事务局次长、外务次官等的函（一九三五年二月九日）

總務部長	警務部長	主任將校	係

10. 2. 12. 受

關警高第一〇二號

秘

昭和十年二月九日

關東局警務部長

對滿事務局次長殿
外務次官殿
關東州廳警察部長殿
大使館警務部長殿
上海總領事殿
關東軍參謀長殿
關東憲兵隊司令官殿
民政部警務司長殿
滿鐵資料課長殿
上海事務官殿
州外各警察署長殿
（除ク奉天、營口、安東）

大東公司奉天事務所開設

入滿苦力取扱機關タル大東公司ハ一月二十日奉天工業區奉天總站前ニ大東公司奉天華工宿泊所ナルモノヲ設置シ事務開始ヲナセルカ當宿泊所ナルモノヲ設置シ事務開始ヲナセルカ當宿泊所ノ對華工事務ハ左ノ通ニ付キ一應御參考迄

記

一、華工ノ無料宿泊

二、職業紹介

三、身上相談

四、無料診察、救濟

五、汽車及汽船ノ團体輸送割引

六、中華民國歸還證明ノ無料發給

七、不良勞働者ノ送還

49

八、勞働力需給ノ調節

九、指紋ノ實施（歸國ノ際要スレハ寫眞又ハ指紋ノ方法ヲトル）

一〇、勞働者名簿ノ調製

以上

日本关东局警务部长关于一九三五年一月来往大连港的「支那」苦力情况致日本对伪满事务局次长、上海总领事等的函（一九三五年二月十二日）

10.2.13受	司令官	總務部長	警務部長	主任将校	係

50

關機高勞第一〇四號

秘

昭和十年二月十二日

關東局警務部長

對滿事務局次長殿
上海總領事殿
大使館警務部長殿
關東軍參謀長殿
關東憲兵隊司令官殿
滿鐵資料課長殿
上海事務官殿

本年一月中ノ大連港來往支那人苦力狀況

本年一月中ノ大連港來往支那人苦力人員ハ別表ノ通リニシテ渡來者ノ一五、九一五名ニ比シ歸還者ハ三三、四〇二名ニシテ歸還者數多キ狀態ナルカ、之レカ原因ハ山東及天津地方ヨリ滿洲各地ニ出稼シ居タル苦力カ

51

2

旧正月ヲ控ヘ歸國スル者多キ爲ト見ラル
尚昨年同期ニ比シ渡來者ハ二、五八六名ノ減少ニ反シ歸還者ニ於テハ
三、四五七名ノ増加ヲ示セリ　御參考迄

昭和十年一月中大連港來往苦力人員數

地名別 \ 種別	入港（上陸者）男	女	計	昨年同期	比較增減
天津及塘沽	一、七三二	二五四	一、九八六	二、二六八	△二八三
龍口	二、二二二	一八二	二、四〇四	二、七二六	△三二二
芝罘	四八八九	三二七	五、二一六	六、四一三	△一、一九七
威海衛	九〇一	九九	一、〇〇〇	五五八	△四四二
青島	四二六二	五九一	四八五三	五、九〇二	△一一、七七八
上海	一四五	三八	一八三	二六〇	△七七

	安東	營口	朝鮮各地	其他各地	合計	昨年同期	比較増減
			七二	一八一	一四四〇四	一六、八七三	△二、四六九
			六	一四	一、五一一	一、六二八	△一一七
			七八	一八五	一五九一五	五〇一	△二、五八六
			一四八	二二六	一八、五〇一		
			△七〇	△三一	△二、五八六		

地名別＼種別	出港（乘船歸還者）男	女	計	昨年同期	比較增減
天津及塘沽	三、五九〇	二〇一	三、七九一	二、九一八	○八七三
龍口	五、八四二	四〇八	六、二五〇	五、一三二	○一、一一八
芝罘	七、七八〇	五五二	八、三三二	六、六五三	○一、六七九
威海衛	一、〇九六	一五一	一、二四七	八一一	○四三六
青島	一一、七七八	一、八二二	一三、六〇〇	一四、二三一	△六三一
上海	一〇	一	一一	一三	△二

55

安東	營口	朝鮮各地	其他各地	合計	昨年同期	比較増減
		二	一六七	二六五	二六七七七	○三四八八
			二	三一三七	三一六八	△三一
		二	一六九	三三四〇二	二九九四五	○三四五七
		二三	一六四	二九九四五		
		△二一	○五	○三四五七		

備考 ○印ハ増 △印ハ減ヲ示ス

以上

承德宪兵队长由里亀太郎关于调查一九三四年度入伪满苦力概况及管理现状致日本关东宪兵队司令官岩佐禄郎的报告（一九三五年二月十八日）

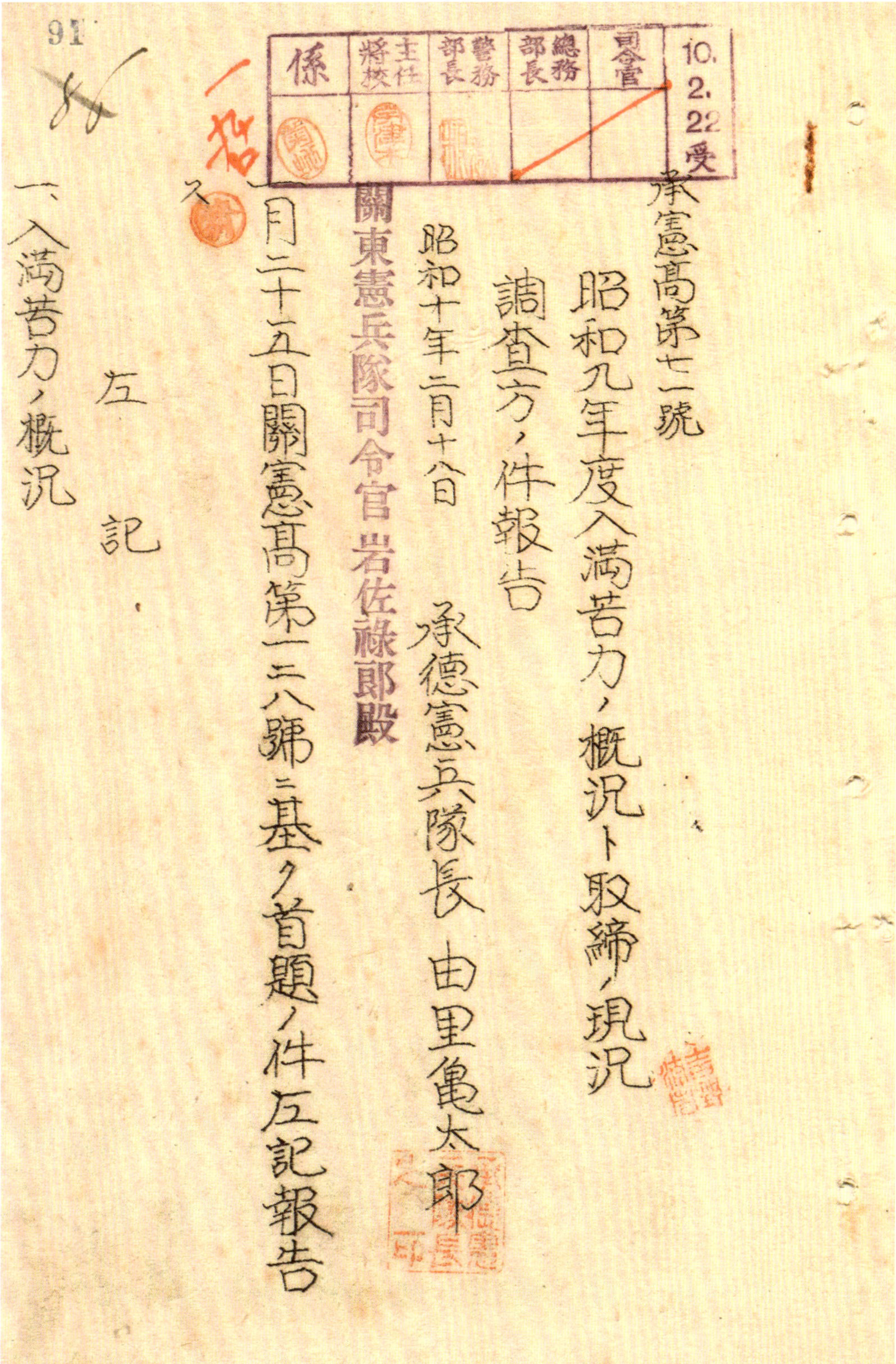
91
88
司令官　總務部長　警務部長　主任將校　係
10.2.22受
一括
承憲高第七一號
昭和九年度入滿苦力ノ概況ト取締ノ現況
調査方ノ件報告
昭和十年二月十八日　承德憲兵隊長　由里亀太郎
關東憲兵隊司令官　岩佐祿郎殿
一月二十五日關憲高第一二八號ニ基ク首題ノ件左記報告
左記
一、入滿苦力ノ概況

昭和九年度古北口及喜峰口通過團体入滿苦力計四、八六一名ニシテ内四千七百二十九名ハ請負業者ノ證明ヲ所持シ熱河省内鐵道工事苦力トシテ入國セルモノ残リ一三二名ハ何等證明ナキ為メ入國ヲ拒否セルカ之等入滿苦力一人一日ノ工賃ハ八五十錢以上七、八十錢ナルモ下請負業者並苦力頭等中間ニ介在者ニ收入ノ一部ヲ削ラレ且食費其他ニ大部分ヲ扣除セラレ皈還ニ際シテ旅費ニ窮シ逕團ニ投セルモノ又自ラ逕行ヲセルモノアリタリ

尚前記入國苦力中證明書ニヨリ皈還者ト判明セルモノ

喜峰口通過三〇五名アリ其他ハ判明セス

ハ、満洲國出入苦力及拒否ノ状況

入満苦力計四、八六一名中請負業者ノ證明ヲ有セルモノ四、一二九名ニシテ之等ハ熱河省鉄道敷設工事ニ使役セラレタルモノニテ皈還者實数ハ確實ナラサルモ証明書ニヨリ判明セルモノ喜峰口通過者三〇五名アリ

尚其他入國ニ際シ證明ナキ為メ拒絶セラレタルモノ一三二名アリ状況別紙第一ノ如シ

ニ、職業ノ状況

上工大多数ヲ占メ左官、大工之ニ次ク（別紙第二）
3、苦力出身別及素質、
地理的關係上河北省大多数ニシテ一部山東出身者アリ
（別紙第三）
4、團体加入及單獨入滿苦力ノ狀況
大部分ハ大倉組及中村組募集ノ團体入國者ニシテ單獨者僅少ナリ
（別紙第四）
5、行先地（使用地）ノ狀況
入國苦力ハ熱河省内鐵道敷設工夫トシテ募集セラレタルノ

93

88

モノナルカ稼働中給與ノ不良又ハ苦力頭カ賃銀携帯逃
走等ノ被害ヲ受ケ團体ヲ以テ他ノ工事區ニ轉々スルモノア
リ一定ノ工事區ニ於テ始終稼働セルモノハ約半数ト称セ
ラレアリ　　（別紙第五）

6、販還率
判明セルモノ喜峰口通過者三、〇〇五名ナルカ尚其他ニ前記
ノ通リ苦力頭ノ賃銀横領等ノ被害ヲ受ケ販還時ニ匪
化脱境セルモノ又ハ他ニ轉職シ單獨越境セルモノアルモ
数不明

ク、輸送機關ノ狀況

熱河通運株式會社自動車ニ依ルモノアルモ徒歩入國セルモノ多シ

二、支那官憲ノ入滿苦力阻止妨害ノ狀況

北平軍事分會ニ於テハ僞國ニ到リ勞働スルハ僞國ノ發展ヲ助成スルモノナリトテ之レカ禁止方ヲ隷下各部隊ニ密令シ取締リヲ嚴重ナラシメ其ノ直接行動ニ出テタルモノ

ハ、三月中旬北平安定門保安隊ハ入熱苦力ヲ嚴重取調自動車ニ依ル入熱ヲ阻止シタルコトアリ

94

2、三月二十五日密雲保安隊ニ於テ自動車輸送中ノ六十二名ニ下車ヲ命ス入滿ヲ阻止セントシタリ

3、三月三十一日北苑駐屯中央軍營長顧明甲ハ部下約一ヶ連ヲ以テ約三百名ノ入滿苦力ヲ逮捕北苑ニ留置セルコトアリ

三、入滿苦力取締ノ狀況

(一)大東公司查證發給狀況

古北口入滿苦力ハ團体加入者ニシテ大東公司ノ查證ヲ所持シアルモ喜峰口通過苦力ハ五月以前ノ單獨苦力ニシテ各請負者ノ證明ヲ所持入國セリ

(二)各國境ニ於ケル日満官憲取締ノ状況

イ、満洲國側

古北口國境警察隊ニ在リテハ北門ニ於テ喜峰口國境警察隊ハ昭和九年四月横杖子(長城線關門)ニ分遣隊ヲ設置シ入満者ノ携帯品其他ノ検査ヲ行ヒ取締ニ任シアリ

ロ、日本側

イ、憲兵

A 古北口憲兵分隊ニ於テハ國境警察隊ト協力同地北門外ニ於テ携行品、身体検査及大東公司査證所

95

90

持ノ點検ヲ行ヒ

B 喜峰口憲兵分遣隊ニ於テハ國境警察隊ト連絡ヲ取リ又ハ灤河渡船場ニ檢問所ヲ設ケ不良分子又不正越境者ノ取締リニ任セリ

ロ、警察

ナシ

ハ、其他地方官公衙

ナシ

㈢大東公司對日滿取締リ官憲トノ連絡協調ノ状況

六月ヨリ古北口ニ大東公司出張所ヲ設置シ日滿官憲ニ連絡援助ヲ求メ取締リニ任シアリ

四、入滿制限カ滿洲勞働者ニ及ホシタル影響

(一)滿洲在住勞働者ニ與ヘタル影響

熱河省内鐵道工事ハ解氷期ヨリ結氷期間ナレハ在住民族ハ農繁期ナル為メ影響ナシ

(二)需要者ニ與ヘタル影響

ナシ

五、取締上將來ノ對策所見

96

9

將來ノ入國者ニ對シ大東公司ヲ責任者トシテ團体入國ヲ實施セシムルハ有効ノ處置ナルカ尚前年度販還ノ状況ニ鑑ミ使役中ノ取締、例ハ給與及賃銀支拂ノ監督ヲ適切ニシ亞化防止策ヲ併行セシメサレハ入國取締ノ實績ハ擧ケ難キモノト思料ス

發送先

関憲司、　隊下

(了)

附：一九三四年度出入伪满苦力概况

97

別紙第一

滿洲國出入苦力及拒否数調（昭和九年）

月別	入出国拒否別＼國境別	古北口	喜峰口	計
三月	入国	二、五〇〇		二、五〇〇
	出国	不明		不明
	拒否	ナシ		ナシ
四月	入国	一、五〇〇		一、五〇〇
	出國	不明		不明
	拒否	ナシ		ナシ
六月	入国	三一八		三一八
	出国	不明		不明
	拒否	ナシ		ナシ
七月	入国		四八	四八
	出国		二二九	二二九
	拒否		一一	一一
八月	入国		八五	八五
	出国		三〇七	三〇七
	拒否		三〇	三〇
九月	入国		四〇	四〇
	出国		一八三	一八三
	拒否		二九	二九

十月	入國		三〇	三〇
	出国		二八四	二八四
	拒否		二〇	二〇
十一月	入国		一八三	一八三
	出国		四九八	四九八
	拒否		三九	三九
十二月	入国		二三	二三
	出国		一、五〇四	一、五〇四
	拒否		三	三
計	入国	四、三一八	四一一	四、七二九
	出国	不明	三、〇〇五	三、〇〇五
	拒否	ナシ	一三三	一三二

(3)

98

別紙第二

入満苦力職業別調（昭和九年）

職業別		古北口	喜峰口	計
土木建築労働者	土工	四、〇三二	三五〇	四、三八二
	木匠	一四二		一四二
	瓦匠	一四四	二五	一六九
一般使用人			三六	三六
計		四三一八	四一一	四、七二九

(3)

別紙第三

入満苦力出身別調（昭和九年）

出身別＼国境別人員	古北口	喜峰口	計
河北省	四、〇〇〇	二一五	四、二一五
山東省	三一八	一九六	五一四
計	四、三一八	四一一	四、七二九

100

別紙第四

團体加入及單獨入滿苦力別調（昭和九年）

團体別＼國境別入員	古北口	喜峰口	計
大倉組	四、〇〇〇	不明	四、〇〇〇（喜峰口不明）
中村組	三一八	不明	三一八
計	四、三一八	四一一	四、七二九

46

101

別紙第五、

入満苦力行先地（使用地）別調（昭和九年）

国境別人員／行先地	古北口	喜峰口	計
熱河省	四、三一八	四一一	四、七二九
計、	四、三一八	四一一	四、七二九

（3）

日本关东局警务部长关于一九三四年来往大连港的「支那」苦力情况致日本对伪满事务局次长、外务次官等的函（一九三五年二月）

司令官　總務部長　警務部長　主任將校　係

10.2.6.受

關各隊長

秘

43

關警高勞第八五號

昭和十年二月　日

關東局警務部長

對滿事務局次長殿
外務次官殿
大使館警務部長殿
關東軍參謀長殿
關東憲兵隊司令官殿
民政部警務司長殿
滿鐵資料課長殿

昭和九年中大連港來往支那人苦力ノ狀況

山東及天津方面ヨリノ滿洲出稼苦力ノ多クハ初春早々渡來シ滿洲各地ニ至リ耕作其他ノ勞働ニ從事シテ勞銀ヲ蓄ヘ結氷期ニ入リテ歸鄉シ舊暦正

月ヲ迎ヘ再ヒ渡滿スルヲ例トスルカ滿洲事變後滿洲國ノ建設ト其ノ發展ニ伴ヒ諸種事業ノ勃興ハ自然勞働市場ノ擴大トナリ苦力ノ需要増加ニ依リ逐年渡來者ノ増加傾向ヲ辿リ客年亦舊正月ヲ過キル頃ヨリ、渡來者激増シ三月中一一九、三〇九名ノ渡來者ヲ見タリ、然ルニ關東軍特務部ニ於テ苦力ノ渡滿ハ滿洲國ニ於ケル移民問題ニ最モ重大ナルモノナル觀點ヨリ之カ統制ヲ圖ルコトトナリ關係各方面ト協議ノ結果入滿苦力ノ制限ヲ行フコトトナリ四月初旬大東公司ノ設置ヲ見同公司ニ於テ入滿苦力制限ノ直接事務ニ當ルコトトナレリ、右ニ依リ大東公司ハ天津ニ本部ヲ置キ山海關青島、芝罘、龍口、威海衛各地ニ出張所ヲ設ケテ入滿苦力ニ對シ滿洲國入國證明書ヲ配給シ取締ヲ開始シタリ、然ルニ支那側ニ於テハ右大東公司ノ設置ヲ對滿政策上ヨリ否認ノ態度ニ出テ滿洲出稼苦力ノ渡航ヲ阻止シタルヲ以テ六月頃ヨリ芝罘及青島方面ヨリノ渡來者ハ減少ヲ

45

見タルモ大連港ニ於ケル昨年中ノ渡來總人員ハ別紙ノ通三七一、一〇九名ニシテ之ヲ前年度ニ較フレハ尚四八、〇四七名ノ增加ヲ示セリ乘船歸還者總人員ハ二〇七、一〇六名ニシテ渡來者ニ比シ一六四、〇〇三名少ク前年ニ比シ二〇、七六五名ヲ減少セリ、之カ主タル原因ハ在滿諸事業勃興ニ伴ヒ滯留者增加ニ在ルモノノ如シ

尚舊臘大連ヨリ汽船十五隻ニ乘船セル歸還者三、五六七名中二百七十三名ニ對シ試ミニ所持歸還ノ現銀ヲ調査スルニ一人ノ所持金最高金額二百二十圓最低二圓ニシテ其平均金額ハ一人約三十八圓ナリ。

附一：一九三四年内苦力来往大连港月份表

46

昭和九年中大連港來往苦力月別表

月別	入港（上陸者）男	入港（上陸者）女	入港（上陸者）計	入港（上陸者）昭和八年中	入港（上陸者）比較増減	出港（乘船歸還者）男	出港（乘船歸還者）女	出港（乘船歸還者）計	出港（乘船歸還者）昭和八年中	出港（乘船歸還者）比較増減
一月	一六、八七三	一、六二八	一八、五〇一	一二、三九〇	◎六、一一二	二六、七七七	三、一六八	二九、九四五	四六、一五八	△一六、二一三
二月	一三、九四二	一、一二二	一五、〇六四	四五、二〇九	△三〇、一四五	一三、六八二	一、三四五	一五、〇二七	三一、三六六	△一六、三三九
三月	一二、六六〇	六、六四九	一九、三〇九	六四、六一四	◎五四、六九二	一七、六九四	二、一三四	一九、八二八	三〇、八六八	△一一、〇四〇
四月	五三、二八七	四、六五二	五七、九三九	二九、七二九	◎二八、二一〇	一一、六六一	一、三九七	一三、〇五八	一二、八二四	◎二三四
五月	二七、九〇五	三、二四三	三一、一四八	二三、二〇九	◎七、九三九	一一、一一六	一、四二〇	一二、五三六	一〇、七二一	◎一、八一五
六月	一三、二一九	一、六四二	一四、八六一	一五、九〇三	△一、〇四二	一〇、二九七	一、二〇八	一一、五〇五	一一、四〇一	◎一〇四
七月	一三、六一六	一、九二一	一五、五三七	二〇、一八五	△四、六四八	九、三三六	一、〇八一	一〇、四一七	九、五七〇	◎八四七
八月	一三、二二六	一、七六〇	一四、九八六	一九、五〇五	△四、五一九	九、七七六	一、一六二	一〇、九三八	一〇、六二六	◎三一二
九月	一五、八三七	二、一〇七	一七、九四四	二〇、八七七	△二、九三三	一〇、二八二	一、五〇九	一一、七九一	九、二九八	◎二、四九三
十月	一六、七三五	二、二七八	一九、〇一三	二二、六二六	△三、六一三	一四、一〇六	一、五九六	一五、七〇二	一二、三〇五	◎三、三九七
十一月	二〇、五四〇	二、六四四	二三、一八四	二四、一〇一	△九一七	一八、八一〇	二、二四七	二一、〇五七	一六、四〇四	◎四、六五三
十二月	二一、三三三	二、二九〇	二三、六二三	二四、七一一	△一、〇八八	三一、〇八四	三、二一八	三五、三〇二	二六、三三〇	◎八、九七二
合計	二三九、一七三	三一、九三六	二七一、一〇九	二二三、〇六二	◎四八、〇四七	一八五、六六二	二一、四八五	二〇七、一〇六	二二七、八七一	△二〇、七六五

附二：一九三四年内来往大连港苦力地区表

昭和九年中大連港來往苦力人員地別表

出入別	男女別／地別	天津及港沽	龍口	芝罘	青島	威海衛	上海	安東	營口	朝鮮各地	其他各地	合計
入港（上陸者）	男	七〇、二三七	四三、六九八	九四、六七九	一〇七、五一六	一六、〇八〇	二、〇〇八	一、七八二	二四	一、一二六	二、〇二三	三三九、一七三
	女	五、三八〇	三、五一九	六、〇二六	一三、九九三	一、九〇六	五一九	三一五	二	九九	一七七	三一、九三六
	計	七五、六一七	四七、二一七	一〇〇、七〇五	一二一、五〇九	一七、九八六	二、五二七	二、〇九七	二六	一、二二五	二、二〇〇	三七一、一〇九
	昭和八年中	六二、五二四	三七、七一九	一〇一、四九三	一〇〇、一四一	一一、四五九	二、一八二	一、五四八	二〇二	一、五三二	四、二六二	三二三、〇六二
	比較增減	◎一三、〇九三	◎九、四九八	△七八八	◎二一、三六八	◎六、五二七	◎三四五	◎五四九	△一七六	△三〇七	△二、〇六二	◎四八、〇四七
出港（乘船歸還者）	男	一九、四三一	二三、六〇二	五四、八九〇	七八、三六八	六、一一五	一八	一、一九四	四	七〇九	一、二九〇	一八五、六二一
	女	一、九一五	二、〇四五	五、五二六	一〇、五二三	一、二二六	五	一七〇		三四	四一	二一、四八五
	計	二一、三四六	二五、六四七	六〇、四一六	八八、八九一	七、三四一	二三	一、三六四	四	七四三	一、三三一	二〇七、一〇六
	昭和八年中	四一、六九二	二〇、八一五	五九、〇一九	九四、六八二	六、一九三	一八一	一、三三六		一、四八七	二、四六六	二二七、八七一
	比較增減	△二〇、三四六	◎四、八三二	◎一、三九七	△五、七九一	一、一四八	△一五八	◎二八	◎四	△七四四	△一、一三五	△二〇、七六五

備考　右二表中◎印ハ增ヲ示シ△印ハ減ヲ示ス

奉天宪兵队长三浦三郎关于调查一九三四年度入伪满苦力概况及监管现状致日本关东宪兵队司令官岩佐禄郎的报告（一九三五年三月六日）

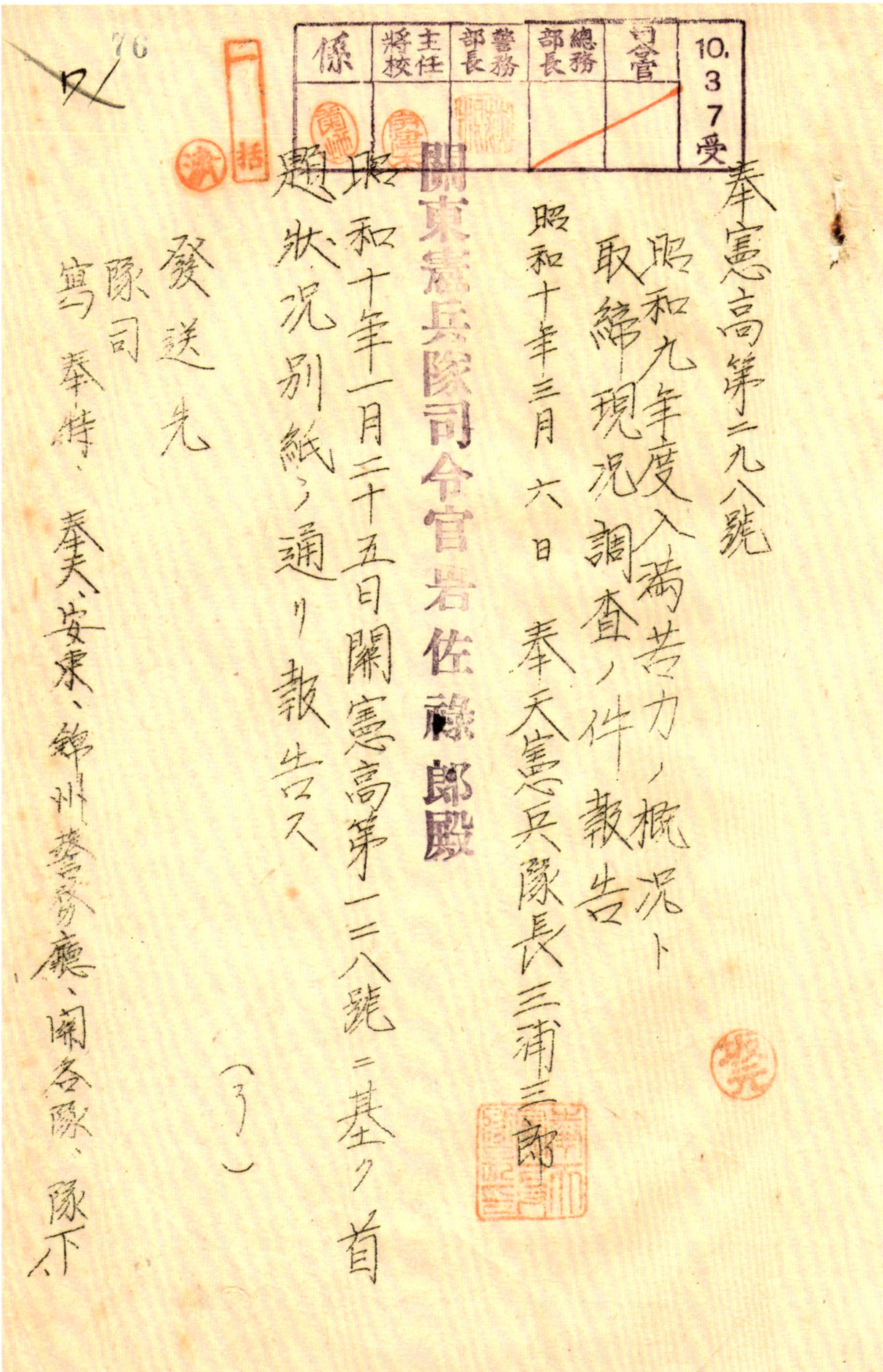

10.3 7受
司令官
總務部長
警務部長
主任将校
係

76
一括
済

奉憲高第二九八號

昭和九年度入滿苦力ノ概況ト取締現況調査ノ件報告

昭和十年三月六日　奉天憲兵隊長三浦三郎

關東憲兵隊司令官岩佐祿郎殿

昭和十年一月二十五日關憲高第一二八號ニ基ク首題状況別紙ノ通リ報告ス

（了）

發送先
隊司
寫　奉特、奉天、安東、錦州警務廳、關各隊、隊下ノ

77

昭和九年度入満苦力ノ概況ト取締ノ現況

一、入満苦力ノ概況

1. 満洲國出入苦力及拒否ノ状況（別紙第一）
2. 職業ノ状況（別紙第二）
3. 苦力出身別及素質（別紙第三）
4. 團体加入及單獨入満苦力ノ状況（別紙第四）
5. 行先地（使用地）ノ状況（別紙第五）
6. 歸還率　八四%弱
7. 輸送機關ノ状況

山海關ヲ除ク外營口、安東、大連共、海路船舶ニヨリ入國シアリ船賃ハ三等一人概ネ三円内外トス

尚營口ハ三月二十一日始航十二月十五日終航シ安東ハ四月上旬鴨緑江解氷ヲ待チテ輸送ヲ開始シ十一月下旬結氷ト共ニ終航セリ

二、支那官憲ノ入滿苦力阻止妨害ノ状況

月別	阻止妨害状況
三月	天津公安局ハ中國苦力ノ出國ハ日本カ蘇聯ト開戰準備ノ爲メ兵隊トシテ使用スルモノナリトシテ出國嚴禁ノ佈告ヲ爲ス

78

73

四月	五月	八月	十一月
龍口公安局ノ阻止妨害ハ益々激シクナリ大東公司員ノ陸上勤務ハ不可能トナリ止ムナク各船内ニ出張查證事務ヲ執ル	龍口公安局ハ大東公司前ニ巡警ヲ立哨セシメ查證ヲ求ムル中国人ヲ追拂ヒ大東公司ノ業務ヲ妨害ス	龍江公安局ハ濟南政府ノ命ナリトテ大東公司ヨリ交付セル查證ノ没收ヲナシ業務ヲ妨害ス 威海衛ニ於テ勤務スル大東公司員ニ對シ同地官憲カ暴行ニ出テ其ノ業務ヲ不能ナラシム	河北政府カ南京政府ノ命令ナリトテ禁令ヲ發シ東北出稼者ヲ救濟スト稱シ全般的ニ出國苦力ノ防止ニ努力ム

三、入滿取締ノ状況

(一) 大東公司查證發給ノ状況

之ヲ概括的ニ觀察セハ設立趣旨タル即チ治

3

安維持、労働ノ統制及調節ノ為ニ相当実直
ニ貢献スル処アリシモ更ニ細部ニ之ヲ視察セハ
左ノ如キ批判スヘキ点アリ
○査證ニ無統制ノ点アリ
四月二十七日営口入港「北銘号」乗客中ニハ天津
ノ旅館ニテ査證ヲ購入シ来レルモノ十四名ア
リタリ
四月二十八日営口入港一進丸乗客一千六百余名ハ
殆ト本人ト不相違ノ査證ヲ所持シ居タリ
○査證業務ハ日満船舶ニヨリ相違セリ
龍口大東公司ハ同地支那官憲ノ妨害ニヨリ四

79

76

月以来船内査證ヲ實施シアリシカ六月ヨリ一般ニハ之ヲ廢止シタルモ日本船舶三船ニハ特約ノ名目ニテ尚船内査證ヲ繼續セリ

○入國査證ノ轉賣ハ說

日本船舶共同丸船員ハ大東公司員ト密約シ査證ヲ入手シ之ヲ船客ニ販賣シタル由

(二)各國境地ニ於ケル日滿官憲取締ノ狀況

イ、滿洲國側

事項／地点	人員	取締狀況
大連		

営口	海辺警察隊 四四 縣警務局 二	両者協調専門的ニ本業務ニ携リ取締モ至極厳ニシテ其ノ完璧ヲ期セリ
安東	鴨渾両江水上警務局 三〇	専属取締ニ任シ厳格ニ勤務シタル為メ其ノ目的ヲ達成セリ
山海関	国境警察隊山海関分遣隊員 一〇名	大東公司員ト協力シ直接取締警戒ニ任シアリテ一面長城線方面ヨリスル不正入国者ヲモ厳戒シアリ

2. 日本側（憲兵警察其ノ他地方官衙）

地区／区分	憲兵	警察	其ノ他
大連	船舶入港ノ都度制服二三名宛ヲ派遣シ警察官及船	水上署専属トナリ大東公司ノ意図方針ト諸情報ヲ綜合シ徹底的	

80

75

	員ト連絡査證ニ根拠ヲ置キ厳重取締ニ服ス	取締ニ従事ス	
営口	下士官以下五名ヲ派シ海辺警察隊員ヲ指導監督シ厳ニ取締ヲ励行ス	満鉄埠頭ニ巡査二名ヲ派シ専属トシテ取締ニ従事セルモ船舶カ日本船ナルノ理由ニテ取締緩慢ニシテ一名ノ拒否者ヲモ出サヽリキ	
安東	憲兵ハ入航時ニ適宜人員ヲ派シ水上署員ヲ指導監督シ取締ニ任セリ	安東領事館警察署員三名専属ニテ取締業務ニ服シタルカ概ネ其ノ目的ヲ達セリ	平安北道警察部ヨリ巡査二乃至三名ヲ都度派遣シ警察側ト連絡取締ニ任ス
山海	憲兵ハ山海関特務機関ト連絡シ日満警察機関ヲ督励シ		

(三)大東公司對日滿取締官憲トノ連絡協同ノ状況

大東公司側ニ於テハ若力上陸地ノ日滿官憲トノ連絡協調ヲ計ル爲各船毎ニ概ネ公司員一、二名宛ヲ乘船セシメアリ

又査證方法ヲ變更シタル時若ハ取締上必要ト認ムル事項等ハ文書ヲ以テ通牒シ來ルヲ例トセルモ其ノ通牒カ時ニ上陸地ニ殘ルヽコト等アリシハ遺憾ナリ

閑

嚴ニ取締ヲ勵行ス

81

大連ニ於テハ水上警察、憲兵、海務局、船會社大東公司側ト左ノ協調ヲ為セリ

1. 満洲國ノ入國苦力取締方針ヲ援助スル為メ大東公司員ヲ各船舶ニ乗船セシメ航海中細密検査ノ上査證ヲ実施シ船員ハ之ニ協力ス

2. 出港地客桟ヲ督励シ船客名簿ヲ提出セシム

3. 査證ヲ受ケサルモノハ大連上陸後官憲ニ於テ取調ノ上処理ス

四、入満制限カ満洲労働界ニ及ホシタル影響

(一)満洲在住労働者ニ與ヘタル影響

昭和九年三月二十七日附ヲ以テ入満苦力ノ制限ヲ實施セラレタル爲メ當時苍间ニハ相當ノ影響アルヘシト予想シ在来労働者ニシテ賃銀ノ高率ヲ夢想シ暗ニ之ヲ要求スルカ如キ態度窺ハレタリシモ實施後ノ實状ハ然ラサル爲メ何等ノ影響ヲモ見サリキ

(二)

需要者ニ與ヘタル影響

安東省下ニ於ケル船舶業者並ニ入國苦力需要者ハ共ニ苦力ノ入國制限ハ產業發展ヲ阻害シ労働賃銀ヲ騰貴セシムルモノナリトテ関係者協議ノ結果奉天省公署警務

82

~~77~~

廳長、民政部大臣宛之カ緩和若ハ解禁方
請願セルモ却下セラレタルカ實施後ノ實情
ハ毫モ支障ナカリシ為其ノ儘トナリ現今ニ
於テモ何等影響トシテ認ムヘキモノナシ

五、取締上將來ノ對策及所見

イ、労働許可證ヲ交附シ且ツ指紋ヲ保管ス
上陸地水上警察署並全國各警察署ニ労
働者登録名帳ヲ備付ケ管内ノ就業苦力全
部ノ登録ヲ為シ登録者ニ各登録官署毎
ニ一連番號ヲ付シタル労働許可証ヲ交付ス
而シテ登録名帖及労働許可証ニハ被登録

7.

者ノ寫眞ヲ添付シ以テ許可証ノ貸借悪用等ヲ防止ス尚登録ト同時ニ指紋ヲ採取シ該指紋ハ各登録官署ヲ管轄スル各區指紋局ニ保存ス

2. 常時許可證ヲ携帯セシム

労働許可証ハ常ニ携帯セシメ許可證ヲ所持セル者ハ國内ニ於テ労働ニ従事セシム

3. 年一回許可證ヲ査證ス

労働許可證ハ引續キ在滿者並ニ再度入國者ヲ問ハス毎年一定期間ニ登録官署ノ査證ヲ受ケシメ爾後一ケ年間ハ有効トシ累年使用スル

83

78

コトヲ得セシメ査證ハ何レノ登録官署ニテモ之ヲ
受付ケ査證シ査證料若干ヲ徴收ス

4. 許可證ヲ紛失シタル時ハ届出テシム
許可證ヲ紛失セル場合ニハ届出シメ受付官署ヨリ前登録官署ニ其ノ旨ヲ通知シ旧名帳寫及寫真ノ送付ヲ受ケ新ニ登録ス
查證ヲ與ヘタル官署ハ其ノ旨登録官署ニ通知シ名帳ニ記入セシム

5. 苦力使用者需要者ノ官憲ニ對スル届出
(イ) 苦力需要者ハ需要ノ多寡ニ拘ラス所轄警察署ニ届出シム

8.

（ロ）使用苦力中未登録者アル場合ハ使用者ニ於
テ所轄警察署ニ届出登録ヲ為サシム
6、團体苦力ヲ奨励シ個人苦力ノ入國ヲ禁ス、
苦力入國ハ満洲國民政部ノ許可セル團体苦力
ノミヲ認メ個人苦力ノ入國ハ之ヲ禁シ以テ可成
團体苦力ニ加入方指導ス
7、大東公司ハ天津特務機關ノ監督下ニ在ルヲ以
テ軍ハ従来ニ倍シ監督指導ヲ厳ニシ以テ出
港地ニ於ケル苦力ノ募集及團体編成等ヲ指導
斡旋セシムルト共ニ證明書發給ヲ廢シ登録ノ
際登録手数料若干ヲ徴シ登録ノ費用ニ充

84

89

当ス

8、苦力收容所ノ設置

最近ノ情報ニ依レハ大東公司ハ國内各地ニ苦力ノ無料宿泊所ヲ設置シ大東公司ノ發給セル証明證所持者ニハ無料宿泊セシムル由ナルカ至極妥當ノ措置ト思料ス嘗テ或ハ安東ノ如キ上陸地及鐵道沿線主要地ニ苦力ノ一時收容所ヲ設置シ之ヲ收容セハ前述ノ登録實施其ノ他ニモ非常ナル便トナリ且ツ之ニヨリ反滿抗日分子容疑者ノ檢擧ニ多大ノ効果ヲ齎シ得ルモノト信ス

9

85

80

別紙第一

滿洲國出入苦力及拒否數調（昭和九年）

月別 / 國境別 / 拒否別	一月 入國	一月 出國	一月 拒否	二月 入國	二月 出國	二月 拒否	三月 入國	三月 出國	三月 拒否	四月 入國	四月 出國	四月 拒否	五月 入國	五月 出國	五月 拒否
大連	一六、三六八	二六、六二六		一三、五五六	二一、七一六		一三、〇三七	一七、二八八		五二、七一七	一一、〇七五	八七三	二七、四七四	一〇、八七六	一九九
營口							六、五二五	一一一	二、六七七	八七二	四二四	三九七	七、一一二	一二五	二、四四三
安東										九、九九七	一、五五七	一、二八八	三、三八七	四、二〇二	三〇八
山海關										一六、八八七	三、二五〇	一八五	一三、七八五	二、一三五	一三〇
計	一六、三六八	二六、六二六		一三、五五六	二一、七一六		一九、五六二	一七、三九九	二、六七七	八〇、四七三	一六、三〇六	二、七四三	五一、七五八	一七、三三八	三、〇八〇

六月			七月			八月			九月			十月			十一月			十二月		
入國	出國	拒否	入國	出國	拒否	入國	出國	拒否	入國	出國	拒否	入國	出國	拒否	入國	出國	拒否	入國	出國	拒否
一二、七三一	九、九三七	一、三五六	一三、一五〇	九、〇五〇	七七三	一二、七五七	九、五三九	一、四七二	一五、二六七	一〇、一三四	一、三四七	一六、二五〇	一三、九五一	一、四四九	一九、八三四	一八、六九三	三、二六一	一四、五〇七	二二、三一二	一、三〇五
六、二二〇	一三二	七二七	七、一五三	一九九	二一四	四、九五二	二〇七	七二	二九八	五三一	六三	五三九	一一、七四九	二四	一、六五二	二一、六九二	五	一二九	五、三三七	
八六四	二、八五二	七二	四四〇	二、一六六	七二	一、二七六	二、〇七八	八二	一、〇八四	二、四六四	九一	一、一五五	七、五〇〇	三七	二、四八五	六、二九七	七四			
一一、二六五	一、九三〇	一五〇	九、七八四	一、二八五	一四五	一〇、六四四	五、三二〇	一六〇	一三、五九七	八、三八〇	一三五	一四、〇三二	一一、二五八	一九三	一二、五五二	一二、五二五	二〇五	一二、三八四	三五、八三〇	一八〇
三一、〇八〇	一四、八五三	二、三〇五	三〇、五二七	一二、七〇〇	一、二〇四	二九、六二九	一七、一四四	一、七八六	三〇、二四六	二一、五〇九	一、六三六	三一、九七六	四四、四五八	一、七〇三	三六、五二三	六〇、二〇七	三、五四五	二七、〇二〇	六三、四七九	一、四八五

86
8

別紙第二

入國苦力職業別調（昭和九年）

職業別＼國境別		大連	營口	安東	山海關	計
土木建築労働者	土工		七、四九五		二、三八〇	九、八七五
	木匠	一〇〇、一三六	九、二一三		二、一六三	二一、五一二
	瓦匠		一二三		一、三三七	一、四六〇
農業		二九、二三七	一一、三二七	/	一八、七六七	五九、三三一
工業		三〇、〇二九		/		三〇、〇二九
鑛業		二、八一九		/		二、八一九
交通業		三、五二六	七八	/	四九五	四、〇九九
商業		一三、六四四	四、四二七	七〇〇	五四、一二二	七二、八九三
金属			一五	/	一、八二八	一、八四三
纖維			八二	/	七、九六二	八、〇四四

其他	四八、二五七			二、八二三	五一、〇八〇
一般使用人		二、三五六	四、三〇〇	二二、九六三	二九、六一九
興業人	三三六				
抽絲人			六、五〇〇		
船夫			三、九五〇		
筏夫			五、二三八		

別紙第三

入満苦力出身別調（昭和九年）

出身別＼国境別人員	大連	営口	安東	山海関	計
山東省	一〇七、三八九	三〇、二九一	一三、五八二	一五、〇一四	一六六、二七六
湖南省	五、五二二				五、五二二
湖北省	一〇九、九六四				一〇九、九六四
江蘇省	四〇一			九一	四九二
山西省	四、三七二		四、五〇〇	三、九四八	一二、八二〇
河北省		五、一六一	二、六〇六	九〇、九二〇	九八、六八七
河南省				四、四五一	四、四五一
浙江省				五七	五七
安徽省				三三	三三
廣東省				一五	一五

貴州者				一	一
其他				三四四	三四四

88
83

別紙第四

団体加入及単独入満苦力別調（昭和九年）

団体別 ＼ 国境別人員	大連	営口	安東	山海関	計
飛島組	四、八〇〇				四、八〇〇
大倉組	四、三三六				四、三三六
林谷組	一〇、七九〇	二、二六三			一三、〇五三
西本組	四、〇〇〇				四、〇〇〇
長谷川坂本組	三、五五〇				三、五五〇
大林組	二、三一三				二、三一三
松本組	二、〇〇〇				二、〇〇〇
間組	三、三七〇				三、三七〇
吉川組	四、五〇〇				四、五〇〇
岡組	三、五〇〇				三、五〇〇

3

高岡組	三、五〇〇				三、五〇〇
鈴木組	二、五〇〇	三〇〇			二、八〇〇
福井高梨組	二、〇〇〇				二、〇〇〇
荒井組	一、〇〇〇				一、〇〇〇
清水組	一、七一〇				一、七一〇
福昌公司	二五〇				二五〇
昭興公司		四四二			四四二
昭和工務所		二九三			二九三
義和公司		二一六			二一六
鐵道隊		二、二三六			二、二三六
航業公會			三、九五〇		三、九五〇
木業公會			五、二三八		五、二三八
和昌永絲廠			三八〇		三八〇
同源系廠			四二〇		四二〇

89

86

遠東糸廠			三九〇		三九〇
德和祥			二八〇		二八〇
泰昌盛			三五〇		三五〇
德生糸廠			三一〇		三一〇
順泰糸廠			三〇三		三〇三
恒裕糸廠			三〇三		三〇三
源生糸廠			三三五		三三五
東恒泰			三七六		三七六
和豐益			四一四		四一四
昌記糸廠			三四〇		三四〇
仁合廠			二二五		二二五
八合廠			二四〇		二四〇
七星糸廠			三〇〇		三〇〇
同利永			三六〇		三六〇

東順糸廠			二二六		二二六
和順糸廠			二三〇		二三〇
山林糸廠			二九四		二九四
泰和糸廠			二八五		二八五
其他雜役			五、〇〇〇		五、〇〇〇
義合祥				一、八六一	一、八六一
單獨入滿	一七三、五二九	二九、七〇二		一〇八、〇一七	三一一、二四八

別紙第五

入満苦力行先地（使用地）別調（昭和九年）

行先地＼人員	大連	営口	安東	山海関	計
奉天省	一四二、七三五	一〇、〇一六		八二、九五五	二三五、七〇六
熱河省	四、八六六	五、六三二		三、一五〇	一三、六三八
吉林省	五七、六〇六	八、二一九		二一、九五二	八七、七七七
龍江省	九、七〇四	三七七		六、五三四	一六、六一五
関東州	一一、四七七				一一、四七七
興安省其他	一、二六〇			六八	一、三二八
濱江省		一一、二一八			一一、二一八
安東省			二〇、六八八		二〇、六八八

日本关东宪兵队司令官关于一九三四年度入伪满苦力概况致日本关东军司令部、关东宪兵队司令部、各关东宪兵队（分队、分遣队）长的报告（通牒）（一九三五年四月四日）

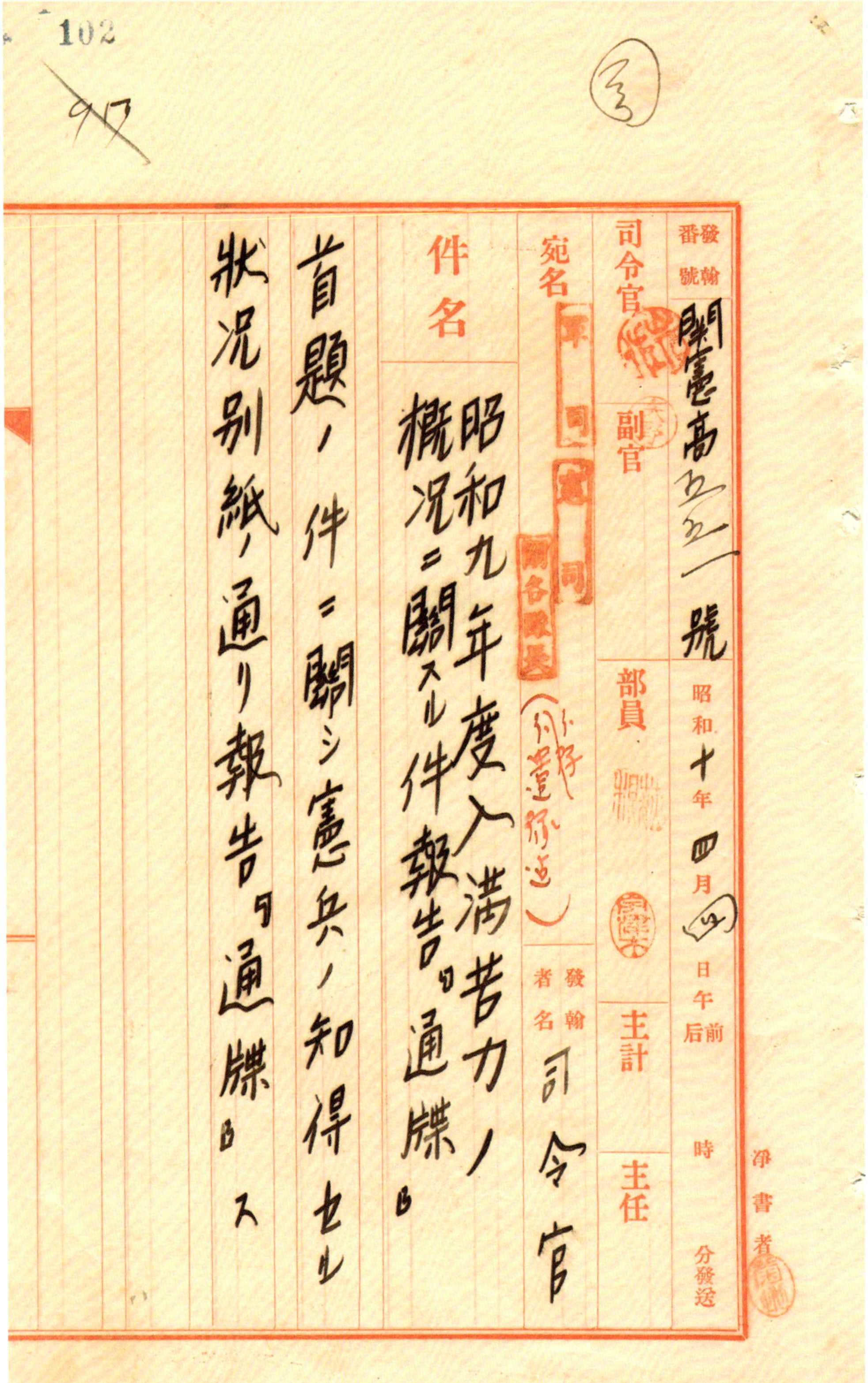
102

發翰番號 關憲高五五一號

司令官 副官 部員 主計 主任

昭和十年四月四日 午前/午後 時 分發送

宛名 軍司令官 憲兵司令官 關各隊長（分隊 分遣隊）

發翰者名 司令官

件名 昭和九年度入滿苦力ノ概況ニ關スル件報告（通牒）

首題ノ件ニ關シ憲兵ノ知得セル状況別紙ノ通リ報告（通牒）ス

淨書者

103

98

昭和九年度入満苦力ノ概況

昭和十年四月卅
関東憲兵隊司令部

104

91

（一）一般状况

憲兵ニ於テ調査セル昭和九年度入満苦力ノ合計ハ四十萬三千四百四十五名アリ又同年度ノ出國者ハ三十三萬五千七百三十八名、大東公司ニ於テ査證ニ際シ拒否セシ者二萬二千二百九十六名ヲ算シ

アルカ之等ハ何レモ陸路ハ古北口
喜峰口、山海關、海路ハ大連營
口、安東ヨリ入滿セルモノニシテ海
路中營口ハ三月十一日始航十二月十
五日終航、安東ハ四月上旬鴨緑江
ノ解氷ヲ待チテ輸送ヲ開始シ十
一月下旬結氷ト共ニ終航セリ
而シテ之カ國境別入國者ノ多寡

105

ヲ比較スル時ハ大連ノ二十二萬七千六百四十八名カ最モ多ク喜峰口ノ四百九名ヲ最少トシ之ヲ月別ニ見ル時ハ四月ノ八萬一千九百七十三名ヲ最多トシ一月ノ一萬六千三百六十八名ヲ最少トス

更ニ又之ヲ出身地別ニ觀ル時ハ山東省苦力ノ十六萬六千七百九十名

ヲ最モ多トシ貴州省ノ一名ヲ最
少トシ、行先地別ニ觀ル時ハ奉天
省ノ二千三萬五千七百七十五名ヲ最
多トシ興安省其他ノ一千五百二
十八名ヲ最少トナシ在リ
而シテ土等人満者ノ工貨ハ各地
方ニ依リ差異アルヘキモ熱河地
方幷ニ於テハ概ネ五十錢以上七

106

八十銭ニシテ而モ下請負業者並
苦力頭等中間ニ在者ニ収入ノ一
部ヲ削ラレ且ツ食費其他大部分
ヲ控除セラレ帰還ニ際シテ旅費ニ
窮シ匪団ニ投セルモノ又ハ自ラ匪
行ヲ為セル者等アリタリ
満洲國出入苦力及拒否ノ状況
（別紙第一）

職業別ノ状況（別紙第二）

苦力出身別ノ状況（別紙第三）

団体加入又單独入満苦力ノ状況（別紙第四）

行先地（使用地）ノ状況（別紙第五）

二、支那官憲ノ入満苦力阻止妨害ノ状況

月別	阻止妨害状況
	天津公安局ニ於テハ中國苦力ノ出國ハ日本カ蘇聯トノ開戰準備ノ為メ兵隊トシテ使用スルモノナリトテ出國ヲ嚴禁ノ佈告ヲ為ス

107

102

三月	
	北平軍事分會ニ於テハ偽□ニ到リ労働スルハ偽國ノ發展ヲ助成スルモノナリトテ之カ禁止方ヲ隷下各部隊ニ密令セリ
	北平安定門保安隊ハ入熱苦力ヲ嚴重取調自動車ニ依ル入熱ヲ阻止セリ
	密雲保安隊ニ於テハ自動車輸送中ノ六十二名ニ下車ヲ命シ入満ヲ阻止セリ
	北苑駐屯中央軍營長顧明甲ハ部下約一ヶ連ヲシテ約三百名ノ入満苦力ヲ逮捕北苑ニ留置セルコトアリ
四月	龍口公安局ノ阻止妨害ハ益々激シクナリ大東公司員ノ陸上勤務不可能トナリ止ムナク各船内ニ出張査證事務ヲ執ル

三、入滿取締ノ狀況

五月	龍口公安局ハ大東公司前ニ巡警ヲ立證セシメ査證ヲ求ムル中國人ヲ追拂ヒ大東公司ノ業務ヲ妨害ス
	龍口公安局ハ濟南政府ノ命ナリトテ大東公司ヨリ交付セル査證ノ沒收ヲ爲シ業務ヲ妨害ス
八月	威海衛ニテ勤ムスル大東公司員ニ対シ同地官憲カ暴行ニ出テ其業務ヲ不能ナラシム
十一月	河北政府カ南京政府ノ命ナリトテ密令ヲ發シ東北出稼者ヲ救濟スト稱シ全般的ニ出國苦力ノ防止ニ努ム

108

103

(一)大東公司査證發給ノ狀況

之ヲ概括的ニ観察セハ其設立

趣旨タル治安並衛生及勞働ノ統

制、調節ノ爲メ相當貢献スル處

アリシモ更ニ細部ニ之ヲ視察

セハ左ノ如キ批判スヘキ点アルヲ

認メラレタリ

(イ)査證ニ無統制ノ点アリ

四月二十七日營口入港ノ「北銘號」

乘客中ニハ天津ノ旅館ニ於テ

査證ヲ購入シ來レル者十四名ア

リタリ

四月二十八日營口入港ノ一進丸乘客

一千六百餘名ハ殆ント本人ト相違ス

ル査證ヲ所持シ居タリ

(ロ)査證業務カ日滿船舶ニ依リ

109

104

相違セリ
龍口大東公司ハ同地支那官憲ノ妨害ニ依リ陸上査證不可能トナレル爲メ四月以来船内査證ヲ實施シアリシカ其後六月ヨリ一般ニハ之ヲ廢止シタルニ拘ラス日本船舶三船ニハ特約ノ名目ニテ依然船内査證ヲ継續セ

リ

(ハ)入國査證ノ轉賣説

日本船舶共同丸ノ船員ハ大東公

司員ト密約シ査證ヲ入手之

ヲ船客ニ販賣セリトノ説アリ

タリ

(ニ)各國境ニ於ケル日滿官憲取締

ノ狀況

110

105

(イ)満洲國側

事項／地点	人員	取締ノ状況
営口	遼警察隊 四四 縣警務局 二	両者協調専門的ニ本業務ニ携リ取締モ至極厳ニシテ其ノ完璧ヲ期セリ
安東	鴨渾両江水上警務局 三〇	専属取締ニ任シ厳格ニ勤務シタル為メ其目的ヲ達セリ
山海関	口境警察隊山海関分遣隊員 一〇	大東公司員ト協力シ直接取締警戒ニ任シアリテ一面長城方面ヨリスル不正入国者ヲモ厳戒シ在リ
古北口	古北口口境警察隊	北門ニ出張員ヲ派シ取締ニ任シタリ

喜峯口	喜峯口國境警察隊	横城子（長城線關門）ニ分遣隊ヲ設置シ取締ニ任シタリ

（ロ）日本側（憲兵、警察其他地方官衙）

地区＼区分	憲兵	警察	其他
大連	船舶入港ノ都度制服ニ三名宛ヲ派遣シ警察官及船員ト連絡查證ニ根拠ヲ置キ嚴重取締ニ服ス	水上署專屬トナリ大東公司ノ意圖方針ト諸情報ヲ綜合シ徹底的取締ニ從事ス	
營口	下士官以下五名ヲ派シ海辺警察隊員ヲ指導嚴ニ取締ヲ励行ス	満鉄埠頭ニ巡査二名ヲ派シ取締ニ從事ス	

111

106

安東	入港時適宜人員ヲ派シ水上局員ヲ指導取締ニ任ス	安東領事館警察署員三名専属ニテ取締業務ニ従事セリ	平安北道警察部ヨリ巡査二乃至三名其ノ都度派遣警察側ト連絡取締ニ任ス
山海関	山海関特務機関ト連絡シ日満警察機関ヲ督励シ厳重ニ取締ヲ励行ス		
古北口	古北口憲兵分隊ヨリ適宜人員ヲ派シ国境警察隊員ヲ指導シ取締ヲ励行ス		
	喜峰口憲兵分遣隊ニ於テ		

喜峰口	ハ口境警察隊ト連絡ヲ採リ且ツ灤河渡船場ニ検問所ヲ設置取締ニ従事ス

(三)大東公司對日満取締官憲トノ連絡協同ノ状況

大東公司側ニ於テハ各苦力ノ入満地並ニ上陸地ノ日満官憲トノ連絡協調ヲ圖リ殊ニ上陸地ノ連絡協調ノ為メ各船毎ニ

112

X017

概ネ一〇二名宛ノ公司員ヲ乗船セシメタリ
又査證方法ヲ変更シタル時若クハ取締上必要ト認ムル事項等ハ文書ヲ以テ通牒シ来ルヲ例トセルモ其通牒カ時ニ一上陸地ニ遅ルヽ事アリシハ遺憾ナリキ

大連ニ於テハ水上警察、憲兵
海務局、船會社、大東公司側ト
左ノ協調ヲ爲セリ
(1) 滿洲國ノ入國苦力取締方針
ヲ援助スル爲メ大東公司員ヲ
各船舶ニ乘船セシメ航海中
細密検査ノ上査證ヲ實施
シ船員ハ之ニ協力ス

113

X08

(2)出港地客桟ヲ督励シ船客名簿ヲ提出セシム

(3)査證ヲ受ケザルモノハ大連上陸後官憲ニ於テ取調ノ上処理ス

四、入満制限カ満洲労働界ニ及ホシタル影響

(1)在満労働者ニ與ヘタル影響

昭和九年三月二十七日附ヲ以テ入

滿苦力ノ制限ヲ實施セラレタル爲メ當時巷間ニハ相當影響アルヘシ等トノ說傳ハリ在來勞働者ニシテ賃銀ノ高率ヲ夢想シ暗ニ之ヲ要求スルカ如キ態度窺ハレタリシモ實施後ノ實狀ハ然ラサリシ爲メ何等ノ影響ヲモ見サリキ

114

107

(乙)需要者ニ与ヘタル影響

安東省下ニ於ケル船舶業者並

入國苦力需要者ハ共ニ苦力ノ

入國制限ハ産業發展ヲ阻害シ

勞働賃銀ヲ騰貴セシムルモノ

ナリトテ關係者協議ノ結果奉天

省公署警務廳長、民政部大

臣宛之カ緩和若ハ解禁方請

顧シ却下セラレタル實例アリ

タルモ實施後ノ實情ハ毫モ

支障ナカリシ爲メ其儘トナリ現

今ニ於テモ何等影響トシテ認ム

ヘキモノナシ

四、若カ取締ニ關スル將來ノ觀察

滿洲國ニ於テハ昨年四月大東公司

ヲ設立シ査證ヲ發行セシムル

115

110

等之カ取締ノ徹底ヲ期スヘク努
カセルモ大連ハ我權力下ニアル爲メ
同港ヨリ上陸スル者ニ對シテハ取締
ノ方法ナク日本側關係機關ニ協
カ方ヲ求メ取調締ヲ實施シ來
レルモ本年以降ハ更ニ之ヲ徹底
スヘク軍參謀長ヲ委員長トス
ル勞働統制委員會ニ於テ協

議ノ結果大東公司ヲ改編大東公
司法人組織ノ商事會社タラシ
ムルコト昭和十年度入満苦力ハ概
ネ四十四萬ト限定スルコト日満各
機關ハ一定ノ法規ヲ制定スルコト
等決定關東局ニ於テハ二月一日
局令公布迄ノ暫定辦法トシテ
「山東苦力入満制限ニ關スル件」

116

ナルモノヲ作製既ニ取締ヲ開始シアリシカ三月九日關東局令第五號ヲ以テ「外國勞働者取締規則」ヲ制定公布シ滿洲國亦三月二十一日民政部令第一號ヲ以テ「外國勞働者取締規則」ヲ制定公布スルニ至レルヲ以テ將來ハ相當徹底セル取締ヲ實施セラルヘキモノト思料セ

ラル

别紙第二

入滿苦力職業別調（昭和九年）

國境別＼職業別	勞働者 土木 土工	勞働者 建築 水匠	勞働者 瓦匠	農業	工業	鑛業	交通	商業	金屬	纖維	其他	一般使用人	興業人	抽絲人	船夫	筏夫	合計
大連		一〇、一三六		二九、二三七	三〇、〇二九	二、八一九	三、五二六	一三、六四四			四八、三四五		三三六				二三八、〇七二
營口	七、四九五	九、二一三	一二三	二一、三二七			七八	四、四二七	一五	八二		二、三五六					三五、一一六
安東								七〇〇				四、三〇〇		六、五〇〇	三、九五〇	五、二三八	二〇、六八八
山海關	二、三八〇	二、一六三	一、三三七	八、七六七			四九五	五、一二二	一、八二八	七、九六二	二、八二三	二二、九六三					一二四、八四〇
古北口	四、〇三二	一四二	一〇四														四、三一八
喜峰口	三五〇		二五									三六					四一一
計	一四、二五七	二一、六五四	一、六二九	五九、三三一	三〇、〇二九	二、八一九	四、〇九九	二三、八九三	一、八四三	八、〇四四	五一、一六八	二九、六五五	三三六	六、五〇〇	三、九五〇	五、二三八	四〇三、四四五

備考
一、本表ハ調査シ得タルモノヽミヲ記上セルモノトス

別紙第三

入満苦力出身地別調（昭和九年）

出身地別＼口岸別人員	大連	営口	安東	山海関	古北口	喜峰口	計
山東省	一〇七、三八九	三〇、二九一	一三、五八二	一五、〇一四	三一八	一九六	一六六、七九〇
湖南省	五、五三三						五、五二二
湖北省	一〇九、九六四						一〇九、九六四
江蘇省	四五五			九一			五四六
山西省	四、三七二		四、五〇〇	三、九四八			一二、八二〇
河北省		五、一六一	二、六〇六	九〇、九二〇	四〇、〇〇〇	二一五	一〇三、九〇二
河南省				四、四五一			四、四五一
浙江省				五七			五七
安徽省				三三			三三
廣東省				一五			一五
貴洲省				一			一
其他				三四四			三四四
合計	三七、七〇三	三五、四五二	二〇、六八八	一二四、八七四	四、三一八	四一一	四〇三、四四五
備考	一、本表ハ調査シ得タルモノヽミヲ列記セルモノトス						

別紙第五

入満苦力行先（使用地）別調（昭和九年）

行先地＼人員	大連	営口	安東	山海関	古北口	喜峰口	計
奉天省	一四六、七三五	一〇、〇八五		八六、九五五			二三五、七七五
熱河省	四、八六六	五、六二二		三、一五〇	四、三一八	四一	一八、三六七
吉林省	五七、六〇六	八、二一九		二一、九五二			八七、七七七
龍江省	九、七〇四	三七七		六、五三四			一六、六一五
関東州	二一、六七七						二一、四七七
興安省其他	一、二六〇			六八			一、五二八
濱江省		一一、二一八					一一、二一八
安東省			二〇、六八八				二〇、六八八
合計	二七、八四八	三五、五三一	二〇、六八八	一二四、六五九	四、三一八	四一	四〇三、四四五
備考	一、本表ハ調査シ得タルモノヽミヲ記上セルモノトス						

山海关机关关于一九三五年三月经山海关出入伪满的劳工情况及四月以后改变入伪满劳工限制标准致日本关东军参谋长的电报（一九三五年四月六日）

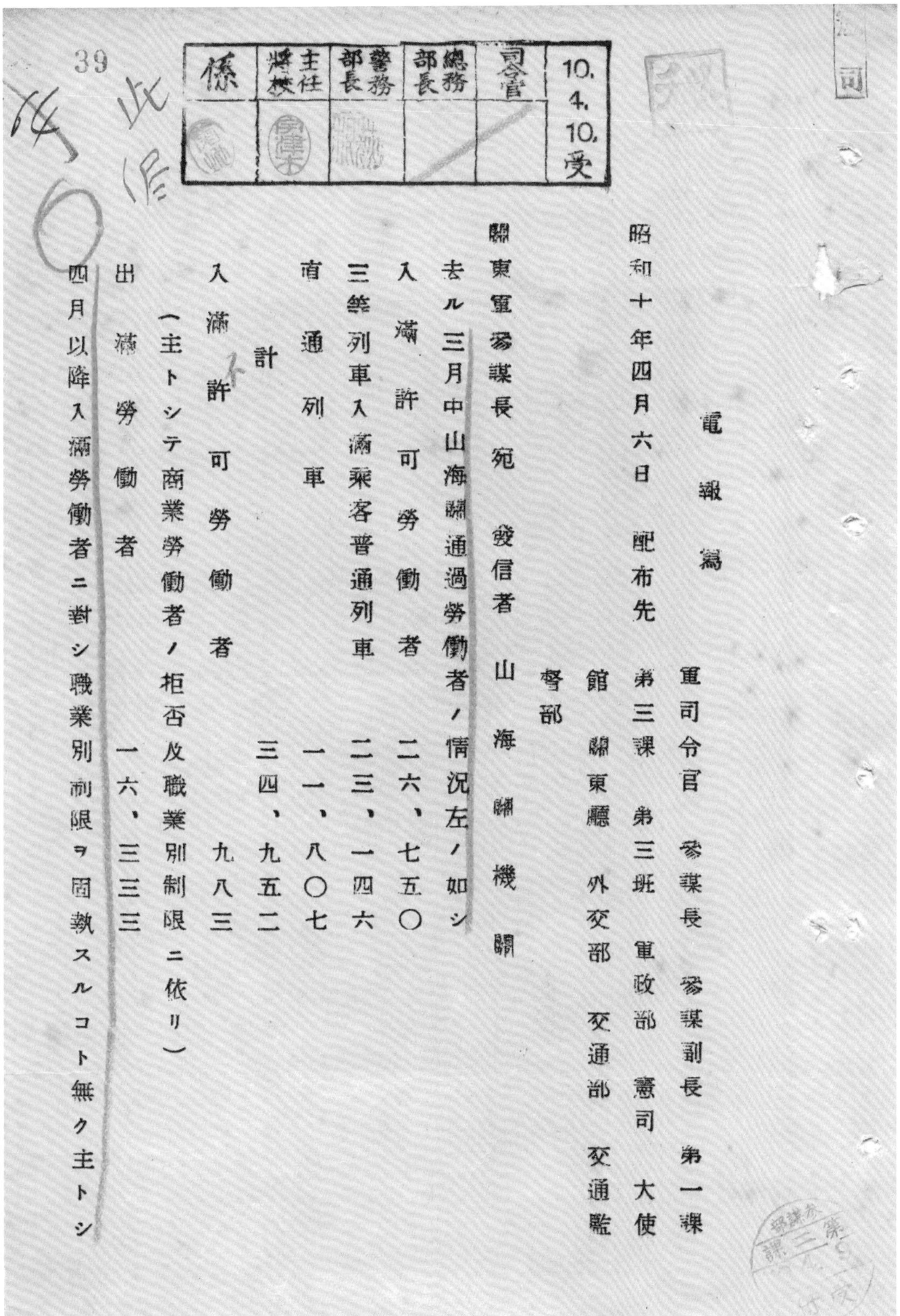
39

係	主任將校	警務部長	總務部長	司令官	10.4.10.受

電報寫

昭和十年四月六日　配布先　軍司令官　參謀長　參謀副長　第一課　第三課　第三班　軍政部　憲司　大使館　關東廳　外交部　交通部　交通監督部

關東軍參謀長宛　發信者　山海關機關

去ル三月中山海關通過勞働者ノ情況左ノ如シ

入滿許可勞働者　二六、七五〇

三等列車入滿乘客普通列車　二三、一四六

直通列車　一一、八〇七

計　三四、九五二

入滿許可勞働者　九八三

（主トシテ商業勞働者ノ拒否及職業別制限ニ依リ）

出滿勞働者　一六、三三三

四月以降入滿勞働者ニ對シ職業別制限ヲ固執スルコト無ク主トシ

40

テ月額割當許可人員ヲ標準トシテ其制限ヲ實施スルコトトナリ

月額割當許可人員左ノ如シ

三月	三五、六〇〇
四月	四三、九五四
五月	一四、〇七三
六月	一四、〇二一

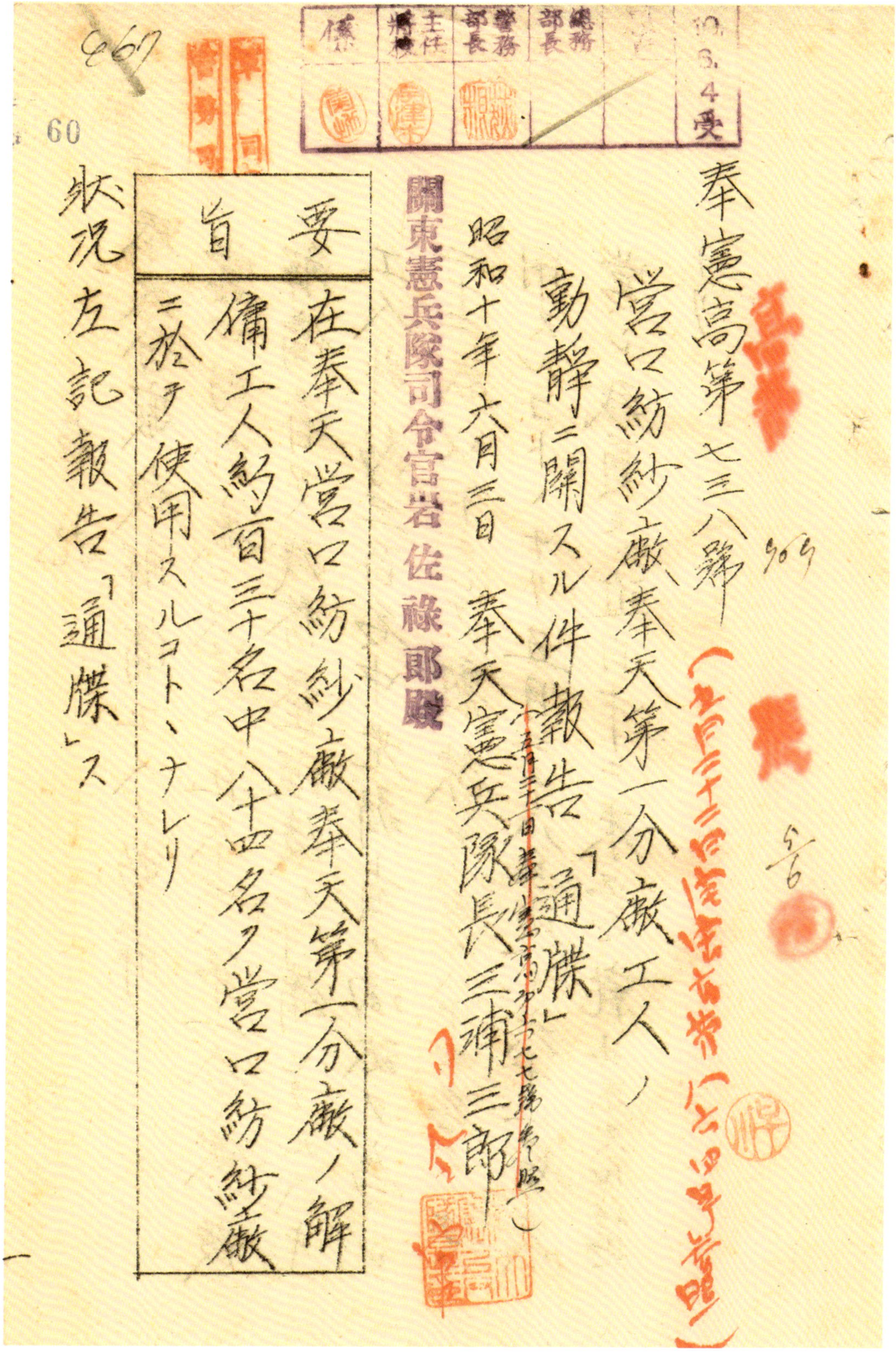

奉憲高第七三八號

營口紡紗廠奉天第一分廠工人ノ動靜ニ關スル件報告「通牒」

昭和十年六月三日　奉天憲兵隊長三浦三郎

關東憲兵隊司令官岩佐祿郎殿

要旨

在奉天營口紡紗廠奉天第一分廠ノ解傭工人約百三十名中八十四名ヲ營口紡紗廠ニ於テ使用スルコト、ナレリ

狀況左記報告「通牒」ス

奉天宪兵队长三浦三郎关于营口纺纱厂奉天第一分厂工人动向致日本关东宪兵队司令官岩佐禄郎的报告（通牒）（一九三五年六月三日）

左記

一、奉天分廠被解傭工人ノ動靜
營口紡紗廠ニ於テハ在奉天第一分廠ノ被解傭者及殘務整理後解傭セラルヘキ工人計約三百名中老弱者ノ淘汰ヲ為シ二十二歳以下ニシテ熟練セルモノ八十四名ヲ使用スルコトヽナリ五月二十八日迄ニ六十二名来營シ殘員モ近日中ニ来營就業スル筈ナリ

663

61

二、營口紡紗廠工人ノ動向

營口紡紗廠ハ昭和九年八月朝鮮紡績株式會社ト合併以来面目ヲ一新シ操業シ来リタルカ従来同廠ハ滿人工男（約四百五十名）ノミ使用シアリシカ作業ノ性質上女工ヲ採用シ操業合理化ヲ計ルヘク本年五月初旬釜山ヨリ日人女工二十六名ヲ被傭シ滿人女工約百名ヲ採用シ見習生三十名ヲ釜山（朝鮮紡績株式会

二

社）ニ派遣シタルニ満人男工ハ「女工ヲ採用セルハ男工解傭ノ前提ナリ」ト解シ俄ニ動揺ヲ来シ或ハ暗ニ會社日人幹部ノ横暴ヲ論シ農繁期到来セルヲ機會ニ帰農スル者續出シ約百五十名ノ欠員ヲ生シ操業ニ影響ヲ及スニ至レリ

三、紡紗廠側ノ態度

営口紡紗廠側ハ狼狽シ前後策ヲ講シ屡々工人ヲ集合セシメ

1. 會社ハ斷シテ男工ヲ解傭セス
2. 女工ハ主トシテ増設工場ニ使用ス
3. 將來男女工ヲ作業別ニ分類シ各々能率發揮ヲ計ル
4. 會社ハ擴張工事中ニシテ益々男工ヲ必要トス

ト説明シ鎮撫策ヲ講シタルヲ以テ目下安定シアリ

四、所見

男工ハ農繁期ニ際シ帰農スル者多ク

三

操業能率モ女工ニ劣ルトノ見地ヨリ會社側ハ將来女工化スヘキ腹案アリ目下平穩ナルモ斯ノ機ニ乗シ不純分子ノ煽動ニ依リ同盟罷業化スルヤモ保シ難ク引續キ嚴視中

（了）

發送先

隊司、奉特、一獨司、警務廳、

寫 隊下、

日本驻奉天总领事馆新民府分馆主任土屋波平、承德宪兵队长由里龟太郎、日本关东宪兵队司令官岩佐禄郎关于「满洲国劳工协会彰武县支部」设置计划及其背后关系的一组文件（一九三五年六月）

由里龟太郎致岩佐禄郎的报告（通牒）（一九三五年六月十五日）

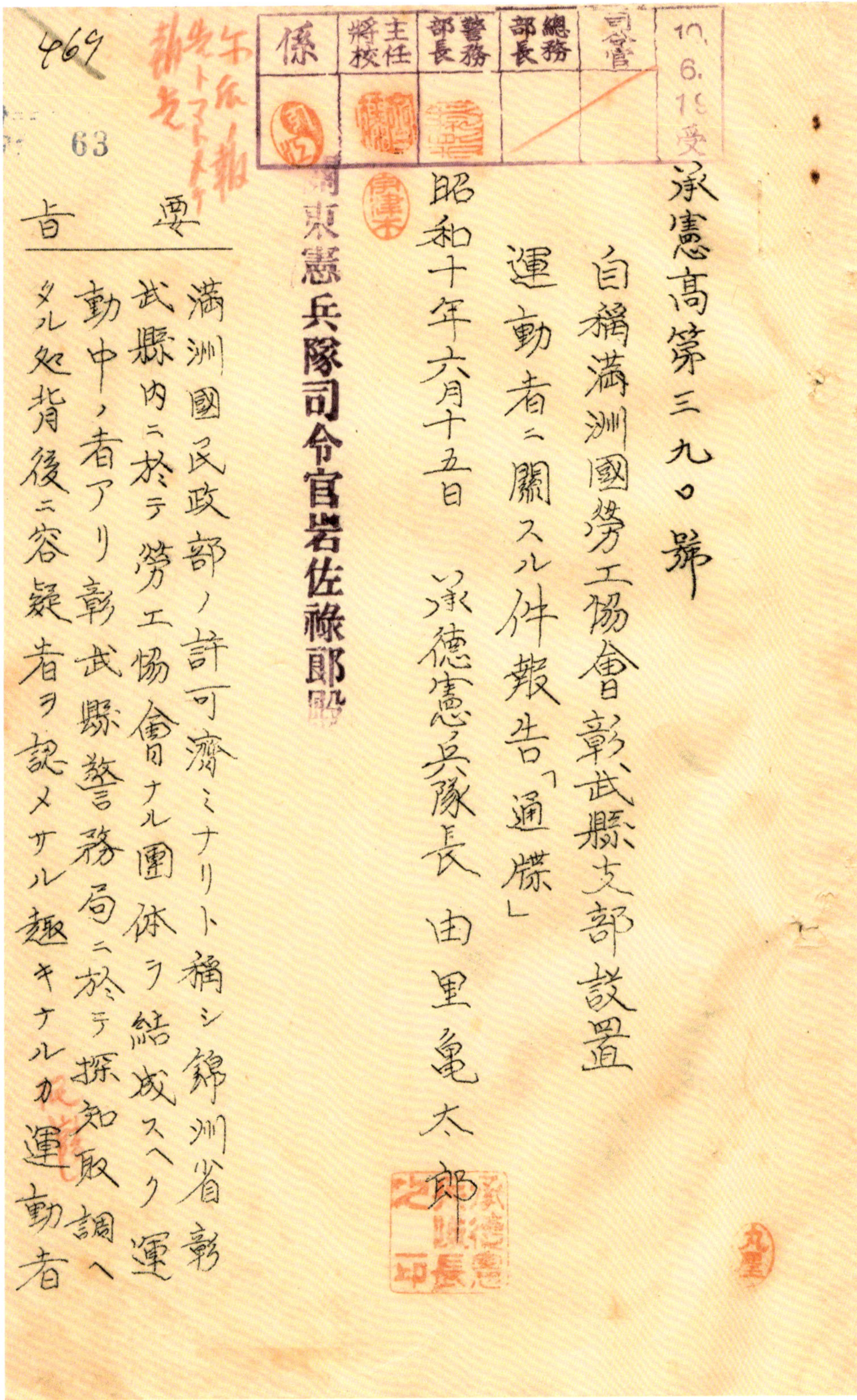

469

63

司令官	總務部長	警務部長	主任將校	係

10.6.19受

承憲高第三九〇號

自稱滿洲國勞工協會彰武縣支部設置運動者ニ關スル件報告「通牒」

昭和十年六月十五日　承德憲兵隊長　由里龜太郎

關東憲兵隊司令官岩佐祿郎殿

要旨

滿洲國民政部ノ許可濟ミナリト稱シ錦洲省彰武縣內ニ於テ勞工協會ナル團体ヲ結成スヘク運動中ノ者アリ彰武縣警務局ニ於テ探知取調ヘタル処背後ニ容疑者ヲ認メサル趣キナルカ運動者

ハ北平ニ連絡ヲ有セル模様ニ付キ注意中

狀況左記報告「通牒」ス

左　記

一、運動者ノ狀況

本籍　黒山縣第六区大民屯

現住所　右同

自稱滿洲國勞工協會彰武縣支部

支部長　劉烟峰

當四十八年

右者滿洲國勞工協會新京総會ノ命ニ依ルモノナリ

已制卡

47
64

ト稱シ五月二十九日本籍地ヨリ來彰城内滿人旅館王品一方ニ投宿シ官憲ニ屆出ナク城内ニ勞工協會支部ヲ設置スヘク画策シ別項要領ニ依リ宣傳シ會員ノ勸誘ニ奔走シ居タルヲ縣警務局ニ於テ探知セリ

二、會員勸誘狀況

劉岫峰ハ會員勸誘手段トシテ

イ、今回滿洲國民政部ノ許可ヲ得タル在新京滿洲國勞工總會ニ在リテハ五月十三日總會決議ニヨリ全滿各縣ニ支部四十余ケ所ヲ設置スルコ

ト二決定シ既ニ新京総會長李維權ヨリ新民、北鎮、黒山、彰武、阜新ノ各地ニモ速ニ支部設置スヘキ旨命令ニ接シタリ

2、本勞工協會ニ加入シタル者ニシテ匪賊或ハ通匪者トシテ官憲ニ引致セラレタル場合ハ本會ニ於テ證明セハ直ニ釈放セラルルヘシ

3、他縣ヨリノ外來者ニシテ本會々員タルモノハ就職ヲ斡旋ス但シ會員ニ非ラサルモノハ彰武縣内ニ居住スルヲ得ス

ハ、分會長ニ就任希望者ハ國幣二百圓ヲ前納スヘシ右二百圓ハ新京総會設立費ニ充當ス

ニ、其他會員ハ一ヶ年國幣二圓ヲ納入スルモノトス以上ノ如キ宣傳ニ依リ會員ノ勸誘募集ヲナシ居タルモ一般住民ハ半信半疑ノ狀態ナルト本名來彰後日淺キ爲メ入會者等ナシ

三、其他參考事項

劉岫峰ノ長男劉玉貴（當二十五年）ハ北平大学卒業後東京市神田区神保町中華青年會ニ於

テ日本ノ狀況（何レノ方面ナルヤ不明）研究中ノ由ナル
カ實父劉岫峰ハ右長男ヨリ來レル左ノ如キ信書ヲ所
持シアリ
「五月十四日東京發北平ニ赴キ同地ニ於テ宋迺昌ト面會詳
細判明ス近ク渡滿皈鄉ス
信書ノ宛名ハ北京安内大三條七號　石顯文」
右信書ノ内容ヨリ推察スルニ長男劉玉貴ハ北平ニ於
テ連絡後本籍地ニ皈來シアルカ如シ

472

66

四、縣警務局ノ處置

彰武縣警務局ニ於テハ勞工會ノ設置ヲ中止セシメルト共ニ劉畑峰ヲ六月二日ヨリ留置取調ヘ中ニシテ一方錦州省警務廳ニ民政部ニ於テ本會設置許可ノ有無並ニ今後ノ處置ニ付キ指示ヲ受ケツツアルカ背後ニ容疑者ハナキモノトセラレアリ

五、所見

劉畑峰ノ會員勸誘宣傳並ニ長男ノ行動ヨリ觀察シテ北平方面ニ於ケル勞動團体乃至反滿團体ト連絡ヲ有

シ反面好條件ヲ附シテ愚民ヨリ金錢ヲ騙取セン
ト企圖セルニ非ラスヤト思料セラレ注意中

發送先
関司、関各隊、隊下
熱警庁長、

土屋波平致岩佐禄郎的函（一九三五年六月十八日）

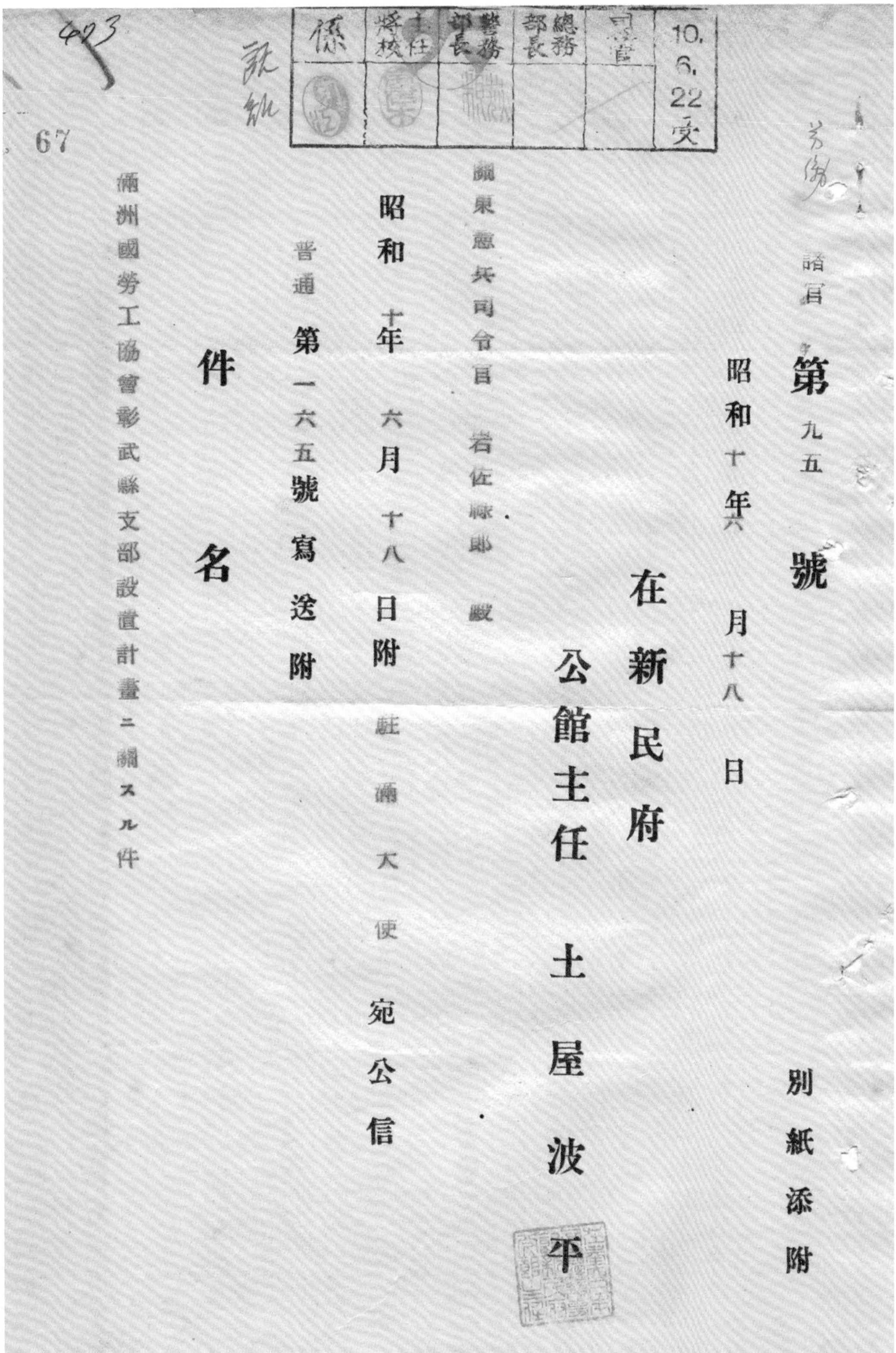
10.6.22受　司令官　總務部長　警務部長　主任將校　係

諸官第九五號　別紙添附

昭和十年六月十八日

在新民府

公館主任　土屋波平

關東憲兵司令官　岩佐祿郎殿

昭和十年六月十八日附駐滿大使宛公信

普通第一六五號寫送附

件名

滿洲國勞工協會彰武縣支部設置計畫ニ關スル件

附：（抄送信）土屋波平致南次郎的函（一九三五年六月十八日）

寫

68

普通第六五號

昭和十年六月十八日

在新民府

分館主任　土屋波平

在滿洲國

特命全權大使　南　次郎　殿

滿洲國勞工協會彰武縣支部設置計畫ニ關スル件

管下彰武警察分署ノ報告ニ依レハ錦州省黑山縣第六區大民屯居住滿人自稱滿洲國勞工協會彰武縣支部長劉油ハ今般同協會新京總會ノ命ニ依ルモノナリト稱シ五月二十九日彰武縣城內滿人旅館ニ投宿シ何等ノ屆出ヲモ爲サス彰武縣城內ニ勞工會支部ヲ設置スヘク

在奉天日本總領事館新民府分館

D

69

計畫シ六月二日左記ノ如キ宣傳ヲ為シ會員ノ募集ニ努メ居レルカ宣傳中穩當ナラサルモノアリ之レヲ探知セル彰武縣警務局ニ於テハ早速本人ヲ取調一應届出ナキヲ理由ニ該支部ヲ解散セシメルト共ニ右協會ノ眞相等ニ就キ新京警務總局ニ問合中ナリトノ趣ナリ

記

一、今回滿洲國民政部大臣ノ許可ヲ得タル在新京滿洲國勞工協會ニ在リテハ五月十三日總會ノ決議ニ依リ滿洲國内各縣ニ支部四十余箇所ヲ設置スルコトニ決定シ新京總會長李維楨ヨリ新民、北鎮、黑山、彰武、阜新各地ニ速ニ設置スヘシトノ指令ニ接シタリ

二、本勞工協會ニ入會シタルモノニシテ經驗或ハ通曉者トシテ官廳

在奉天日本總領事館新民府分館

ニ引致セラレタル場合ニハ本會ニ於テ證明セハ直ニ釋放セラルヘシ

三、外來者（他縣）ニシテ本會員タルモノハ就職ヲ斡旋ス

但シ會員ニ非ラサルモノハ縣内ニ居住スル事ヲ得

四、分會長ニ就任希望者ヲ有スルモノハ國幣二百圓ヲ前納スヘシ

右二百圓ハ新京總會設置ニ先ツ其他會員ハ一年ニ國幣二圓トス

右宣傳ハ可也眉唾的ノ點アリ恐ラク地方民ノ無智ニ付込ミ金錢詐取ノ術策ニ出テタルモノニアラスヤトモ思料セラル、カ萬一他地方ニモ此種分子ノ暗躍アルニ於テハ現下ノ匪害農村疲弊民心動搖ノ際治安ニ及ホス悪影響ハ鮮少ナラサルヘシト存節柄御参考迄報告申進ス

在奉天日本總領事館新民府分館

D

71

本信寫送付先　外務大臣
奉天　錦州
關東憲兵司令部

D

在奉天日本總領事館新民府分館

奉天宪兵队长三浦三郎、日本关东宪兵队司令官岩佐禄郎关于不予批准伪奉天市总工会工人登记处开设计划的一组文件（一九三五年六月）

三浦三郎致岩佐禄郎的报告（通牒）（一九三五年六月二十日）

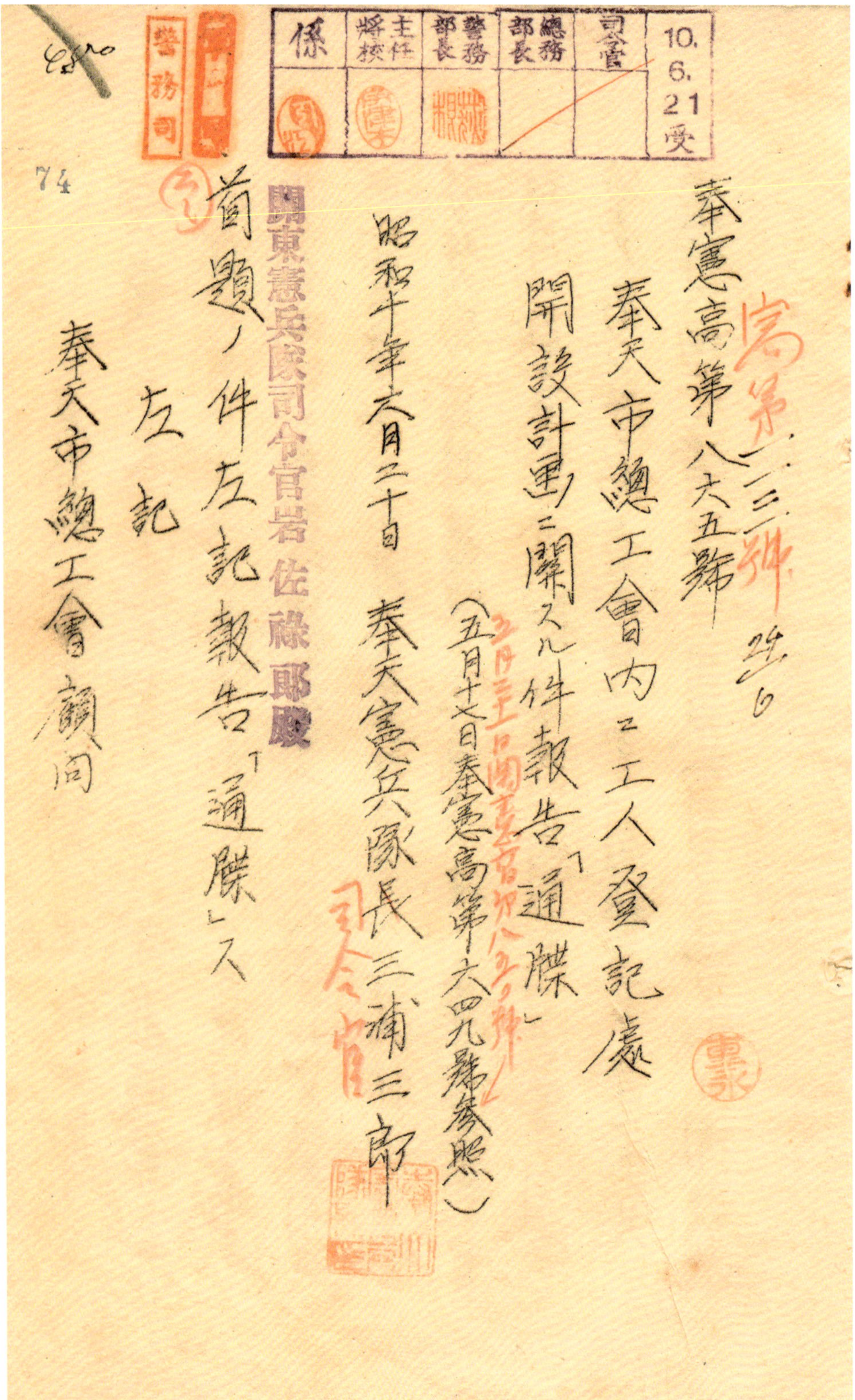

10. 6. 21 受	司令官	總務部長	警務部長	主任將校	係

警務司

奉憲高第八六五號

奉天市總工會内ニ工人登記處

開設計畫ニ關スル件報告「通牒」

（五月十七日奉憲高第六四九號參照）

昭和十年六月二十日　奉天憲兵隊長　三浦三郎

關東憲兵隊司令官岩佐祿郎殿

首題ノ件左記報告「通牒」ス

左記

奉天市總工會顧問

奉天日報社々長　菊池秋四郎

右ハ曩ニ奉天市總工會ヲ奉天勞資協和會ト改組意見書ヲ作成各方面ニ配布セル件既報ノ通リナルカ今回更ニ奉天市總工會内ニ工人登記處ヲ開設シ工業勞働者ノ身分登記ヲ爲ス外品性陶冶業務獎勵、思想善導、王道精神ノ普及、失業者救濟、職業紹介、健康診斷、講習會ノ開催等ヲ爲シ勞働者ノ身分ヲ明瞭ナラシムルト共ニ素質向上ニ資スヘク別紙（譯文ノ二）ノ如キ開設趣旨書及登記処章程ヲ作成之カ許可方六月十七日瀋陽警察廳ニ申請セルカ開設ニ要スル費用及事業ハ在奉天約六萬労働者中ニ於テ二万五千人ヲ登記シ得ルモノト假定シ一人國幣三十銭ノ登記料ヲ徴收シ之ヲ充当スヘク計画シアリ

所見

總工會ノ指導其他労働取締ニ關シテハ監督官廳タル瀋陽警察廳ニ於テ研究中ナルカ同廳ニ於テハ下級労働者ヨリ手数料ヲ徴收スル

カ如キ登記処ノ存在ハ有害無益ナルヲ以テ許可セサル意嚮ナリ

（了）

發送先

隊司、奉特、在奉隊下、

伪奉天市总工会顾问菊池秋四郎提交的伪奉天市总工会工人登记处开设计划（一九三五年六月）

76

鈞鑒

奉天市總工會

顧問 菊池秋四郎

謹啟愈々御清昌之段奉大賀候 陳者今回奉天市總工會ニ於テ別紙趣旨書案章程案予算見積書ノ如ク奉天市總工會内ニ工人登記處ヲ併置ノ上工人ノ身分登記原簿ヲ備付ケ又工人身分證明書ヲモ發行致シ候外工人ノ品性陶冶、業務奬勵思想善導、王道精神ノ普及、失業者救濟、無料職業紹介所無料健康診斷、工業講習會、工業講演會等各般ニ亘リテ工人ノ智能啓發、技術向上等ヲ圖ルト共ニ生活ノ安定、共利華ノ擁護ニ關スル計劃相立テ茲ニ該案御手許迄御送附申上候間何卒御繁中恐入候ヘ共御一覧ノ上御指導ト御叱正トヲ賜リ度ク、当方ニ於テ各位ノ御指導御斧正ニヨリ、更ニ成案ヲ作リ当該官廳ニ御認可又ハ御認知方申請ノ心組ミニ候間其節ハ何分ノ御援助願上申候　尤モ本案ニ於テ登記手数料徴收ノ儀ハ總工會トシテハ頗ル不本意且ツ遺憾至極ニ存ジ候得共總工會ニテハ現在會員ヨリ會費ヲ徴收致シ申サヾルタメ本案ノ如キ多額ノ資金ヲ要スル事業遂行上萬已ムヲ不得若干ノ手数料ヲ徴收シ之ニヨリテ各種事業ノ資金ヲ捻出ノ外致シ方ナキ次第ニ有之候間此辺何卒不悪御諒承ヲ蒙リ度ク幸ニ之ニヨリ満洲工業界ノ進歩發展ニ資シ又工人ノ生活安定及ビ利益擁護トモ相成リ又勧善懲悪犯罪ノ豫防々止トモ相成リ候ハバ誠ニ望外ノ喜ビト愚存致シ候間右何卒宜敷ク御援助御指導ノ程伏テ御願申上候

敬具

附一：开设工人登记处的宗旨书（草案）

77

工人登記處開設趣旨書（私案）

謹啓　愈々御隆昌之段奉賀候　陳者本奉天市総工會所屬二十七工會ニ於テ使用ノ工人ハ．約六万人前後ニ有之其他総工會所屬以外ノ工人ヲ加フル時ハ奉天在住ノ工人概算数ハ十万人ニ近カルベシト想像被致候然ルニ現在本會ニ會員籍ヲ有スル工人ハ壹万五千六百五十八人ニ過ギ不申之ガ爲メ工人統制。監督　訓練　智識ノ進歩。技術ノ向上　品性ノ陶冶並ニ思想善導上ニモ多大ノ不備欠陥有之候得共何分本會ニハ工人ニ對シテ入會ノ強制力無之又諸事業ヲ計劃致シ候テモ其資金不十分ナルタメ目下ノ處如何トモ致シ難ク本會所屬ノ各工會ニ於テモ頗ル其統制監督ニ難渋シ居リ候　殊ニ奉天ニ於ケル工人ハ．山東　河北出身者最モ多数ニ有之候間彼等工人ノ行動ニ對シテハ相当監督指導ヲ要スル者モ有之候様被存候ニ就テハ、別記章程ニヨリ工人登記處ヲ本會内ニ併設致シ以上ノ缺陷ヲ補ヒ一般工人ノ技術向上、業務ノ奨勵、品性ノ陶冶、思想ノ善導ニ努メ進ンデハ、王道精神ノ普及、日滿親善ノ實現ヲ圖ルト共ニ失業救濟、無料職業紹介、無料健康診斷其他慶弔慰安等ニ對シテ出來ル丈ケノ設備ヲ致シ度ク之ニ依ツテ聊カタリトモ奉天工業會ノ進歩發展ニ資シ又工人ニ對スル勸善トナリ犯罪ノ豫防トモ相成リ候ハバ望外ノ幸ト存ジ申候間本會内ニ工人登記處併設方特別ノ御詮議ヲ以テ御認可又ハ御認知相成度此段伏テ及御願候也

康德貳年六月　日

奉天市總工會會長　耿西園

各工會々長　連署

附二：奉天市总工会附属工人登记处章程（草案）

奉天市總工會附屬工人登記處章程（案）

第一章 總則

第一條 奉天市總工會内ニ工人登記處ヲ併置シ、工人ノ身許登記ニ関スル事務並ニ工人ノ利益保護ニ関スル諸般ノ事業ヲ行フ

第二條 奉天市總工會附屬ノ各工會ハ其工會ニ於テ現在使用中ノ工人又ハ將來使用スル工人ノ身許ヲ調査シテ、本登記處ニ之ヲ登記スベシ

總工會所屬以外ノ一般工人ニシテ其ノ身許ヲ登記セント希望スルモノニ對シテハ本處ニ於テ調査ノ上其資格アリト認メタル者ニ對テハ第三條ノ工人身許証明書ヲ交付ス

本登記ハ毎年一回之ヲ行フモノトス

第三條 工人登記處ニハ別記ノ工人登記原簿ヲ備エ工人ノ氏名、年齢、原籍、現住所、直系尊卑族名、学力、職業履歴、賞罰ノ有無等ヲ詳細ニ

記入シ工人ニ對シテハ別記ノ工人身分証明書ヲ交付ス

第四條　本處ハ左ニ列記スル者ニ對シテハ其登記ヲ爲サズ

一、皇室ニ對スル罪ヲ犯シタル者

一、内乱ニ関スル罪ヲ犯シタル者

一、外患ニ関スル罪ヲ犯シタル者

一、國交ニ関スル罪ヲ犯シタル者

一、公務ノ執行ヲ妨害スルノ罪ヲ犯シ處罪セラレタル前科ニ犯以上ノ者

一、放火ノ罪ヲ犯シタル者

一、犯人蔵匿又ハ證憑湮滅ノ罪ヲ犯シ處罰セラレタル前科ニ犯以上ノ者

一、騷擾ノ罪ヲ犯シ處罰セラレタル前科ニ犯以上ノ者

一、通貨僞造ノ罪ヲ犯シ處罰セラレタル前科ニ犯以上ノ者

一、文書偽造・印章偽造ノ罪ニヨツテ處罰セラレタル前科ニ犯以上ノ者
一、猥褻姦淫ノ罪ヲ犯シ處罰セラレタル者
一、殺人ノ罪ヲ犯シ三年以上ノ懲役ニ處罰セラレタル者
一、脅迫ノ罪ヲ犯シ處罰セラレタル前科ニ犯以上ノ者
一、竊盗ノ罪ヲ犯シ處罰セラレタル前科ニ犯以上ノ者
一、強盗ノ罪ヲ犯シ處罰セラレタル者
一、詐欺及ヒ恐喝ノ罪ヲ犯シ處罰セラレタル前科ニ犯以上ノ者
一、横領ノ罪ヲ犯シ處罰セラレタル前科ニ犯以上ノ者
一、贓物ニ関スル罰ヲ犯シ處罰セラレタル前科ニ犯以上ノ者
一、賭博ノ罪ヲ犯シ處罰セラレタル前科ニ犯以上ノ者
一、其他違法及不法ノ行為ニヨリ前科ニ犯以上ノ不良ノ徒
一、公權褫奪者及公權停止中ノ者
一、獰猛ニシテ常ニ闘争ヲ好ムノ徒

一．同盟罷工及其煽動ヲ常習トスルノ徒
一．共産主義者及其宣傳者
一．匪徒ト通ズル者
一．日満兩國ニ反抗心ヲ有スル者
一．日満親善ヲ阻害スル者
一．此他業務不熱心 怠情放逸ニシテ工人ノ面目信用ヲ傷クル者

第五條 工人登記手数料ハ一人國幣参角トス

第六條 工人ニシテ身分証明書ヲ紛失シタル時ハ新ニ號数ヲ変更シテ証明書ヲ交付ス

但シ右ノ場合ハ手数料トシテ國幣貳角ヲ徴收ス

第七條 本處登記工人ニシテ不都合ノ行為アリテ解雇セラレ又ハ不法行為ニヨリテ官廳ノ處罰ヲ受ケタル者ハ其情状調査ノ上改悛ノ見込ナ

キ時ハ身分証明書ヲ没收シ且ツ此旨ヲ各工會ニ通告スルト共ニ新聞紙上ニ公告ス

第二章 事業

第八條 本處ハ工人登記手数料ノ收入、總工會ノ補助並ニ特志家ノ寄附ニヨリ左記ノ事業ヲ行フ

一、工人ノ身分登記

二、工人身分証明書ノ發行交付

三、工人ノ身分ニ関スル官廳及各工場等ノ調査問合セニ對スル回答

四、工人ノ技術向上、品性陶冶、思想善導、王道精神ノ普及、日満親善ノ實現及之ニ関スルパンフレットノ發行

五、工人ノ思想、生活状態、健康状態ノ調査

六、工業講演會、工業講習會並ニ工人修養會等ノ開催

七 工人相互間並ニ工人ハ對雇主トノ争議調停
八。優秀工人善行工人、永年勤續工人ノ表彰
九 貯蓄ノ奬勵及ビ工人共濟會ノ設立
十 慰安娯樂機關ノ設立
十一 無料健康診斷
十二 失業者ノ救濟及無料職業紹介
十三 冠婚葬祭ニ對スル慶弔金品ノ贈呈
十四、工人及其直系尊卑族ノ死亡ニ当リ共同墓地内ノ埋葬
十五 不都合ノ行爲者又ハ不法行爲者解雇ニ関スル各方面通告公告
十六 其他工人ノ生活安定、利益擁護ニ関スル一切ノ事項

第三章 役員及事務員

第九條 本處ノ役員ハ凡テ總工會ノ役員ヲ以テ之ニ充テ別ニ顧問評議員若干名ヲ置ク

81

顧問、評議員ハ役員會ニ於テ之ヲ詮衡推薦ス

第十條 本處ノ役員ハ凡テ無給トス 但シ車馬賃ハ実費ヲ支給ス

第十一條 役員會ハ毎月一回十五日ヲ定日トシテ之ヲ開ク

役員會ノ議長ハ総工會長之ニ当リ會長事故アル時ハ副會長之ヲ代理ス

會議ノ議決ハ多数決ニヨリ可否同数ノ時ハ會長之ヲ決ス

第十二條 役員會ノ議決ハ必ズ之ヲ顧問、評議員ニ提示スルモノトス

第十三條 本處ニ役員ノ任命ニヨル左記ノ事務員及嘱托医師若干名ヲ置ク

一 登記原簿係 一名

二 調査主任 一名
　身分調査係 二名
　思想生活調査係 二名
　健康調査係 一名

三 庶務係 一名

四 會計係 一名

三、健康診断医師　若干名

但シ事務員数ハ事務ノ繁簡ニヨリテ増減スルコトヲ得

第十四條　本處ノ事務員ハ総工會事務員ヲ以テ兼務セシメ嘱託医師ノ外凡テ無給トス　但シ車馬費ノ実費ヲ支給ス

第十五條　本處ノ會計ハ総工會ノ取扱ニ係リ其ノ收支ハ凡テ役員會ノ決議ニヨルモノトス

第十六條　本處ニ総工會理事中ヨリ二名ノ會計審査員ヲ選ビ毎月一回會計ノ審査ヲ行フ　若シ不良收入又ハ不良支出アリタル時ハ之ガ收支ヲ命ジタル役員ヲシテ其ノ責ヲ負ハシム

第四章

第十七條　本處ハ年一回適当時機ニ總會ヲ開キ工人相互間及ビ雇用主トノ

親睦ヲ圖ル

第十八條　總會ニ要スル費用ハ出席ノ負担トス

但シ出席者一人ノ負担額ハ國幣壹圓以上ニ出ヅルコトヲ得ズ

若シ出席者ノ負担ニヨリテ尚不足ノ時ハ總工會又ハ總工會役員ノ負担トス

第十九條　優良工人、善行工人　永年勤續表彰者ノ詮衡ハ役員會ニ於テ之ヲ決シ表彰式ハ總會ニ於テ之ヲ行フ

第二十條　前條ノ表彰ハ金品ノ贈呈又ハ賞状ニヨルモノトス

第二十一條　本會ハ總會席上ニ於テ各年度ノ事業並ニ會計報告ヲ爲ス

事業報告及會計報告ハ役員二名ノ捺印ヲ以テ之ヲ記録シテ總工會ニ保存ス

補則

第二十條 本章ニ規定ナキ事項ノ發生シタル場合ハ役員會ニ於テ之ヲ議決實行スルモノトス

以上

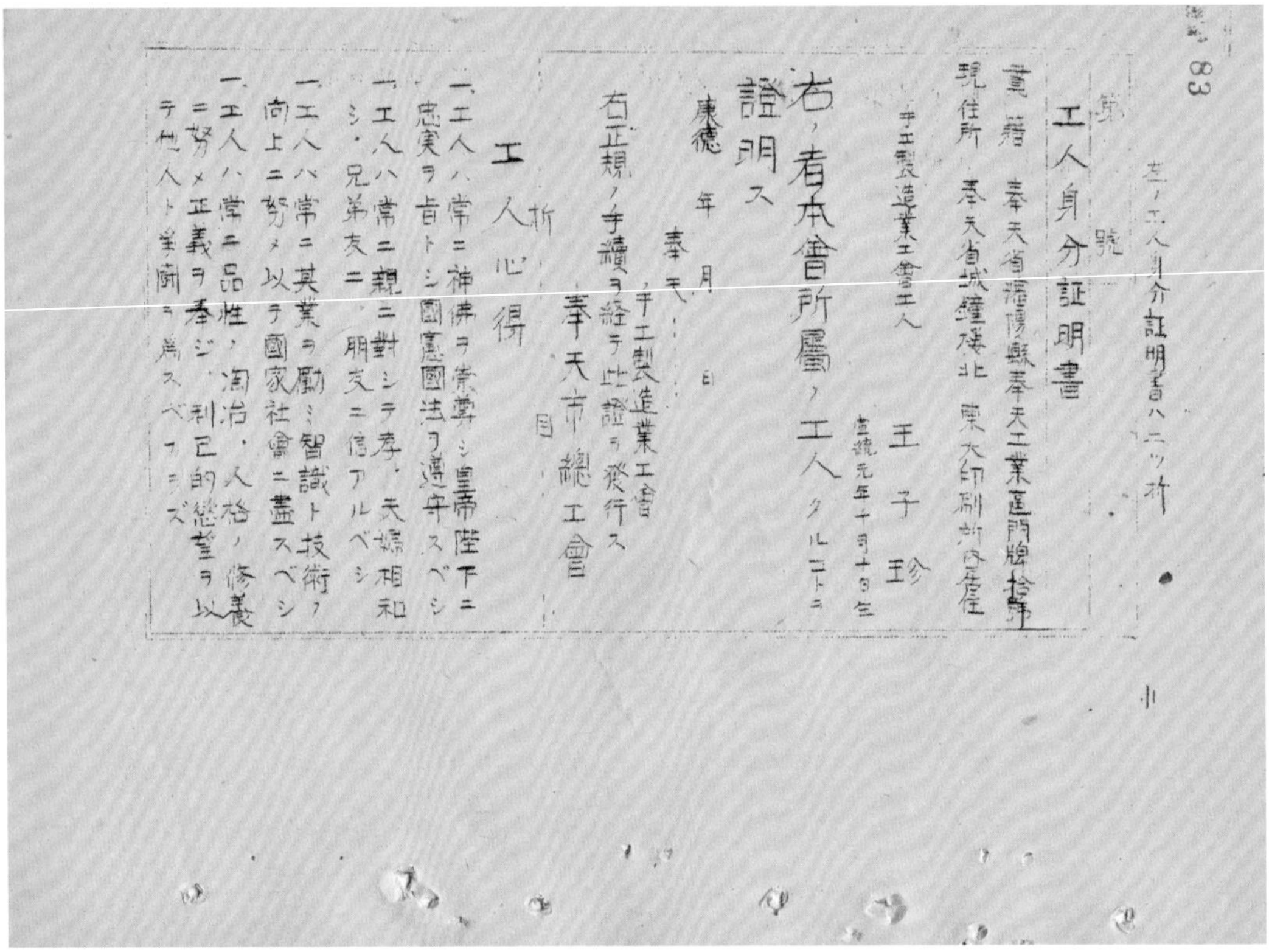

83

左ノ工人身分証明書ハ二ツ折

第　　號

工人身分証明書

原籍　奉天省瀋陽縣奉天工業區門牌拾号

現住所　奉天省城鐘樓北　東大印刷所内居住

手工製造業工會工人

王子珍

康德元年十一月十日生

右ノ者本會所屬ノ工人タルコトニ

證明ス

康德　年　月　日

奉天

手工製造業工會

右正規ノ手續ヲ經テ此證ヲ發行ス

奉天市總工會

折目

工人心得

一、工人ハ常ニ神佛ヲ崇尊シ皇帝陛下ニ忠實ヲ旨トシ國憲國法ヲ遵守スベシ

一、工人ハ常ニ親ニ對シテ孝・夫婦相和シ・兄弟友ニ朋友ニ信アルベシ

一、工人ハ常ニ其業ヲ勵ミ智識ト技術ノ向上ニ努メ以テ國家社會ニ盡スベシ

一、工人ハ常ニ品性ノ陶冶・人格ノ修養ニ努メ正義ヲ奉ジ利己的慾望ヲ以テ他人ト爭鬪ヲ為スベカラズ

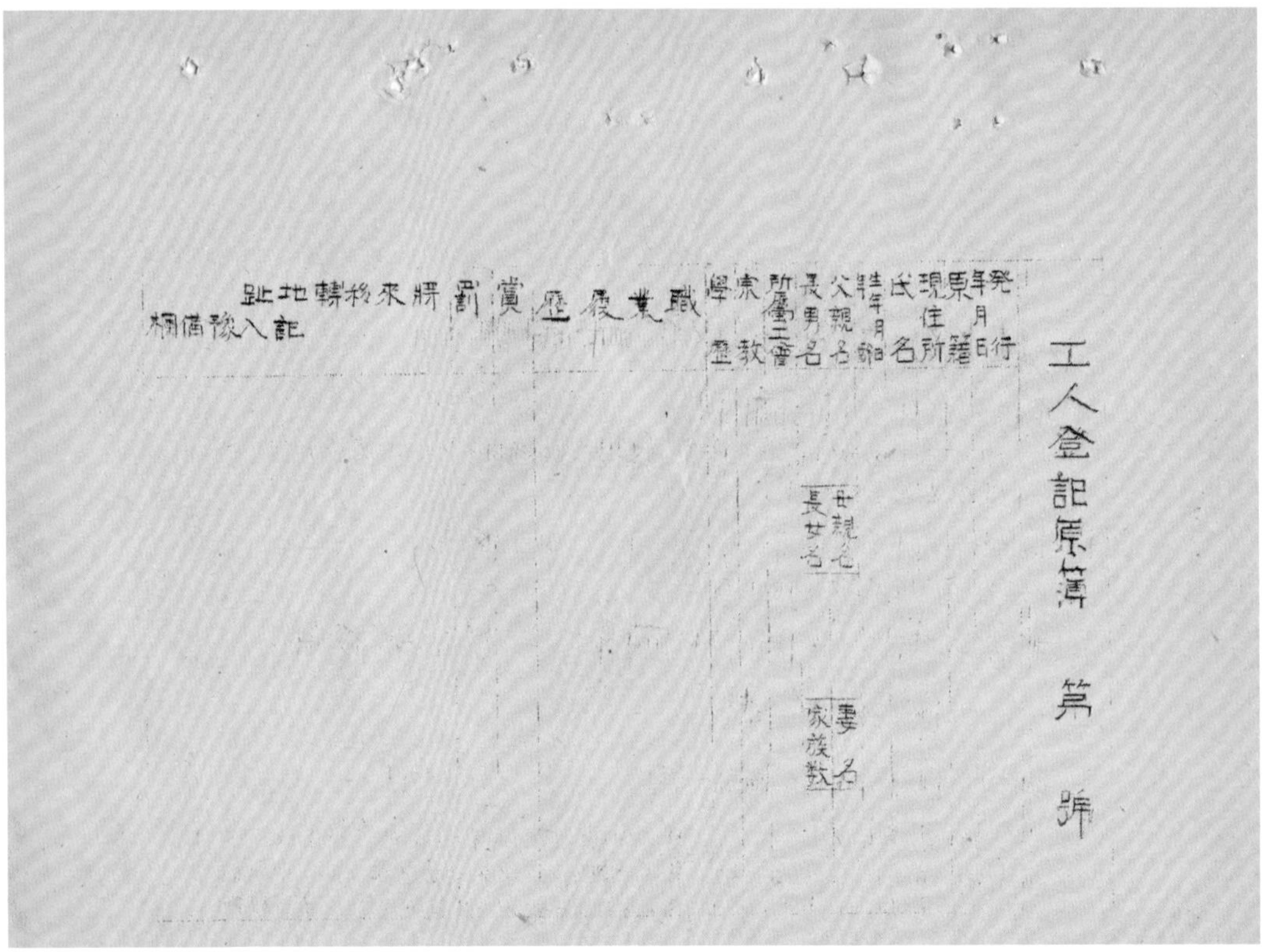

工人登記原簿　第　號

發行年月日

原籍

現住所

氏名

生年月日

父親名　母親名

長男名　長女名

所屬工會　妻名

宗教　家族數

學歷

職業履歷

賞罰

將來移轉地址

記入豫備欄

工人登記處收支豫算見積書

一、國幣七千五百圓也　總收入

但シ第一年度ニ於ケル工人ノ登記ヲ貳萬五千人ト見做シ一人当リ參角ノ手数料徴收入金

一、國幣七千三百貳十圓也　總支出

但シ別紙内譯書ニヨル支出

一、差引　國幣壹百八十圓也　後期繰越金

支出内譯

一、國幣七千三百貳十圓　總支出

一、四百圓　工人登記原簿二百冊調製費（壹冊貳圓替）

一、六百圓　工人名簿カード六万枚調製費（壹枚五厘替）

一、壹千五百圓　工人身分証明書三万枚調製費（壹冊五錢替）

一、参百圓	工人健康診断簿、思想調査簿、生活調査簿各壹百冊共計三百冊（壹冊壹圓宛）
一、拾圓	各印章数個代
一、壹百圓	書冊、書籍等購入費
一、壹百圓	工業講演会、修養講演會年五回開催経費及講師謝禮（壹回貳十圓宛）
一、四百圓	工業講習會年四回開催費及講師謝禮（壹回壹百圓宛）
一、四百圓	優秀工人、善行工人、永年勤續工人表彰費
一、参百圓	留聲器（蓄音機）其他娛樂器具購入費
一、参百圓	電影（活動寫眞）会年六回開催費（一回五十圓宛）
一、五百圓	失業工人救濟費
一、貳百圓	冠婚葬祭慶弔費
一、五百圓	健康診断囑託費五名謝禮（壹人年壹百圓）
一、壹百圓	工人身分、思想、健康、生活狀態調査費
一、四百圓	事務員車馬費
一、貳百圓	役員車馬費
一、壹百圓	共同墓地維持費

一、壹百貳拾圓　文房具費
一、六十圓　通信費
一、壹百貳拾圓　各種印刷費
一、五十圓　新聞公告費
一、壹百貳十圓　役員交際費
一、貳百圓　從業員年末賞與金
一、壹百貳十圓　走遣（ボーイ）貳名手当（月一人五圓宛）・
一、壹百貳十圓　諸雜費

以上

追記

第一年度ニ於テ貳萬五千人ノ工人ヲ登記シ得タリト假定致シ更ニ第二年度ニ萬五千人ヲ新規ニ登記シ得ルモノト見做シ候モ漸ク二ヶ年ニシテ總工會所屬各工會使用工人ノ登記ヲ完了スル次第ニ有之候

勿論此間總工會所屬以外ノ工人登記モ相当アルナラントハ思惟致シ候得共本登記事業ノ容易ナラザルヲ想像セラレ申候

然シ閣下並ニ各位諸賢ノ御指導ノ下ニ幸ニ本事業ガ完全ニ進捗致シ候ハヾ奉天工業界並ニ工人ノ生活擁護上ニ幾分貢献スル處アルベシト信ズル所ニ御座候間何卒宣敷御取斗ヒ被下度奉懇願候

敬具

新京宪兵队长马场龟格、日本关东宪兵队司令官岩佐禄郎关于伪满劳工协会再组织情况的一组文件（一九三五年六月至七月）

马场龟格致岩佐禄郎的报告（通牒）（一九三五年六月二十五日）

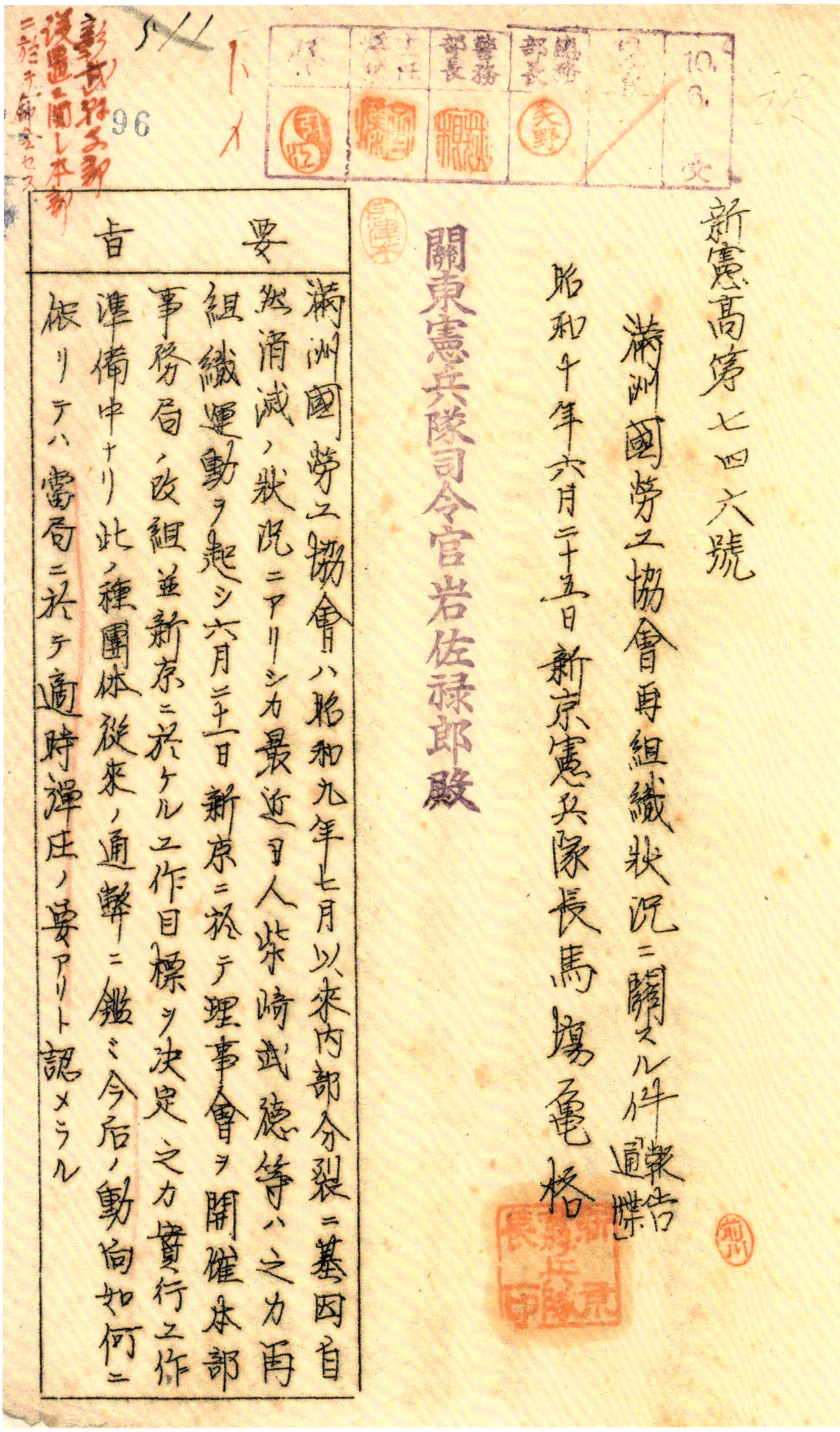

新憲高第七四六號

滿洲國勞工協會再組織狀況ニ關スル件通牒

昭和十年六月二十五日 新京憲兵隊長 馬場龜格

關東憲兵隊司令官岩佐祿郎殿

要旨

滿洲國勞工協會ハ昭和九年七月以來内部分裂ニ基因自然消滅ノ狀況ニアリシカ最近日人柴崎武德等ハ之カ再組織運動ヲ起シ六月二十日新京ニ於テ理事會ヲ開催本部事務局ノ改組並新京ニ於ケル工作目標ヲ決定之カ實行工作準備中ナリ此ノ種團体從來ノ通弊ニ鑑ミ今后ノ動向如何ニ依リテハ當局ニ於テ適時彈圧ノ要アリト認メラル

狀況左記報告「通牒」ス

左記

一、再組織ノ經緯

滿洲國勞工協會ハ昭和九年三月創立其ノ本部ヲ新京ニ設置セルモ部内ニ分裂ヲ來シ同年七月頃ヨリ自然消滅ノ狀態ニアリタルカ偶々分裂當時其ノ一派ニヨリ組織セラレタル日滿農工聯和會カ本年二月奉天ニ於テ解散スルヤ旧會員タル柴崎武德一派ハ農工聯和會組織分子ヲ糾合シ旧勞工會ノ會勢挽回ヲ策シ居タルカ本年

512

97

五月中旬頃ヨリ運動漸次積極化シ六月二十日新京ニ於テ理事會ヲ開催シ本部組織並運動方針等ヲ審議ノ結果本部事務局ヲ西三道街ニ置キ別表第一ノ如ク改組スルコト、セリ

尚今後日満要路ニ廣ク賛助員ヲ求メ維持費ノ捻出ヲ計ルト共ニ本部事務局直轄ノ下ニ在新京各業組合組織ヲ企圖シ目下調査中ナルカ現在迄ノ調査状況別紙第二ノ如シ

二、工作目標

而シテ同會ハ将來ニ於ケル工作目標ヲ概ネ左ノ如ク決定準備中ナリ

イ、日語夜學校

專ラ幹部養成ノ目的ヲ以テ二十才前後ノ日語研究希望者二十余名ヲ收容シ無料教授ヲ為ス

2、組合組織

本部事務局ノ直接指導下ニ先ツ新京特別市内ノ荷馬車、埋髮業、飲食店ノ組合組織化ヲ企圖シ六月六日以來之レカ調査並ニ勧誘ヲ開始セルカ

513

98

其ノ内荷馬車組合ノ主ナル事業ハ
(一)組合員ニ對スル紛爭ノ調停
(二)荷馬車ノ配給
(三)營業ニ必要ナル物件ノ購入又ハ斡旋
(四)營業ニ關スル諸調査
(五)組合員ノ救濟及弔慰
(六)荷馬車取扱者ノ收容所ノ設置
等ニシテ組合員ヨリ組合費トシテ一ヶ月荷馬車一台ニツキ五拾錢ヲ會費トシテ一ヶ年一円二十錢ヲ徵シ前者ハ組合維持費ニ後者ヲ協會維持費ニ充ツル模様ナリ

3、農村救濟

新京附属地、城内ニ於テ映画又ハ演劇ヲ開催シ其ノ收益ヲ以テ全滿農村救濟義金ニ充ツ

4、勞資紛爭ノ調停

既ニ最近約一ケ月間ノ取扱件数二件之ニ依リテ得タル報酬金額約三十円ナリト

三、其他

1、本會ニ関係ヲ有スル地方有志別紙第三（六、一五承憲高第三九〇號劉烟峰在名）ノ如クナルモ目下ノ處地方支部

514

99

組織ニ關シテハ本部事務局ノ組織強化及新京ニ於ケル各種事業ノ成績ヲ觀タル上着手スル方針ニシテ本部ニ於テハ承憲高第三九〇號劉畑峰ノ行動ニ關シテハ關知セサル旨表明シ居レリ

2.前述ノ如ク滿洲國勞工協會本部（主トシテ日人顧問等）ハ地方支部設立ヲ保留シアルニ反シ滿人幹部ノ多クハ會員章ノ配給地方支部設置ノ早急實現ヲ主張シアリ

3.探聞スル所ニ依レハ日人顧問等ハ本會ヲ將來滿洲

國協和會ノ別動機関タラシムヘキ意圖ヲ有シアリ
ト

四、所見
状況以上ノ如クナルカ此ノ種團体ノ通弊トシテ動モスレハ利権策動其ノ他邪道ニ陥リ易キ傾向ニ鑑ミ今後ノ動向如何ニ依リテハ當局ニ於テ適時弾圧ノ要アリト認メラル

發送先　隊司、間各隊、写隊下

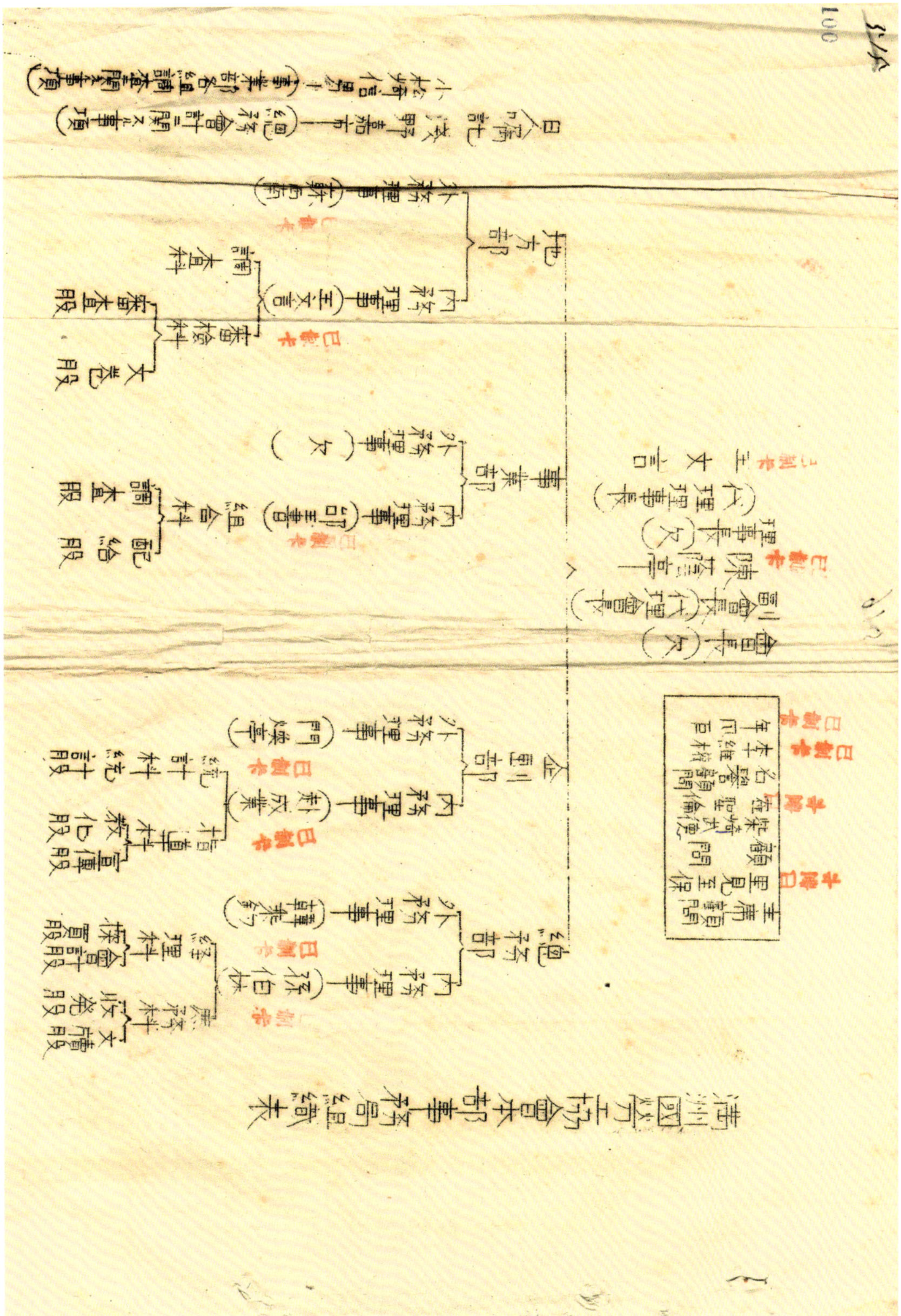
満洲國勞工協會本部事務局組織表
總務部
企劃部
事業部
地方部
内務理事
外務理事
經理科
庶務科
會計股
文書股
指導科
統計科
配給股
調査股
審査股

附二：计划在伪新京组织的各行会调查表（一九三五年六月）

5/17
101

別紙第二

新京ニ組織計画中ノ各業組合調

昭和十年六月

組別	所在地	責任者
荷馬車組	東三馬路	夏郁周
洋服店組	四道街	関炳貴
飲食店組	平康里	任富
茶食組	東三馬路	李文明
錐工組	東三馬路	郭徳山
縫紉組	新市場	王祖輔
瓦工組	鉄嶺七	許瀛洲
行厨組	東三道街	孟會川
木工組	東三馬路	郭海亭
洗染組	東三道街	楊兆讃
柴炭組	西四道街	張洪升
皮鞋組	東三馬路	門五三
皮革組	西二道街	張口忱
麺粉組	西四道街	趙長志
五金組	南大街	袁祥翔
布鞋組		斎雲峯
棚櫃組		樊銀海
[illegible]工組	三不管	范某
鼓楽組		
鉄筋組	軍用路	李相建
柳筐組	長通路	王珊五
一区農業組		董蘭亭
二区仝		邵書晨
三区仝		馬紹榮
五区仝		王沼安

別紙第三、

満洲國勞工協會地方關係者調查表

昭和十年六月

縣別	關係者	縣別	關係者	縣別	關係者	縣別	關係者
撫順	馬振雲	梨樹	唐克新	楡樹	閆文先	營口	姜作舟
富錦	郭吉之	懷德	起成貴	遼源	張維經	〃	劉衡
遼中	王福學	琢河	姜志剛	寧安	張維貴	克東	黎澤林
〃	蕭共國	扶餘	劉極民	西安	李継堯	安東	董典五
阿城	馬裕昆	西豐	劉賢達	開原	寇栄軒	慶城	閆玉琛
長嶺	高子元	農安	李景唐	安東	孫紹蔚	海龍	閆杉橋
九台	董旭東	雙城	孫國卿	開原	許楓林	東豐	安鴻學
〃	王成林	昌図	欧鍇非	東豐	高文禧	望奎	董振海
拜泉	劉雅忱	大賚	黎國忠	新民	張磨拜	〃	張宝琳
海倫	王仲德	洮南	西長春	安廣	謝澤民	蘭西	曹玉昆
鉄嶺	黄居武	〃	李凤九	營口	劉海川	林甸	常時中

本溪	寗田藩	綏中	劉賢文	安達	鄧萬鉦
蓋平	石桂升	通河	郭瑶	明水	陳印書
磐石	王金貴	海城	李清泉	克山	石鳳翔
肇東	張忠賢	巴彥	孫文舟	青岡	孫殿剛
通遼	周憲章	肇州	毛海賓	拜泉	慧鴻書
〃	劉慶兆	法庫	劉振華	黑山	胡憲文
興城	田中禧	敦化	王风相	奉天	王鐸
義	張運陞	〃	閆光志	德惠	圖文魁
錦	賈品一	勃利	王夢周		
遼陽	辛英芳	双陽	李陽恢		
〃	田英麟	〃	王耀輝		
克山	沈傳經	依蘭	李冠珊		
彰武	劉烟峰	伊通	徐德奐		

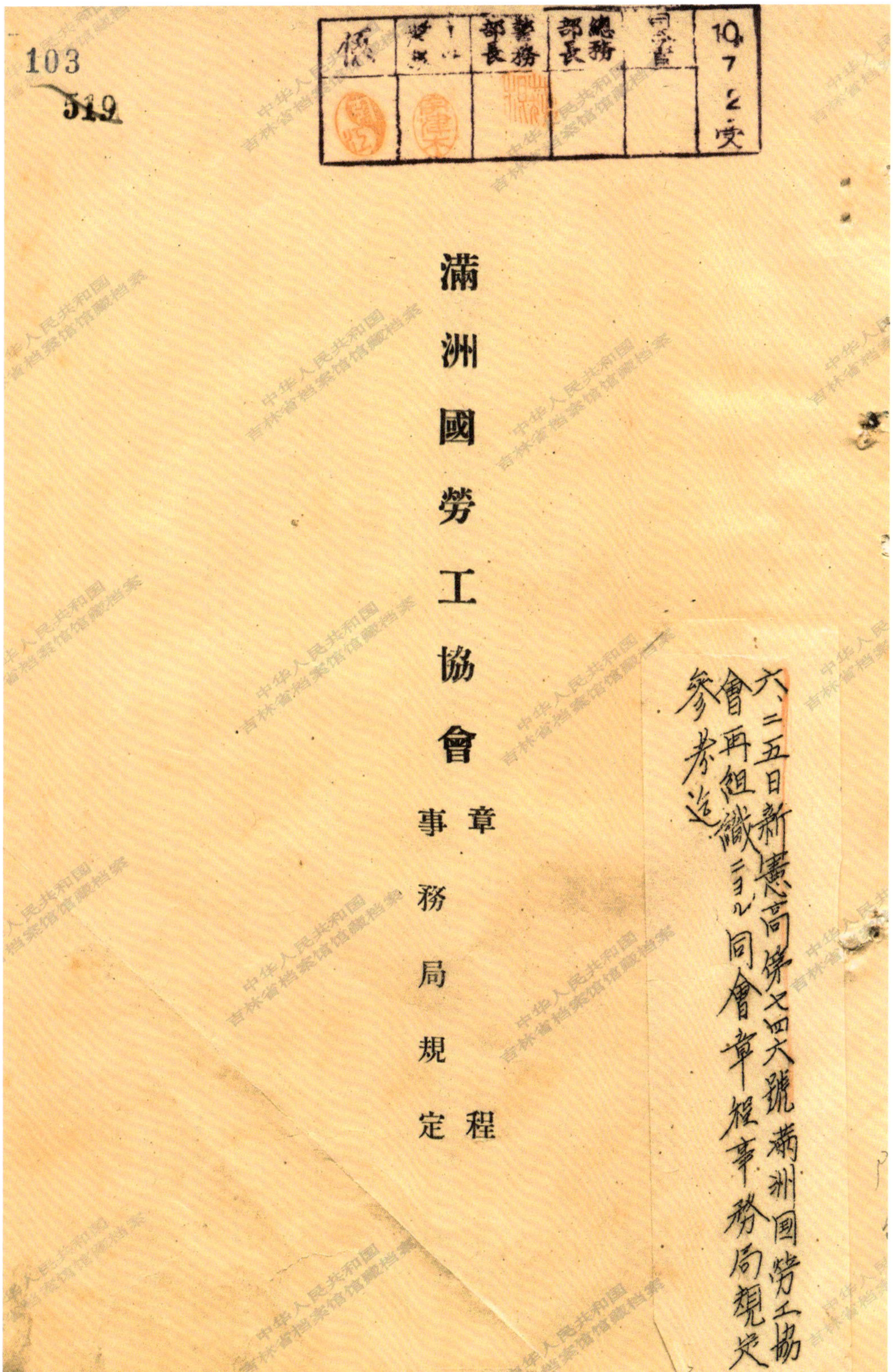

係		警務部長	總務部長		10.7.2受

103

519

滿洲國勞工協會

章程

事務局規定

六、二五日新憲高第七四六號滿洲国勞工協會再組織ニ付同會章程事務局規定参考送

伪满劳工协会编制的劳工协会章程、劳工协会事务局规定（一九三五年七月二日）

520

104

宣言

查現今世界各國目爲社會問題中最重要之勞働問題而在我國應世界之大勢亦成爲重要問題者乃一般人士所公認者也方今建國伊始根基未固爲國策進展上計勞働問題不但爲其本體之對策且可藉此問題以發現幾多之反國家分子故此問題之重可想而知矣查我三千萬同胞之大部分爲勞工者構成分子乃由生活習慣不同之五族而成立此五族勞工者因久困於暴政並官匪横行之下一般民衆自然釀成自己防衛之思想故歷史上有許多秘密結社並陰謀團體之勢力尚存於勞工者中

反國家分子舊軍閥中國總工會之殘黨並蘇聯國以及中國共產黨分子或利用無知識勞工之邪教徒等藉大衆之勢力而防害我建國之理想之實現此等策劃近來愈爲熾烈年來山東苦力入滿者已達七十萬衆之多現在我國秩序漸安諸產業發展將來入國山東苦力勢必繼續增加我國下級勞働者不免受其影響並多數兵匪歸順之際能惹起種種之複雜問題

吾協會有鑑如上之情勢爲期確立我王道國家是以對於國內佔有極大勢力之勞工大衆留意其動向並排除其伏存各種反滿勢力同時使我國產業發展並努力解決社會問題化之勞働問題使國內現存一切

滿洲國勞工協會章程

宣言

現今世界各國ニ於テ社會問題トシテ重要ナル勞働問題ハ我カ國ニ於テモ世界ノ大勢ヨリシテ等シク重要問題タルハ一般識者ノ認ムル處ナリ、殊ニ建國日尚淺キ我カ國ニ於テハ國策遂行上勞働問題對策其レ自體ノミナラス同問題ヲ利用セントスル幾多ノ反國家運動分子ノ伏在スルヲ見ルガ故ニ特ニ重要性ヲ有ス

即チ我カ三千萬同胞ノ大部分ハ勞工者大衆ニシテ其ノ構成分子ハ生活習慣ヲ異ニスル諸族ヨリ成リ尚久敷ニ亘ル暴政ト官匪ノ横行ハ民衆ヲシテ必然的ニ自己的民族的防衛ノ思想ヲ成釀セシメ之カ爲メニ古キ歷史ヲ有スル幾多秘密結社並ニ陰謀團體ノ勢力ハ今尚勞工者間ニ侮リ難キモノアリ而シテ反國家分子タル舊軍閥及中國總工會ノ殘黨リビエット及中國共產分子或ハ勞工者ノ無智ヲ利用セントスル邪教ノ徒等ハ之等國民的訓練ナキ勞工者大衆ノ勢力ヲ利用シテ我カ建國ノ理想實現ヲ妨ケントスル策謀輓近熾烈ナルモノアリ

更ニ又例年度來スル所謂山東苦力七十萬ノ進入ハ我カ國内ノ安定ト產業ノ進展ニ伴ヒ一層急激ナル增加ヲ見ルベク而シテ之カ增大ハ國內下級勞工生活者ノ一大脅威タルハ勿論多數兵匪ノ歸

滿洲國勞工協會章程
之勞工者團體盡包括之以任我滿洲國之勞工者大衆之指導統一爲
王道主義國家之基礎發揚我亞細亞民族之精華於宇宙內並貢獻王
道國家之思想於世界上

大同二年三月一日

滿洲國勞工協會啓

順ト相俟テ我カ國政ヲシテ益增復雜化スルニ至ルハ必然タリ
我カ協會ハ如上ノ情勢ニ鑑ミ我カ王道國家ノ確立ヲ期シ常ニ國
內ノ一大勢力タル勞工者大衆ノ動向ニ關心ヲ注キ之ニ伏在スル
各種反滿的勢力ヲ排除シ併セテ我カ國產業ノ發展ト共ニ社會問
題化サントスル勞働問題ノ解決ニ努メ而シテ國內ニ現存スル一
切ノ勞工者團體ヲ包含セシメテ我カ滿洲國勞工者大衆ノ指導統
一ニ任シ以テ王道主義國家基礎ニシテ我カ亞細亞民族ノ精華タ
ル精神的文化ヲ宇內ニ發揚シ世界王道國家ノ具現化ニ貢獻セン
トス

滿洲國勞工協會

滿洲國勞工協會創立趣旨

久操生殺與奪大權之舊軍閥因我等三千萬民衆之自覺並因其暴虐反動之結果始有九一八之事變發生而掃除其暴政將全滿諸民族融爲一體以建設王道國家雖然未改其舊惡之殘黨仍潛伏各處多以掠奪爲事加害吾同胞兼世界經濟蕭條產業不振在各方農工商之失業者逐漸增加此等危難者欲免其困苦求得生活之路不得已而有漸次集中都市此等傾向近來愈爲顯着新政府頗注意於此盡其全力以保境安民謀人民之生計向上對於民衆之救濟秩序之維持並顯示其實績而見有防碍建國實現之慘暴行爲必須加以排除我等既爲國民一份子豈能袖手旁觀以坐待生活之安全應負有除去其禍根之權利與義務也當此時期吾勞之勞工者回具此感本建國之精神組織本會以圖（滿漢日鮮蒙及白俄）五族等工者之融和生活之維持與產業之發達並努力於文化之向上排除防碍建國理想之實現樹立王道之基礎俾成……（士……之邦也）

滿洲國勞工協會創立趣旨

久敷ニ亘リ生殺與奪ノ權ヲ擅ニセル舊軍閥ノ暴虐苛誅モ我等三千萬民衆ノ自覺ト暴虐ノ反動ニ依リ去ル九、一八事變ヲ一斷界トシテ彼等ノ暴政ヲ驅除シ東北四省ノ諸民族ヲ一丸トスル光輝アル一大王道國家建設ノ鴻業ヲ見ルニ至レリ

然リト雖モ未タ舊惡ヲ改メザル彼等ノ殘黨各地ニ潛行シテ我カ同胞ニ危害ヲ加ヘ掠奪ヲ事トスルモノ多多アリ加之世界的不况ニ依ル產業ノ不振ハ益益地方農工商業者ノ職ヲ失ハシメ爲ニ之等失業者ノ多クハ危難ヲ免レ生ヲ得ントシテ漸次都市集中ノ餘儀ナキニ至ヲシメ此ノ傾向ハ晩近顯著ナルモノアリ

曩ニ我カ新政府ハ如上ノ傾向ニ留意シ保境安民ニ全力ヲ傾倒シ民衆ノ救濟秩序維持ニ其ノ實績ヲ示シツヽアリト雖モソ建國ノ大理想ノ實現ヲ妨ケントスル此ノ暴虐慘行極マリナキ現場ヲ直視スルトキ我等國民ノ一員タルモノ徒ニ拱手傍觀シテ生活ノ安全ヲ期待スベキニ非ス進ンテ此ノ禍根ヲ除去スヘキ權利ト義務ヲ共有ス

此ノ秋ニ當リ吾勞人工者有志聊カ感スル處アリ我カ建國ノ大精神ニ則リ本會ヲ組織シテ滿，漢，日，鮮，蒙，白系露人勞工者

滿洲國勞工協會章程

ノ融和生活ノ維持改善産業ノ發達ヲ圖リ文化ノ向上ニ努メ以テ我カ建國ノ理想タル搾取ナキ樂土建設ニ一途邁進セントス

大同二年三月一日

滿洲國勞工協會

滿洲國勞工協會章程

第一章 名稱

第一條 本會定名滿洲國勞工協會

第二條 本會本部置新京各省各縣設立支部

第二章 目的

第三條 本會以基滿洲王道建國之大精神爲宗旨排除妨碍建國理想實現者並指導五族融和互相扶助且圖產業發展謀勞工者之安樂生活是爲本會之眞目的

第三章 組織

第四條 本會以贊成第二章目的年齡滿二十歲以上者組織之

第五條 一、本會章程之改廢及本會之功過由總會長召集全國議員會行之

二、本部支部出席之議員人數依本部事務局規定之

三、全國議員會本部及支部選派議員組織之

滿洲國勞工協會章程

第一章 名稱

第一條 本會ハ滿洲國勞工協會ト稱ス

第二條 本會ハ本部ヲ新京ニ置キ支部ヲ各省各縣ニ置ク

第二章 目的

第三條 本會ハ滿洲王道建國ノ大精神ニ基キ建國ノ理想實現ヲ妨碍スル者ヲ排除シ以テ五族融和互相扶助ヲ指導シ且ツ產業發展ト勞工者ノ安樂生活ヲ圖ルヲ以テ目的トス

第三章 組織

第四條 本會ハ第二章ノ目的ニ贊成スル年齡滿二十歲以上ノ者ヲ以テ組織ス

第五條 一、本會會則ノ改廢及本會ノ功過ハ總會長全國議員會ヲ召集シ之ヲ行フ

二、本部支部出席ノ議員人數ハ本部事務局ノ規定ニ依ルモノトス

三、全國議員會ハ本部及支部選派議員ガ之ヲ組織

滿洲國勞工協會章程

第六條　本會會務由總會統制之

第七條　本會人事任免及緊急功過與一切會務之進行及附屬事業之執行先由總會長與顧問部考核後提交本部理事會議決然後由總會長命事務局辦理之但遇緊急事項事務局可簽請總會長承認簽字施行或總會長命事務局行之

第八條　支部以五十會員以上組織支部長一名及主事幹事若干名主事輔佐支部長辦理一切事務

第九條　支部會員其數過多時本部之得認可由職員中別選理事一名輔佐支部長辦理一切事宜再由各會員中分別職業組織組合每組設委員若干名由委員中推薦組長一名以其辦理本組一切事務

第四章　職員

第六條　本會事務ハ總會長之ヲ統制ス

第七條　本會人事ノ任免及緊急功過一切ノ會務進行及ビ附屬事業ノ執行ハ先ヅ總會長及顧問部ノ考核ニ依リ本部理事會ニ提出シ決議ヲ得テ後總會長ノ命令ニ依リ事務局之ヲ辦理ス

但シ緊急事項ニ於テハ事務局ガ總會長ノ承認得テ之ヲ施行スルカ或ハ總會長ガ事務局ニ命ジテ之ヲ行フ

第八條　支部ハ五十人以上ノ會員ヲ以テ組織シ職員ハ支部長一名主事幹事若干名ヲ置ク主事ハ支部長ヲ輔佐シ一切ノ事務ヲ辦理ス

第九條　支部會員數多ナル時ハ本部ノ認可ヲ得テ職員中ヨリ別ニ理事一名ヲ選擧シ理事ハ支部長ヲ輔佐シ一切ノ事務ヲ辦理ス尚各會員ノ職業別ニ依リ「組」ヲ組織シ各「組」毎ニ委員若干名ヲ置キ委員中ヨリ組長一名ヲ選擧シ本「組」ニ一切ノ事務ヲ處理ス

第四章　職員

第十條 本部及支部置左列職員若干名

一、本部職員

總會長一名副會長一名理事長一名理事及主事幹事組長書記若干名

二、支部職員

支部長一名理事一名主事幹事組長書記若干名再有重要事業時支部由本部派理事駐在該地方

第十一條 一、總會長及副會長依全國議員會推薦任期三年

二、理事長由全國議員會推薦而總會長任命之任期三年

三、理事及主幹事以會員中有相當才力者選任之任期三年

四、各組長由該「組」合會員中互選須得本部事務局承認任期二年

五、理事及主事幹事以下職員總會長任免之但須本部理事會通過

六、支部長及理事主事由支部職員推選經本部之承

滿洲國勞工協會章程

第十條 本部及支部ニハ左記職員ヲ置ク

一、本部職員

總會長一、副會長一、理事長一、理事及幹事主事，組長，書記，若干名

二、支部職員

支部長一名，理事一名，主事，幹事，組長，書記，若干名尙ホ重要事業アル時ハ本部ヨリ理事ヲ該地方ニ派遣シ支部ニ駐在セシム

第十一條 一、總會長及副會長ハ全國議員會ノ推選ニ依ル任期ハ三年トス

二、理事長ハ全國議員會ニ由リ推選シ總會長之ヲ任命シ任期ハ三年トス

三、理事及主事，幹事ハ會員中ヨリ相當才カアル者ヲ以テ之ヲ選任シ任期ハ三年トス

四、各組長ハ各「組」會員中ヨリ選擧シ直ケニ本部事務局ノ承認ヲ得ベシ任期ハ二年トス

五、理事及主事，幹事，以下職員ハ總會長之ヲ任免ス但シ本部理事會ノ通過ヲ經ルモノトス

六、支部長及理事，主事ハ支部職員中ヨリ推選シ

認者任期二年

七、支部幹事由會員中推選經本部之承認者任期二年

八、以上各項職員均得再任（但總會長直接任用者不再此例）

第十二條　一、總會長代表本會總理一切會務

二、副會長輔佐總會長總會長缺席時代理一切事務

三、理事長承總會長之命辦理事務局事宜理事輔佐理事長分掌各部事業（總副會長缺席時理事長代理會務）

四、本部主事幹事組長書記承上司之命分担會務

五、支部長承總會長之命辦理支部一切事務

六、支部主事（理事）輔佐支部長辦理支部事務

本部ノ承認ヲ得ベシ任期ハ二年トス

七、支部幹事ハ會員中ヨリ推選シ本部ノ承認ヲ得ベシ任期ハ二年トス

八、以上各項ノ職員ハ再任スルコトヲ得（但シ總會長直接任用シタルモノハ之ノ限リニアラズ）

第十二條　一、總會長ハ本會ヲ代表シテ一切ノ會務ヲ總理ス

二、副會長ハ總會長ヲ輔佐シ總會長缺席ノ場合ハ一切ノ會務ヲ代理ス

三、理事長ハ總會長ノ命令ニ依リ事務局ノ事宜ヲ辦理シ理事ハ理事長ヲ輔佐シ各部事業ヲ分掌ス（總副會長缺席ノ場合ハ理事長ガ會務ヲ代理ス）

四、本部主事，幹事，組長，書記ハ上司ノ命令ニ依リ會務ヲ分擔ス

五、支部長ハ總會長ノ命令ニ依リ支部一切ノ事務ヲ辦理ス

六、支部ノ主事（理事）ハ支部長ヲ輔佐シ支部ノ事務ヲ辦理ス

七、支部幹事（主事）輔佐支部主事（理事）分担支部事務

八、支部組長承支部長及上司之命辦理一組事務

第十三條 一、贊助員由總會長囑託與本會有工勞及特別義務贊助本會宗旨充之但須本部理事會通過

二、顧問由贊助員中有工勞經驗與指導智能人由總會長聘請但須本部理事會通過

三、顧問應總會長之諮問及本會一切會務指導

第五章 會議

第十四條 一、全國議員會每年春秋二次開定期會議但必要時得由總會長召開臨時會議議長均以總會長充之

二、本部理事會由總會長召集決議諸般會務事項但議長以理事長充之

七、支部ノ幹事（主事）ハ支部ノ主事ヲ（理事）輔佐シ支部ノ事務ヲ分擔ス

八、支部ノ組長ハ支部長及上司ノ命令ニ依リ一切ノ事務ヲ辦理ス

第十三條 一、贊助員ハ總會長ガ本會ニ功勞有ル者及特別義務並ニ本會宗旨ヲ贊助スルモノヲ以テ之ヲ囑託ス但シ本部理事會ノ通過ヲ經ルモノトス

二、顧問ハ贊助員中勞工ノ經驗アルモノ並ニ指導智能者ヲ總會長ガ之ヲ聘請ス（但シ本部理事會ノ通過ヲ經ルモノトス）

三、顧問ハ總會長ノ諮問ニ應ジ本會ノ一切ノ會務ヲ指導ス

第五章 會議

第十四條 一、全國議員會ハ毎年春秋二回定期ニ開催ス但シ必要アル場合總會長ハ臨時會議ヲ招開ス議長ハ共ニ總會長ヲ以テス

二、本會理事會ハ總會長之ヲ招集シ諸般會務事項ヲ決議ス但シ議長ハ理事長ヲ以テ之ニ充ツ

滿洲國勞工協會章程

三、支部由支部長招開支部職員會議每週一次議長以支部長充之

四、組合會議必要時組長招集

五、各種會議之決議案須要超過出席人數三分之二以上議長作成議事錄要出席會員二名以上之署名蓋印

六、各支部之重要決議事項及議事錄須即時報告本部

第六章　事業

第十五條　本會爲完成第二章之目的設左開事業

一、職業介紹所

二、設立勞工配給局

三、組織各種生産組合及消費組合

四、調査勞工者之日常生活及勞工狀況

五、發行會報及勞工報

六、設勞工診療所及勞工娛樂場

七、設立一般公益事業及其他

第十六條　一、本會之進行事業照第七條施行之但得支部委託事業之一部或全部本部統制

三、支部ハ支部長ガ支部職員會ヲ每週一回招開シ支部長ヲ以テ議長トス

四、「組」會議ハ必要ニ應ジ組長之ヲ招集ス

五、各種會議ノ決議案ハ必ズ出席人數三分之二以上ノ賛同ヲ得ベシ議長ハ議事錄ヲ作製シ出席會員ノ二名以上之ニ署名捺印スベシ

六、各支部ノ重要決議事項及議事錄ハ直ケニ本部ニ報告スルモノトス

第六章　事業

第十五條　本會ハ第二章ノ目的ニ依リ左記事業ヲ行フ

一、職業紹介所

二、勞工配給局設立

三、各種生産組合及消費組合ノ組織

四、勞工者ノ日常生活及勞工狀況調査

五、會報及勞工報發行

六、勞工診療所及公共娛樂場設立

七、一般公益事業及其他ヲ設立

第十六條　一、本會ノ事業進行ハ第七ニ依リ之ヲ施行ス但シ本部ハ支部ノ委託事ノ一部或ハ全部ヲ統

二、支部之事業及會務須依照本部事務局規定承總會長之指令或呈請本部承認施行

第七章　經費

第十七條　本會之經費及維持費依左開諸款辦理之

一、本部經費以維持會費及入會金本會之事業收益金贊助金及其他雜款收入

二、支部之經常維持費以支部會員之規定會費及入會金中二分之一充之

第十八條　本會之會計年度自七月一日起至翌年六月底爲止

第十九條　本會會員每年應納維持會費國幣一元二角

第二十條　本會之會計事項由本會事務局整理清後交總會長保管但大宗存儲中央銀行附屬之支用時須總會長及副會長顧問理事長共同簽字後每月終收支款項結清公示

滿洲國勞工協會章程

制スル事アルベシ

二、支部ノ事業及會務ハ必ズ本部事務局規定ニ依リ總會長ノ指命或ハ本部ノ承認ヲ得テ之ヲ施行ス

第七章　經費

第十七條　本會ノ經費及維持費ハ左記諸欵ニ依リ之ヲ辦理ス

一、本部ノ經費ハ維持會費及入會金本會ノ事業收入金贊助金及其他ノ雜欵ヲ以テ收入トス

二、支部ノ經常維持費ハ支部會員ノ現定會費及入會金中二分之一ヲ以テ之ニ充ツ

第十八條　本會ノ會計年度ハ七月一日ヨリ翌年六月末日迄トス

第十九條　本會會員ハ維持會費トシテ毎年國幣一元二十錢ヲ納入ス

第二十條　本會ノ會計事項ハ本會事務局之ヲ整理シ總會長之ヲ保管ス但シ巨大ナル金額ハ中央銀行ニ儲蓄シ附屬事業ニ支出スル時ハ先ヅ總會長及副會長顧問理事長ノ簽字後毎月末收支款項ヲ結算シ之ヲ公示

一一

第二十一條　會員所繳納之維持會費及入會金無論有如何理由均不爲退還

第二十二條　支部會員繳納維持會費及入會金由支部整理完畢每月末送本部事務局

第二十三條　支部一切會計事務由支部長負責辦理

第八章　入會章則

第二十四條　入會須將原籍現住姓名年齡職業記明並須繳納入會金國幣五角（會章費壹角）並會員二名以上之介紹及保證記名蓋印

第二十五條　維持會費應入會後一個月內繳納

第二十六條　本會員如違背章程或有不正當之行爲由入會地支部長負責其處罰辦法由全議員會決議

第九章　附則

第二十七條　本會章程以外之事項有疑義時由總會長與顧問核議決定

第二十八條　本會會員有享受本會事業之利益

第二十一條　會員ノ納入シタル維持會費及入會金ハ如何ナル事故ニ拘ラズ還付セズ

第二十二條　支部會員ノ納入シタル維持會費及入會金ハ支部ニテ整理完了後毎月末ニ本會事務局ニ送付ス

第二十三條　支部ノ一切會計事務ハ支部長ガ責任ヲ負テ辦理ス

第八章　入會章則

第二十四條　入會者ハ原籍現住姓名年齡職業ヲ明瞭ニ記載シ入會金國幣五角（會章費一角）納入シ且ツ會員二名以上ノ紹介及保證記名ノ上捺印スベシ

第二十五條　維持會費ハ入會後一個月以内ニ納入スベシ

第二十六條　本會員ニシテ會則違反或ハ不正當ナル事故アル時ハ入會地ノ支部長ガ其ノ責任ヲ負フ且ツ其ノ處罰方法ハ全國議員會ノ決議ニ依ル

第九章　附則

第二十七條　本會會則以外ノ事故或ハ疑義アル時ハ總會長及顧問ガ核議決定ス

第二十八條　本會會員ハ本會事業ノ利益ヲ享受スル事ヲ得

第二十九條　本會規則之改癈由全國議員會決議行之

第三十條　本會事務局之規章別以定之

第二十九條　本會規則ノ改廢ハ全國議員會ノ決議ヲ以テ之ヲ行フ

第三十條　本會事務局ノ規定ハ之ヲ別ニ定ム

滿洲國勞工協會章程

111

本部事務局規定

第一章 總則

第一條 於本部事務局置列左職員

理事長 一名

理　事 若干名

主事幹事 若干名

第二條 理事長承總會長之命辦理本會事務各部理事缺員時理事長兼任之

理事主事幹事承命理事長辦理各部所管事業

第三條 本局事務依據總會長諮詢顧問後提交理事會決議行之

但有緊急案件時總會長諮詢顧問後核議標準辦理之

第四條 理事長統制理事會全般事務但有疑難時以開事務局會決議後報告總會長承認後行之

事務局會議理事長主宰之以各部理事及承理事長之命者組織之

第五條 本事務局依據本會所定之諸規定管理本會各部及各地方支部之事業及其他預算及決算

本部事務局規定

本部事務局規定

第一章 總則

第一條 本部事務局ニハ左記職員ヲ置ク

理事長 一名

理　事 若干名

主事幹事 若干名

第二條 理事長ハ總會長ノ命令ニ依リ本會事務ヲ辦理ス各部理事缺員ノ時ハ理事長之ヲ兼任ス

理事、主事、幹事ハ理事長ノ命令ニ依リ各部所管事業ヲ辦理ス

第三條 本局ノ事務ハ總會長カ顧問ニ諮詢シ理事會ニ提出シ決議ヲ得テ之ヲ行フ

但シ緊急案件カアル時ハ總會長カ顧問ニ諮詢シテ後標準ヲ核議シテ之ヲ辦理ス

第四條 理事長ハ理事會全般事務ヲ統制ス但シ疑難アル時ハ事務局會ヲ開催シ決議ヲ得テ總會長ニ報告シ承認後之ヲ行フ

事務局會議ハ理事長之ヲ主宰シ各部理事及理事長ノ命スル者ヲ以テ之ヲ組織ス

第五條 本事務局ハ本會所定ノ諸規定ニ依リ本會各部及各地方支部ノ事業其他豫算及決算ヲ管理ス

一

本部事務局規定

第六條　本事務局會計年度由七月一日起至次年六月底爲止

第七條　本事務局各部理事承理事長之指揮以辦理其所管事務如有所管事務不明瞭或係兩部以上所管時須於事務局會議決事項報告於總會長承認

第八條　事務局各部理事關於其所管欲爲制定或改廢時應向理事長提出報告總會長與顧問部決議

第九條　事務局各部理事得關於其所管事務請求事務局會議之開催

第十條　本會之收發公文公示及佈告全由總會長名義發出有關事務局各部之事該管理事得附屬之

第十一條　事務局各部理事管理其所管職員而關於該部職員任免須報告理事長簽請總會長與顧問部核議之

各部職員之功過事宜由總會長召集全國議員會決議行之

第二章　總務部

第十二條　總務部理事管理總務部全部事務

第十三條　總務部置左列二科

第六條　本事務局會計年度ハ七月一日ヨリ翌年六月末日迄トス

第七條　本事務局各部理事ハ理事長ノ指揮ニ依リ其ノ所管事務ヲ辦理ス若シ所管事務不明瞭或ハ兩部以上ノ所管アル時ハ事務局會議議決事項ヲ總會長ニ報告シ承認ヲ得ベシ

第八條　事務局各部理事ハ其ノ所管ニ關シテ制定或ハ改廢ヲ欲スル時ハ理事長ノ應向ニ依リ總會長及顧問ニ報告シ決議ヲ得ベシ

第九條　事務局各部理事ハ其ノ所管事務ニ關シ事務局會議ノ開催ヲ請求スルコトヲ得

第十條　本會ノ收發公文公示及佈告ハ全部總會長ノ名義ヲ以テ發出シ事務局各部ノ管理ハ該管ノ理事ニ附屬ス

第十一條　事務局各部理事ハ其ノ所管職員ヲ管理シ該部職員任免ニ關シテハ必ス理事長ニ報告シ總會長及顧問カ之ヲ該議ス

各部職員ノ功過事宜ハ總會長カ全國議員會ヲ召集決議シ之ヲ行フ

第二章　總務部

第十二條　總務部理事ハ總務部全部ノ事務ヲ管理ス

第十三條　總務部ニ左記二科ヲ置ク

一、庶務科　二、經理科
第十四條　庶務科辦理左列事項
一、本會各種文書整理及會議事項
二、關於各種公文收發保管事項
三、關於批示發佈事項
四、關於票據印刷整理支配事項
五、關於不屬他科所管之文書及其他事項
六、關於會報發行及其他公示與雜務事項
第十五條　經理科辦理左列事項
一、總計豫算及決算
二、特別會計豫算及決算
三、現金出納及保管事項
四、關於購買事項

第三章　企劃部

第十六條　企劃部理事管理企劃部全部事務
第十七條　企劃部設左列一會二科
一、勞工委員會　二、設計科　三、指導科
第十八條　勞工委員會以會員與本部職員組織之分通常委員會與特別委員會辦理左列事項

一、庶務科　經理科
第十四條　庶務科ハ左記事項ヲ辦理ス
一、本會各種文書整理及會議事項
二、各種公文收發保管ニ關スル事項
三、批示發佈ニ關スル事項
四、票據印刷整理支配ニ關スル事項
五、他科ニ屬セサル所管ノ文書及其他ニ關スル事項
六、會報ノ發行及其他會示並ニ雜務ニ關スル事項
第十五條　經理科ハ左記ノ事項ヲ辦理ス
一、豫算及決算ニ對スル總計
二、特別急計豫算及決算
三、現金ノ出納及保管事項
四、購買ニ關スル事項

第三章　企畫部

第十六條　企畫部ハ理事カ企畫部全部ノ事務ヲ管理ス
第十七條　企畫部ニ左記ノ一會二科ヲ置ク
一、勞工委員會、二設計科、三指導科
第十八條　勞工委員會ハ會員及本部職員ヲ以テ組織シ此レヲ分ケテ通常委員會及特別委員會トシ左記事項ヲ辦理ス

通常委員會每週召開一次特別委員會係臨時召開以上議長以委員長充任之議長缺席時以首席委員代理之決議事項作成議事錄要出席委員二名以上署名蓋印

一、備官憲之諮詢

二、解決勞工之疑難問題

三、公斷勞工之爭執事項

第十九條　設計科辦理左列事項

一、計劃　二、調查　三、救䘏　四、統計

第二十條　指導科辦理左列事項

一、宣傳　二、教化

第四章　事業部

第二十一條　事業部理事管理事業部全部事務

第二十二條　事業部所管本部勞工配給局及本部勞工宿泊所其他事業

第二十三條　本部勞工配給局辦理配給各地勞工事項以理事掌管之

通常委員會ハ毎週一回之ヲ行フ委員長ハ主席職員ヲ以テ是ニ充ツ

特別委員會ハ定例委員會以外ニ於テ臨時必要ナル時ニ開催ス地方支部ノ構成ハ本部ニ準シテ行フ

但シ議事錄ハ在席責任者二名ノ捺印整理ノ上直チニ本部ニ送附スルモノトス

一、官憲ノ諮問ヲ備フ

二、勞工ノ疑難問題解決

三、勞工ノ爭執事項公斷

第十九條　設計科ハ左記事ノ項ヲ辦理ス

一、計畫、二調査、三救恤、四統計

第二十條　指導科ハ宣傳敎化ヲ辦理ス

第四章　事業部

第二十一條　事業部ノ理事ハ事業部全部ノ事務ヲ管理ス

第二十二條　事業部所管ハ本部勞工配給局及ヒ本部勞工宿泊所其他ノ事業トス

第二十三條　本部勞工配給局ハ各地勞工配給事項ヲ辦理ズ

第二十四條 對於雇主者包工時應諮事務局會議決定之

第二十五條 勞工收容所經營各地勞工宿食事宜以理事掌管之

第五章 地方部

第二十六條 地方部理事管理地方部全部事務

第二十七條 地方部置左列二科辦理地方支部關係事項

第二十八條 一、調查科、二審核科

第二十九條 調查科專司調查各地方情況及各種材料之蒐集

第三十條 審核科專司本部及各地方支部圖謀緊密聯絡兼辦理統制上必要事務

第三十一條 關於本規定以外之事項或於本規定上有疑義時應呈總會長開本部理事會決議之

第三十二條 地方支部及分局規定應準本會章程及本部事務局規定作成之但須本部事務局承認

第六章 支部設置規定

第三十三條 支部設置規定別以定之

本部事務局 規定

第二十四條 傭工者ガ包工スル時ニ對シテハ事務局ノ會議ニ應諮シテ之ヲ決定ス

第二十五條 勞工收容所ハ各地勞工宿泊料及食事事務ヲ經營シ理事ガ之ヲ掌管ス

第五章 地方部

第二十六條 地方部理事ハ地方部全部ノ事務ヲ管理ス

第二十七條 地方部ニ左ノ二科ヲ置キ地方部關係一切ノ事項ヲ辦理ス

第二十八條 一、調查科、統制科

第二十九條 調查科ハ各地方ヲ調查シ情況竝ニ各種材料ヲ集取ス

第三十條 統制科ハ本部ト各地方支部トノ相互間緊密ナル聯絡ヲ計リ統制上必要ナル事務ヲナス

第三十一條 本規定以外ノ事項或ハ本規定上疑義アル時ニハ該當事項ヲ總會長ニ應呈ス總會長ハ本部理事會ヲ開催シ之ヲ決議ス

第三十二條 地方支部及分局規定ハ本會規定及本部事務局規定ニ應準シテ之ヲ作成ス

但シ本部事務局ノ承認ヲ要ス

第六章 支部設置規定

第三十三條 支部設立規定ハ是レヲ別ニ定ム

五

第三十四條　本規定自呈准之日施行

滿洲國勞工協會之成立與既往之經過概要

竊惟資本家與勞工者宜以互助之精神渾然融洽然後方能各顯其益觀於各國近狀勞工者與資本家對立往往演成罷工風潮迭有所聞如斯則勞資雙方均不免受損有害而無益我滿洲國既以萬民協和爲標榜苟發生勞資相爭之不祥事件則汚王道治國之大俯者蓋逃鮮淺欲杜此弊宜謀勞工者之生活向上則灌輸王道精神指導民性以謀勞資融洽使彼等安居樂業充實國家百年之大計本協會有鑒於此因以謀勞資融洽樹建國基礎爲目的大同元年九月經民政部當局贊助乃着手組織次第進行曾於大同元年十二月國際勞働者會議在（日內瓦）開會本協會由駐在（日內瓦）滿洲國代表發表本協會之精神與目的而各國皆知本協會之存在嗣於大同二年二月十三日建國週年紀念中央實行委員會開會推鄭國務總理爲委員長本協會將設立趣旨曾提出該委員會經審查結果認爲優秀幸得當選之榮同年三月一日即建國紀念佳期在新京大經路六號地本會事務所開創立大會日滿人希望入會者一千餘人其代表者三十名到會議決左列事項

一、曾經提出建國週年紀念中央委員會之本會設立趣旨書章

第三十四條　本規定ハ呈准ノ日ヨリ之ヲ施行ス

滿洲國勞工協會ノ成立竝現在迄ノ經過概要

本協會ハ勞資融合ハ精神ニ基キ滿洲國ニ於ケル勞工者農民ノ生活向上王道精神ノ涵養ヲ圖リ專ラ勞工者農民大衆ノ生活事實ニ即シツヽ滿洲國家ノ充實興隆ヲ目指シテ大同元年九月民政部當局ノ贊同ヲ得組織準備ニ着手セリ動モスレバ勞工者ハ國家內ニ於テ階級トシテ對立セントスルハ諸國ノ實情ニ照シテ指呼シ得ル所苟クモ萬民協和ノ王道國家ニ於テカヽルコトアラバ精神興隆ノ大旗幟ヲ汚スモノナリ。故ニ予メ勞工者農民ヲシテ一君萬民ノ大義ニ基キ其ノ民性ヲ導キ隣人相援ノ精神ニヨソテ安居樂業セシムル方策ヲ講スルハ實ニ國家百年ノ大計ナリタマタマ大同元年十二月「ジュネーブ」ノ國際勞働會議ノ擧行セラレルモノアルヤ滿洲國政府ヨリ「ジュネーブ」駐在員ヲ通シ本協會ノ存在及其ノ精神ヲ公表セシメタル事實アリ大同二年二月十三日鄭國務總理ヲ委員長トスル建國週年紀念中央實行委員會ヘ本協會設立意見書ヲ提出セシ處審査ノ結果優秀ナルモノト認メラレ當選ノ通知ヲ受理セリ次テ三月一日建國ノ佳辰ヲトシ日滿人入會希望者一千名ノ代表三拾名ヲ以テ創立總會ヲ新京大經路六番地本會創立事務所ニ於テ開催左ノ事項ヲ決定シ着々實現ニ着手セントセリ。

一、建國週年記念中央委員會ヘ提出シタル本會創立草案（趣旨並ニ

程宣言等均經可決
二、本協會長決推仲田幸男氏充當
三、本協會聘請建國週年紀念中央委員會委員及幹事與官民有力者爲顧問
四、新設新京勞工配給局及勞工宿泊所
五、爲統制國內勞工並改善其生活指導其志趣於各處設立支部着手調查產業及勞工事宜
六、由官民聯合設立勞工委員會以爲指導勞工並政府之諮問機關其具體案由委員會長擬定

右基決議同三月五日爰成本協會之事業本協會新京勞工配給局由民政部當局幹旋於同年三月一日與國都建設局訂供給勞力之契約又於同年五月一日向國都建設局租借地皮二千五百坪以充勞工收容所建設之用哈爾濱方面幸賴關係當局之幹旋有設立支部之計劃漸見進行同年六月一日爲助國都觀瞻之美組織首都掃除隊從事街路及家屋等掃除並資衛生思想之普及

本協會籌備各項事宜次第進行對於監督官廳呈報附遞趣旨書宣言章程等滿洲國參議增韞氏不憚煩勞始終對於本協會與以援助與指導首充本協會統令以降爲顧問又有鏡伯學院總務故

本部事務局　規定

規定及宣言ヲ可決決定ス）
二、本協會會長ハ仲田幸男氏ニ決定
三、本協會ハ建國週年記念中央委員會委員並ニ幹事其他官民有力者ヲ顧問並ニ贊助員ニ推薦ス
四、新京勞工配給局並ニ勞工宿泊所開設ノ件決定
五、國內勞工統制並ニ生活維持改善指導ノ爲メ各地ニ支部ヲ設ケ產業勞工調查着手ニ決定ス
六、勞工指導並ニ政府ノ諮問機關トシテ官民合同ニヨル勞工委員會設立ノ件具體案作成ヲ會長ニ一任ス

右ノ決定ニ基キ同三月五日本協會ノ事業タル新京勞工配給局ハ民政部當局ノ斡旋ニヨリ國都建設局ニ對シ勞力ノ供給等ヲ約シ仝五月一日勞工收容所設置ノ爲國都建設局ヨリ敷地二千五百坪ヲ借リ受ケ又哈爾濱ニ於テモ關係當局ノ好意的斡旋ニヨリ支部設置ノ議進捗ヲ見ル

仝六月一日國都ノ品位向上ヲ計ル一助トシテ首都淸掃隊ヲ組織シ衛生思想普及竝ニ街路及屋內ノ淸除掃事務ヲ開始セリ

斯シテ本協會ハ大體ノ準備ヲ完了シ監督官邊ヘハ夫夫趣旨書，宣言，章程，ヲ附シテ屆出ヲ爲シタリ。此ノ間，滿洲國參議增韞氏ハ常ニ指導ト援助ノ勞ヲ取ラレテ最近ニ及ヘリ。又鏡泊學院總務故山田

七

山田悌一氏亦贊成本協會之目的及事業深寄同情本會感曷勝本協會外部方面既籌備就緒須行內部方面實質的設施以謀完成總之構成本協會之內容者即在各職業組合（公會）之組織勞工等爲國家產業發達之重要份子爲謀其自力生活充裕誰不願在王道主義指導之下組織合理的組合（公會）受本協會之統制而策發展仲田會長及日滿要人與滿人勞工者接洽雙方意見完全統一嗣自今春以來希望組織組合（公會）之聲浪日高一日仲田會長觀於此等情勢以爲組合之成立實爲急務乃着手組織仲田氏雖因勞力染恙然以組織組合不可一日或緩之故仍東奔西走與關係者協議以謀進行現已組織完了之組合共有二十二團體如就新京勞工階級等其所從事職業分別組織可達四十三團體都下勞工階級者約不下七萬人此等勞工者若統歸本協會指揮而整然有序必免他人之榨取則勞工者之樂土始可出現所謂王道之精神由民衆實現之生活中滾滾湧出者可指日而待蓋王道之要旨在安民也

組織組合分別成立既如上所述而各組合統歸本協會管制然則本協會亦有確立統系之必要新京本協會之整備充實乃爲統一全滿勞工者之前題現在仲田氏因病作古而雖同志諸人皆知本協會之於滿洲帶有重要性奮力邁進以期貫徹目的又關係官廳

悌一氏ハ深ク本協會ノ目的事業ニ理解ト同情ヲ寄セラレ又本會長仲田幸男氏ノ粉骨碎身ノ努力並ニ其ノ勇住無我ノ人トナリニ共鳴セラレ陰ニ陽ニ助力ヲ與ヘラレシハ山田氏ナキ今日，本協會トシテ感銘ニ堪ヘサル所ナリトス。

外部的準備概ニ整ヘタル上ハ愈愈實質的準備ニ入ルヲ要ス，本協會ノ内容ヲ爲スモノハ實ニ之ヲ構成スル各種職業ノ組合ノ組織ニ在リ滿人勞工者モ王道ノ精神ニヨル指導ノ下ニ各各合理的組合ヲ作リ協會ノ統制指導ノ下ニ生活ノ向上國家產業發達ノ構成分子トシテ勤勞スルハソノ最モ希求スル所ナリ。本年初頭ヨリ仲田會長始メ日本人同志ト滿人勞工者トノ意，全ク合一シ組合組織ノ要求頻リナルモノアリ。仲田氏ハ此ノ自然ノ勢ヲ察シ，直ケニ組合組織ニ着手セリ。時偶偶仲田氏過度ノ辛勞ノ爲メ病床ニ着ク然リト雖モ組合組織，事一日モ忽ニスルヲ得サルヲ以テ關係者ト協力連日組合組織ノコトヲ進メツヽアソ。現在已ニ組織ヲ了シタルモノ二十二「組」アリ，更ニ新京ニ於ケル勞工者ヲ職能別ニ組職スレバ合計四十三ヲ數フ。都下七萬以上ノ勞工者カ整然タル本協會ノ統制指導下ニ入リ，榨取ナキ勞工者ノ樂土建設セラルヽナラハ，王道ノ精神ハ民衆，現實ノ生活ノ中ヨリ滾滾トシテ湧出スルノ日決シテ遠キニ非ス。蓋シ王道ノ實ハ安民ニアレハナリ。

及其他各方面均表贊意聯絡各地勞工與包工者屢起糾紛包工人非榨取工資即施毒辣手段傷斃人命由勞工等申述於本會請求援助者實繁有徒於是會員等協力進行以期充實建國大計發揚本會宗旨一致表決而有改訂章程另改新職員之規定於康德元年十二月一日公舉前陸軍少將司令李維權君爲本協會總會長將所有章程改訂妥協服務職員推選完畢勞工利益事業將見次第舉辦王道建國精神務希普及民衆以償素願而策發展總之吾人宜舍小異而就大同以期滿日協和之實現誠爲國家百年之長計本協會之計劃正在進行途上茲敘述成立以來之概況伏冀有志諸賢達之明察並請賜以指導與援助欣幸莫名謹佈

康德元年十二月一日

滿洲國勞工協會本部

組合ノ組織ト共ニ又ソノ統制體タル本協會モ與ノ日滿人同志ノ手ニヨツテリノ體係ヲ整フルノ要アリ。首都ニ於ケル本協會ノ整備充實ハ滿洲國全般ニ於ケル勞工者ノ統一ノ前提ナリ・現ニ仲田氏病メル後，友人有志ハ全ク滿洲ニ於ケル本協會ノ重要性ヲ認メ協力シテ所期ノ成果ヲ得ント努力シ，又關係官廳其ノ他モ極力贊意ヲ表セラレツヽアリ，各地勞工者ト請負人トハ屢屢紛糾ヲ釀シ請負人ノ中ニハ榨取ヲ以テ常トシ賃金ノ不拂等ハ茶飯事ト亦得ルモノ尠カラズ尙甚ダシキニ至リテハ惡辣ナル手段ヲ以テ人命ヲモ傷斃セシメ將來王道國策遂行上甚ダ憂慮スベキモノアリ近來斯ル事件ノ繁頻ナルニ起因スベキク，各地勞工者ヨリ此種事件ノ解決援助方ヲ懇請シ來ルモノ甚ダ多シ，如斯キ實情ニアルヲ以テ勞資融合ノ精神ニ則リ會員等協心勠力本會ノ充實進行ヲ期シ速カニ本協會設立ノ使命タル建國ノ大計ヲ發揚スベク會議議決ノ上章程ヲ改メ職員ノ規定ヲ新タニ設ケルト共ニ是カ改選ヲ行ヒ康德元年十二月一日前滿洲國軍司令官李維權君ヲ本會總會長ニ公選セリ。

念ズル新ハ國家百年ノ大計ヨリ見テ淺見ニ因ハレズ我執ヲ離レコヽニ日滿協和ノ眞實ノ姿ヲ現出セシムルニアルノミ豈ニ他アランヤ事將ニ實現ノ歩武ニ進マルニ當リ本協會成立以來概要ヲ記シテ有志諸賢ノ明察ヲ得[illegible]

~~531~~

115

本部事務局 規定

九

又指導援助ヲ賜ラバ欣幸トスルトコロナリ

康德元年七月二十日

滿洲國勞工協會本部

孙吴宪兵队长和田昌雄关于调查七七事变时征用劳工情况致日本关东宪兵队司令官田中静一的报告

（一九三八年三月六日）

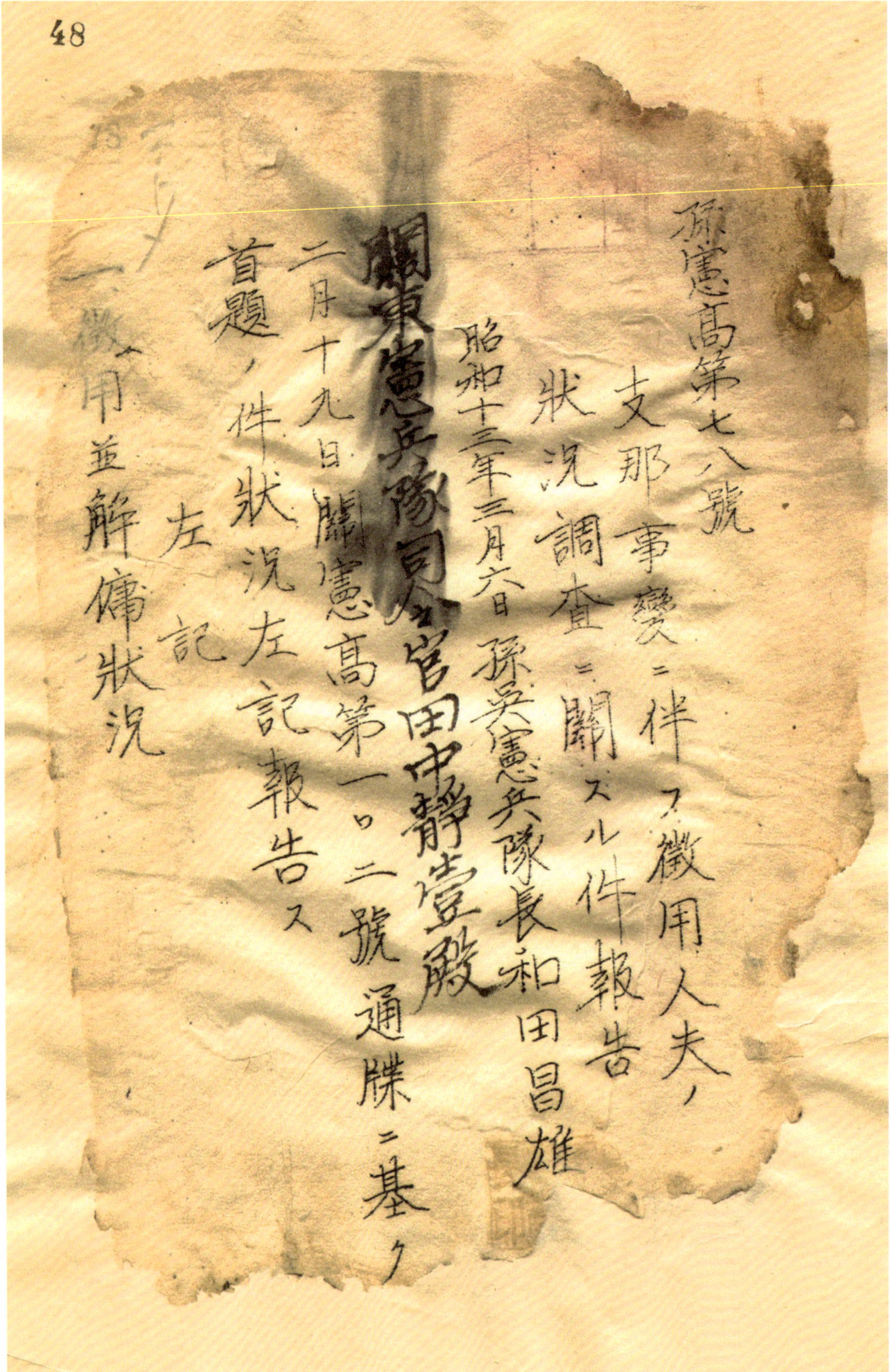

48

孫憲高第七八號

支那事變ニ伴フ徴用人夫ノ
状況調査ニ關スル件報告

昭和十三年三月六日 孫吳憲兵隊長 和田昌雄

關東憲兵隊司令官 田中静壹殿

二月十九日關憲高第一〇二號通牒ニ基ク
首題ノ件状況左記報告ス

左記

一 徴用並解傭状況

河村部隊隷下部隊中支那事變ニ
出動セル當管内關係部隊ハ泰安鎮駐
屯ノ十川部隊ノミニシテ同部隊ハ出動時
駐屯地ニ於テ日給七十錢ヲ條件トシ
中年ノ満人四十五名選拔徵用從軍
シメタルカ該徵用人夫中事變地到着前
逃亡シタルモノ四十名アリ残五名ハ出
間終始眞面目ニ從軍シ昭和十二年
二月上旬部隊ノ駐屯地歸還ト同時

50

状況以上ノ如キモ従軍人夫中逃走
レモ列車輸送時ノ乗下車ノ混雑ヲ利
又ハ行軍中部隊ヨリ遅延ニシ逃亡セレ
鑑ミ列車輸送時ノ乗下車又行軍間
ハ一層監視ヲ厳ナラシムル要アリトス

發送先
司令官　憲隊下乙

伪满铁道警护总队总监三浦惠一关于特别地区苦力动向致日本关东宪兵队司令官城仓义卫的报告（一九三八年八月二十六日）

滿洲帝國政府

13.8.29受

秘

鐵警總第一七六號

康德五年八月二十六日

關東憲兵隊司令官

城倉義衛殿

鐵道警護總隊

總監 三浦惠一

特別地區ニ於ケル苦力ノ動向ニ關スル件

首題ノ件ニ關シ北安警護隊長ノ報告左記御參考迄

記

特別地區內ニ於ケル軍工事ニ從事スル苦力ニシテ最近工事現場ヨリ逃走南下スルモノ增加ノ傾向ニアリ軍機保護上嚴重取締居ルモ原因及實情ヲ調査スルニ大要左ノ如シ

一 工事現場

北黑線主トシテ孫吳以北ノ軍工事場

軍関係工事請負者ハ苦力監督不充分、賃銀拂渡延引等ニ依リ逃走者多キコト

23
264

滿洲帝國政府

二 請負業者及其ノ系統

關東軍經理部系統軍工事請負業者

三 請負業者ト苦力トノ關係

八月十一日愛琿ヨリ逃走シ來リタル日人及孫呉軍工事場ヨリ逃走シタル鮮人其ノ他滿人逃走苦力等ヲ逮捕取調ベニ對スル申立ニヨレバ軍工事請負業者ハ主トシテ奉天新京附近ニ於テ苦力ヲ甘言ヲ以テ募集シ之ニ對シ關東軍經理部ニ於テ團體旅行許可證ノ發給ヲ受ケ特別地區內ノ軍工事場ニ輸送シ賃銀等ニ就テハ出發前及現場到着後僅カノ前渡金ヲ支給スルノミニテ日夜酷使シ幾十日ヲ經過スルモ賃銀ヲ決定セズ偶ニ莨代程度ヲ給スルノミナルヲ以テ苦力側ヨリ金額支拂ヲ再三請求スルモ之ニ應ゼザルノミカ却テ「皆ヲ煽動スルモノナリ」トシテ官憲ニ引渡ス狀態ニアリト

四 苦力ノ輸送及逃走者ノ取締

一般請負業者ハ嚴重ナル調査取締ヲ受クルニ反シ軍關係請負業者ハ

用0101 B列5

軍（經理部）ノ證明書ヲ有スル關係上苦力ノ調査モ徹底セズ加フルニ逃走苦力ノ取締ニ就テモ責任ヲ以テ之ヲ處置セズ募集ノ初メニ於テ約半數ノ逃走者ヲ見越シテ募集輸送スル趣キニシテ途中及現場ヨリ逃走者アリテモ申譯的ニ逃走屆出ヲ爲スノミニテ折角手配ニ依リ取押ノ上引渡サントスルモ誠意ナク之ニ應ゼザル狀況ナリ

五　逃走ノ原因

イ　酷使ト賃銀不拂ニ因ルモノ

之等ハ主トシテ妻子アリ送金ヲ要スルモノナルモ賃銀不渡ノ爲前途ヲ憂慮シ逃走スルモノ

ロ　逃走常習者

取締嚴重ナラザル爲逃走ニ自由ナルヲ利用シ出發前賃銀ノ前渡ヲ受ケ常習的ニ之ヲ操返スモノ

承德宪兵队长早川唯一关于从防谍立场对军用苦力实施就地检查情况致日本关东宪兵队司令官城仓义卫的报告（通牒）（一九三九年六月九日）

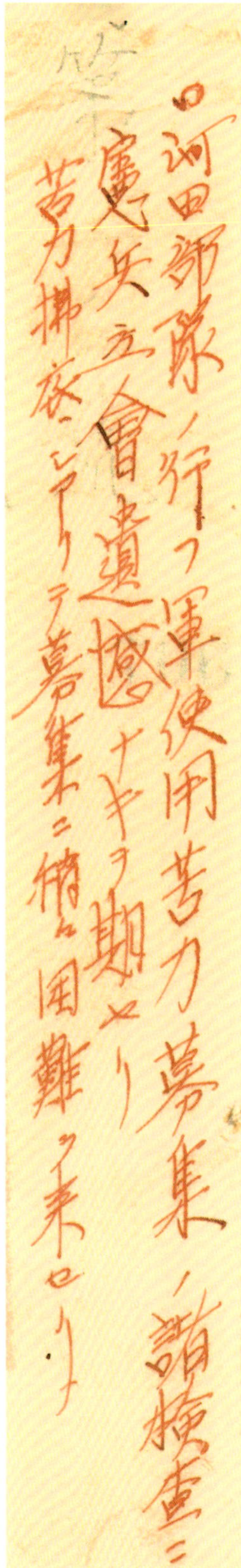
口河田部隊ノ行フ軍使用苦力募集ノ諸検査ニ
憲兵立會遺憾ナキヲ期セリ
苦力拂底ニアリテ募集ニ稍々困難ヲ来セリ

68

秘

第二二七號

706

防諜上ノ見地ヨリ軍使用苦力檢査立會狀況ニ關スル件報告（通牒）

昭和十四年六月九日　承德憲兵隊長早川唯一

承德憲兵隊長之印

關東憲兵隊司令官城倉義衛殿

要旨

一、新京河田部隊ハ承德勞工協會熱河支部ノ手ヲ經テ承德地方ニ於テ八二名赤峰葉柏壽地方ニ於テ八六名合計一六八名ノ軍使用苦力ヲ募集ノ

旨

シ之カ受領ノ為同隊主計准尉外一名ヲ現地ニ派シ承德ニ於テハ五月三十一日葉柏壽ニ於テハ六月二日其授受ヲ為シ六月二日十二時二十八分葉柏壽發列車ニテ綏芬河ニ向ケ無事出發セシメタリ

二憲兵ハ河田部隊ノ要求ニヨリ苦力ノ授受檢查ニ立會應募苦力ニ對シ嚴重ナル身体檢查及所持品檢查

69

ヲ實施シタルモ思想及防諜上容疑

者ナシ

狀況左記報告ヿ通諜ス

左　記

一、檢査日時場所及檢査官並ニ被檢査人員

イ、日時場所

五月三十一日　自十五時　至十八時

於承德勞工協會內

(四) 六月二日 自八時三十分 至十一時三十分

於 葉柏壽驛前興隆旅館内

2 檢査(輸送)官

新京河田部隊

半間主計准尉外一名

3 檢査立會

憲兵下士官 一名

4 被檢査人員

(1) 承德 八二一名 (承德街及灤平縣城内外ヲ主トシテ募兵セルモノ)

70

（四）葉柏壽ハ六名（赤峰、寧城、建昌各縣出身者）

一、苦力應募狀況

五月二十八日承德勞工協會熱河支部ニ於テハ新京河田部隊ヨリ苦力募集斡旋方依頼ニ基キ直ニ各縣公署及關係各機關ニ手配シ募集ニ着手セルカ各縣ニ於テハ既ニ

イ、承德飛行場ニ於ケル苦力募集

ロ、承德附近鐵道修築苦力募集

ハ、現下農耕繁忙期ナルコト
ニ既住熱河ニ於ケル民間會社ノ應募
苦力殺到
等ニ鑑ミ今次軍苦力募集ニハ相當困
難ヲ來シ之カタメ各縣公署及關係機
關ニ於テハ村甲牌長ヲシテ住民ニ對
シ種々説得諒解セシムル外一部定数
不足地ニ於テハ強制應募セシメタル結果
五月三十一日承德勞工協會ニ家族出

71

頭シ應募解除ヲ歎願シタルモノ八名アリタルモ眞ニ家庭事情已ムヲ得サル者二名ノミ契約ヲ解除販宅セシメ其他ハ全部部隊ニ引渡セリ

三　憲兵ノ檢査立會狀況

憲兵ハ部隊側ノ要求モアリ一面防諜上ノ見地ヨリ下士官一ヲ現場ニ派遣シ部隊側及關係機關ト密ニ連絡シ之等應募苦力ノ動向ニ關シ諸情報ヲ蒐集

スルト共ニ密偵ヲ應募苦力ニ僞装投入シ專ラ容疑者ノ發見ニ努メ特ニ積極的

ニ、應募スル者ノ有無及

(1) 居住証明書ニ依ル不審發見

(2) 身体各部ニ依ル不審發見

(3) 出身地方面ヨリノ觀察ニ基ク不審發見

(4) 携行品其他ニ依ル不審發見

等ニ著意シ鋭意不逞容疑者ノ發見ニ

72

努メタルカ特異ノ事象ヲ認メス

尚承德駅ニ於テ搭載車票（貨車）ニ軍及綏芬河ト記載シアリタルヲ以テ防諜上ノ見地ヨリ驛長ニ連絡之ヲ抹消セシメタリ

四 所見

状況以上ノ如ク特殊事項ナキモ將來此種苦力ヲ軍工事ニ充當スル時ハ防諜上ノ見地ヨリ募集開始ト共ニ應募者ノ

防諜上秘匿ノ必要アリ「車票」ノ記載方ニ関シテハ郵録ニ於テ研究中

状況ニ付鋭意視察取締ノ要アリト
思料セラル
（了）

發送先
關憲司　牡丹江隊　河田部隊
寫　隊下　丙

牡丹江宪兵队长儿岛正范关于军事工程苦力动向致日本关东宪兵队司令官城仓义卫的报告（通牒）（一九三九年六月十二日）

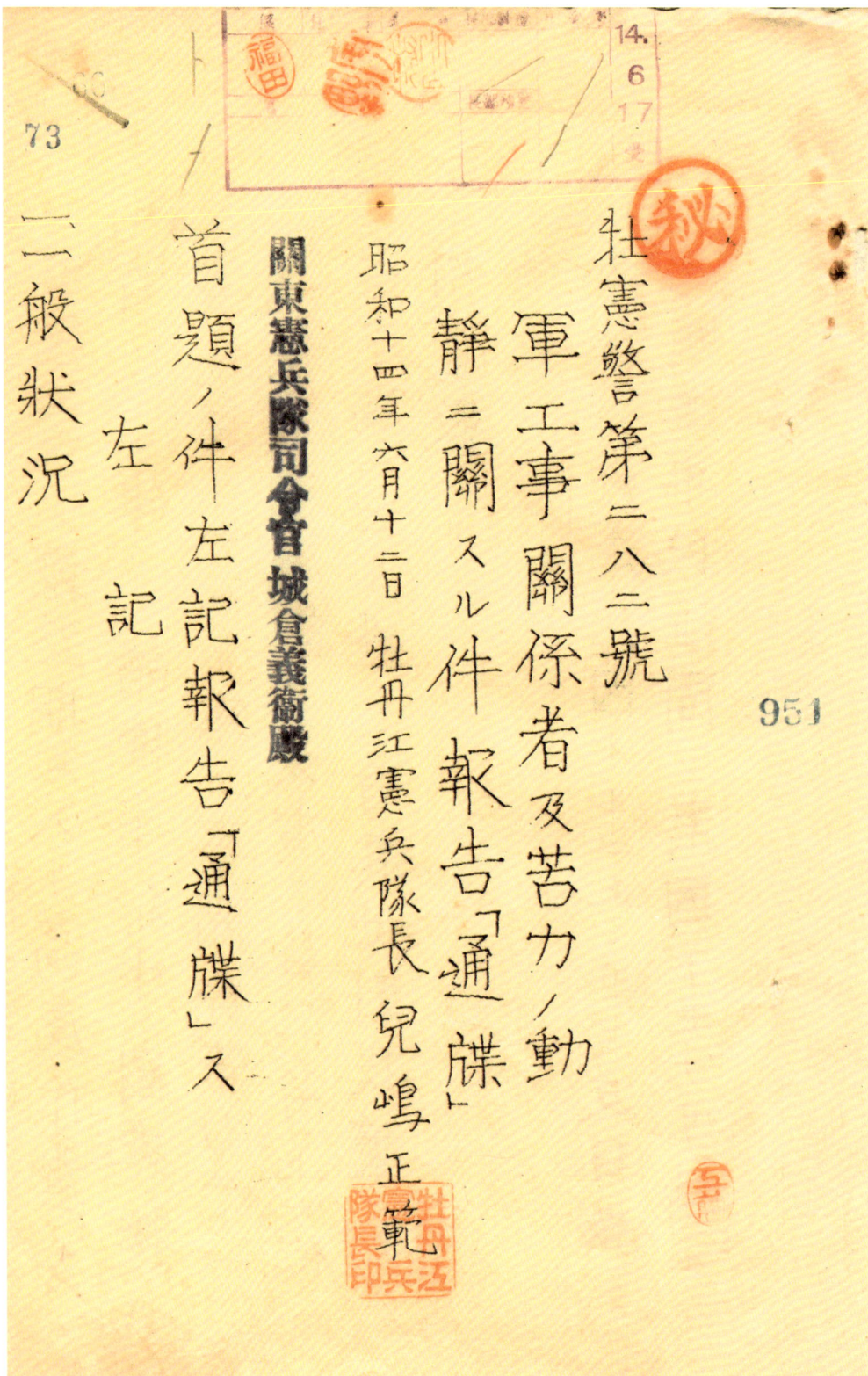

14.6.17 受

秘

951

牡憲警第二八二號

軍工事關係者及苦力ノ動靜ニ關スル件報告「通牒」

昭和十四年六月十二日　牡丹江憲兵隊長　兒嶋正範

關東憲兵隊司令官　城倉義衛殿

首題ノ件左記報告「通牒」ス

左記

73

一般状況

各種工事ノ最盛期ニ入リ高度作業ノ實施ニ伴フ諸種事犯中國境接壤地區ニ於ケル軍工事關係苦力ニシテ各種不穩風説ヲ憂慮シ若ハ一身上ノ待遇不滿ニ因ル逃走者其他引拔策動相當數アリ

二、所見

本件ハ逃走、起因タルニ止マラズ反日滿思想並軍民離間ノ素因トモナリ特ニ

74

國境地區ニ於テハ相手國ノ逆宣傳ニ乘セラルルノ虞ナシトセザルヲ以テ勞働統制法並軍機保護法ノ運用ヲ合理的ナラシメ特ニ事業者ノ指導監督ヲ適切ナラシメ以テ順調ナル工事ヲ促進スルノ要アリ

（了）

發送先

関憲司、多田參、黒田參、長堅、松山、片山、新、河田、各部隊、牡、綏陽、東

附：苦力逃跑及「拉拢策动」事件统计表

別紙

區分	月日	場所	所屬人員	原因	處置
不穩風說並待遇不滿ニ依ル逃走	自四月二十日至四月三十日	東寧大同橋及西河沿 東寧暖泉子溝	軍經理部工事阿川組二一名 軍經理部工事飛島組七名	(イ)國境附近ニ於ケル軍工事苦力ハ工事終了後謀殺サルトノ苦力間ニ於ケル風說ヲ盲信シタルモノノ如シ (ロ)募集時ニ於ケル勞働條件ノ宣傳ト現地ノ勞働苛酷及賃金ノ相異ニ不滿ヲ抱持シ相互共謀逃走ス (ハ)其他詳細不明ナルモ前借詐欺、他ヨリ勸誘、阿片吸食不能ニ依リ勞務ヲ厭ヒ逃走ス	(イ)惡質ナル風說ノ出所ノ究明根絕ニ努ムル外 (ロ)組ヲシテ待遇改善方ヲ慫慂シ要スレバ宣撫施設トシテ娛樂具ノ設備ヲ考慮シ募集時ニ於ケル虛僞ノ宣傳募集ヲ戒メ置キタリ
工事苦力ノ悲慘ナル狀	六月一日十一時	綏芬河藤田組前	東寧軍經理部工事藤田組	私用ノ爲外出セル際(イ)未知ノ滿人ヨリ東寧方面ニ於ケル昨年度工事苦力ニ對スル取扱ヒハ强制勞働ヲ要求シ賃金不拂ノ上凍死セルモノ多數アリタル等請負業者ノ極メテ殘酷ナル取扱ヲ[illegible]	組ヨリノ届出ニ依リ搜査中ノ處六月三日早朝綏芬河阜寧鎭大林組砂利採取現場ニ於テ稼働中ヲ發見逮捕シ取調タル處上記原因判明シタルヲ以テ(イ)安堵スベク說示シ組責任者ニ身柄ヲ引渡スト共ニ

聞知逃走				（[illegible]ルヲ得策ナリト勧誘セラレタルニ因ル	（[illegible]置キタリ 尚此種悪質ナル謠言者ニ對シテハ其背後關係乃至ハ動靜ニ注意ノ要アルヲ以テ査察ニ努メツツアリ
罹病者並死亡者ノ取扱ヒ惨酷ニシテ且待遇不滿ニ依リ逃走	五月卅一日十七時	東寧・三角山・水汲現場	東寧、長野部隊工事榊谷組一名	(イ)本年三月以降同輩苦力三名病死セルガ之等遺骸ニ對スル取扱粗雜ニシテ禮ヲ盡サザルニ不安ヲ抱キ同僚八名ガ二回ニ亘リ逃走シタルニ刺戟セラレ (ロ)且激務ニ依リ健康ヲ害シアル爲或ハ自已病死ノ場合同樣取扱ヲ受クルニ非ラザルヤノ杞憂ト (ハ)入山後二ケ月ヲ經過セルモ勞働賃金ノ支拂ヲ受ケズ亦苦力頭ヨリノ暴力ヲ以テ酷使セラルヲ厭ヒタルニ因ル	六月一日東大川津田部隊展望哨ニ於テ逮捕憲兵ニ移牒セルヲ以テ取調タル處背後關係ナク上記原因判明セルニ依リ組責任者ヲ呼出シ調査セルニ (イ)死亡者ニ對シテハ其ノ都度略葬シ工事終了後一般苦力ヲ参列セシメ一括慰靈祭ヲ執行スル如ク計畫シ (ロ)勞働賃金ハ逃走防止又ハ賭博ニ因ル消費防止手段トシテ部隊側ノ諒解ヲ得工事終了後支拂フコトトナシアルコト 判明セルヲ以テ此旨説示安堵セシメ組ニ引渡スト共ニ組ニ對シテハ特ニ罹病者又ハ死亡者ニ對スル取扱ヲ愼重ナラシメ勞賃支拂ヒニ關シテハ苦力ノ信頼スベキ措置ヲ講ズベク注意ヲ促シ置ケリ
阿片吸食不能	六月一日		松山部隊軍工事榊谷組	陣地工事從業苦力ハ外部トノ交通通信ヲ遮斷シ防諜措置ヲ	他苦力中ニモ多數阿片吸食者アル狀況ニ鑑ミ其輕重ヲ判別シ

……ニ不滿ヲ抱持シ逃走	六月五日	綏芬河	一名 二名	……譲シアル爲阿片購入不能ニシテ亦組ヨリノ配給ヲ受ケズ阿片缺乏ニ因リ稼働不能トナリ遂ニ堪ヘ切レズ逃走ス	(イ)重患者ハ募集地ニ送還 (ロ)輕患者ニシテ勞働ノ意志アル者ハ逐次量ヲ減少スルコトトシ (ハ)組ヲシテ之等ノ動靜ハ特ニ注視スル如ク指導シ置アリ
苦力不足ニ依ル軍工苦力ノ引拔策動	自四月十五日 至四月二十日	東寧縣南天門 二回	軍經理部工事藤田組現場 「引拔者ノ所屬氏名」 綏陽交通部土木出張所南天門工區苦力頭張振有 二被害者及人員 軍經理部工事藤田組苦力頭馬與財以下三十一名	引拔者張苦力頭ハ三月一日交通部綏陽出張所老棠營工區現場主任中村某ヨリ苦力不足ニ付之ガ募集ヲ依賴セラレ他組ノ引拔ニ依リ不法利得ヲ得ベク企圖シ南天門軍工事藤田組現場ガ自己現場ニ隣接シアル關係上　藤田組苦力頭馬與財ト面識スルニ至リ數回ニ亘リ同人ニ對シ優遇スベク巧言ヲ以テ勸誘シ遂ニ馬苦力頭ヲシテ藤田組ヨリノ逃走ヲ決意セシメ其配下三十一名ハ上記二回ニ亘リ各現場ヨリ熟睡ノ機ヲ窺ヒ所持品全部携帶宿舍ヲ脫出途中張振有ヨリ現金二十圓宛ノ前借及白麵饅頭各一袋宛ヲ給セラレ同人ノ配下小苦頭乾樂洲ノ道案內ニ依リ老棠營ニ赴カシメタリ	(イ)藤田組ヨリノ屆出ニ依リ捜査中ノ處前記張振有ガ引拔キタルコト探知シ同人ヲ連行取調タル處上記事實判明セリ (ロ)引拔者苦力頭張振有ニ對シテハ軍事機密地域ニ於ケル此種事犯ノ防諜上不利ヲ考慮シ軍機保護法第十二條違反教唆、勞働統制法第二十一條違反トシテ事件ヲ東寧國境警察隊ニ移牒處置セシムルコトトセリ (ハ)逃走者ニ對シテハ關係機關ニ手配捜査中

各経理部派出所　延吉、密山、佳憲、北安、海拉爾　寫隊下乙

海拉尔宪兵队、日本关东宪兵队司令部关于军队直辖特殊工程苦力转用计划的往来文件（一九三九年六月）

安藤次郎致城仓义卫的报告（一九三九年六月十六日）

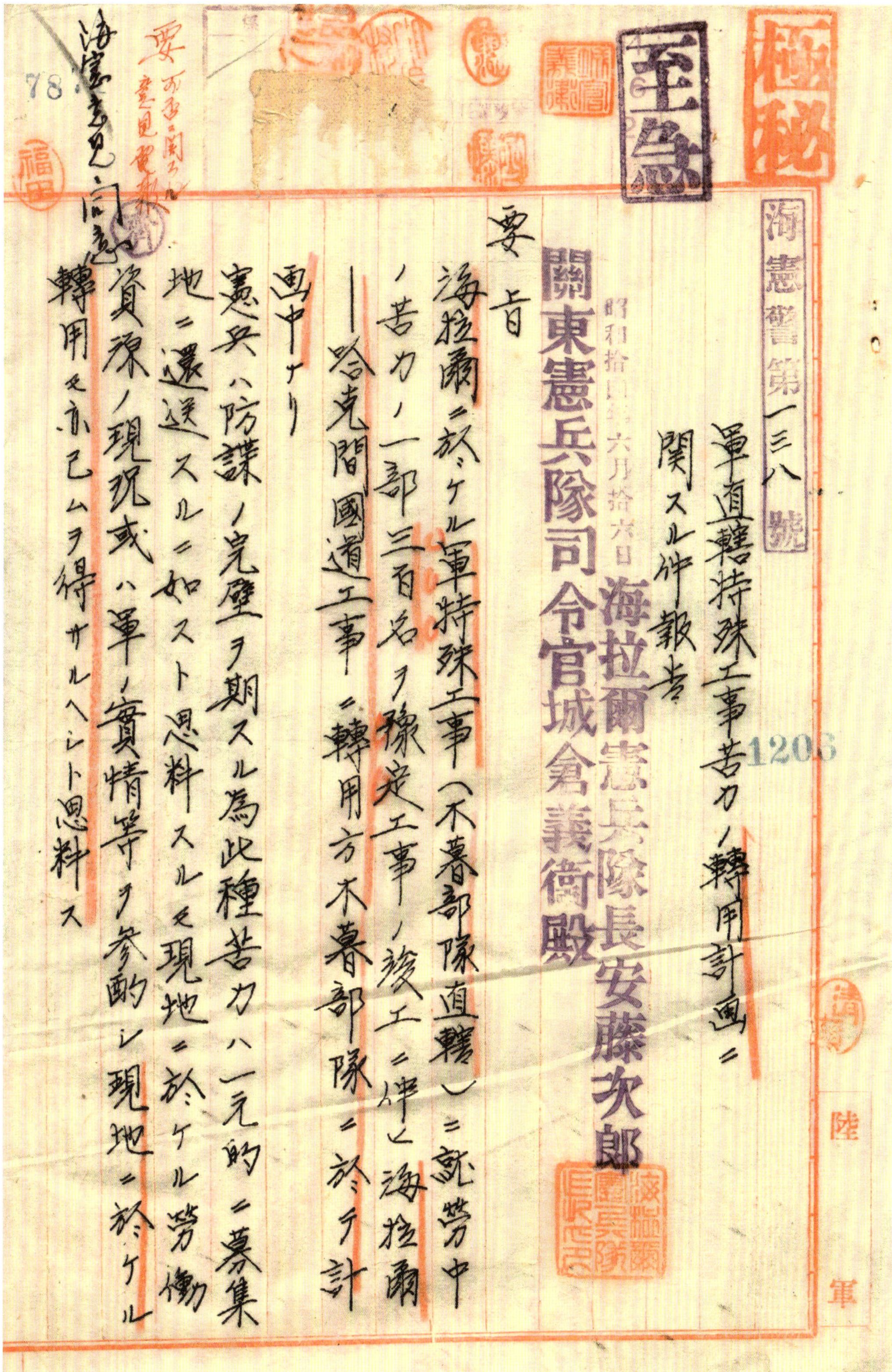

極秘

至急

海憲警第一三八號

軍直轄特殊工事苦力ノ轉用計画ニ関スル件報告

昭和拾四年六月拾六日

海拉爾憲兵隊長安藤次郎

關東憲兵隊司令官城倉義衛殿

要旨

海拉爾ニ於ケル軍特殊工事（不暮部隊直轄）ニ就労中ノ苦力ノ一部三百名ヲ豫定工事ノ竣工ニ伴ヒ海拉爾—哈克間國道工事ニ轉用方不暮部隊ニ於テ計画中ナリ

憲兵ハ防諜ノ完璧ヲ期スル為此種苦力ハ一元的ニ募集地ニ還送スルニ如カスト思料スルモ現地ニ於ケル労働資源ノ現況或ハ軍ノ實情等ヲ參酌シ現地ニ於ケル轉用モ亦已ムヲ得サルヘシト思料ス

海拉爾ニ於ケル軍直轄特殊工事竣工ニ伴ヒ
使用中ノ苦力約三百名過剰ヲ来セリ
仝地工事部隊ニ於テハ該苦力ヲ目下交通
部ニ於テ施工中ノ海拉爾ノ哈克間ノ道路
（軍用）工事ニ轉用セントノ意嚮ヲ有シ
アリ

海拉爾部隊意見
○現地ノ現況ニ鑑ミ轉用モ亦已ムヲ
得サルヘシ

首題ノ件左記ノ通報告ス

左記

一、特殊工事場苦力ノ轉用計画

現海拉爾軍道路特殊工事（木暮部隊直轄陣地工事）苦力ハ豫定工事竣工ニ伴ヒ同工事使用苦力ノ一部約三百名（河田部隊ヨリ補充サレタルモノニシテ使用間陣地内ニ起居セシメ外部トノ連絡ヲ遮断シアリタリ）過剰トナリタルヲ以テ近ク使用契約ヲ解除ノ豫定ナルカ之等苦力ハ本年十一月迄使用スヘキ軍トノ契約ノ下ニ竹中組ニ於テ募集シ河田部隊長ニ係ル發行ニ係ル旅行證明書（河田部隊長ハ旅行證明書發給ニ關シテハ何等法的根據ナシ）ニヨリ本年四月来海セルモノナルカ契約期間ニ著シク先チ解除スルニ於テハ募集者ノ受クル損害ハ蓋シ甚大ナルモノアリトノ理由ニヨリ竹中組ニ於テ木暮部隊

（昭和十二・十 奥谷納）

79

ニ對シ他ニ轉用方承認ヲ受クヘク懇請シ一方交通部海拉爾土木建設所ニ於テハ目下苦力拂底ノ為本年度發注豫定國道（海拉爾ー哈克間軍用道路）ノ着工不可能ノ狀態ナルヲ以テ前記特殊工事過剰苦力ヲ同工事ニ轉用シ以テ國策上ノ工事ヲ完成スヘシトテ竹中組ト協同奔走中ナリ

一面木暮部隊ニ於テモ早期契約解除ノ場合ハ募集ニ要シタル諸費及苦力ノ募集地迄ノ還送旅費等ヲ負擔スヘキ契約アルモ斯ル經費ノ支出困難ナル實情ニアルヲ以テ竹中組ノ懇請ニ同意スルノ意嚮ヲ有シ居レリ

二、苦力轉用可否ニ關スル考察

イ、轉用ヲ不可トスル理由

該苦力ハ軍陣地内ニ於ケル特殊工事ニ就勞セルモノニシテ防諜ノ完璧ヲ期スル爲總テ陣地内ニ起居セシメ外部

陸軍

ト絶縁状態ニ置カレタルモノナリ斯ノ如キ苦力ヲ市井ニ解放シ然モ海拉爾陣地附近ニ於テ就労セシムルハ防諜上危険ナルニ付一元的ニ募集地ニ還送スルヲ安全ナルヘキ措置ナリトス

特ニ海軍ニ於テ再ヒ應募セシメサルコト

二、轉用又ハ已ムヲ得ストナス理由

イ、仮ニ該苦力ヲ各募集地ニ還送スルト雖モ直チニ他ノ供給者ノ募集ニ應シ再ヒ海拉爾其他ニ於テ稼働スルハ必然ニシテ防諜ノ萬全ハ到底期シ得サルヘシ

ロ、現在海拉爾ニ於ケル労働資源ハ著シク払底シ國道工事其他國策ニ基ク重要工事モ豫定ノ進捗ヲ見サル現況ニアリテ労工協會、省當局ニ於テハ労働者募集ニ狂奔シ供給者ニ於テモ多額ノ経費ヲ支出シ募集シアルニモ拘ラス尚多数ノ不足ヲ感シ居ル現況ナリ斯ル現況ニ於テ仮令還送スルモ防諜ノ

80

初防衛ノ見解ト

萬全ヲ期シ難キ状態ニアル苦力ヲ直チニ還送スル
ハ策ヲ得タルモノニ非ス

ハ、木暮部隊ニ於テハ今回ノ解除苦力ハ陣地内工事ニ
就勞シタルモノナリト雖モ期間短ク（三ケ月未満）且其
配置ノ關係上解放スルモ大ナル危懼ハナカルヘシト稱ス

ニ、該苦力ハ募集條件ヤ解除後募集地ニ還送セシム
ヘキ何等ノ規定（契約）ナシ依テ軍ニ於テ解放
後ハ居住（旅行）證明書有セサルモノトシテ軍機保
護法ニヨリ國境地帶外ニ放逐スルヲ最大限トス
依テ募集者竹中組ニ於テハ國境地帶外タル興安
嶺以東ヘ連行スレハ責任ヲ解除セラルル性質ノモノ
ナリ

三、所見

憲兵ハ前記各情況ヲ考料シ現地ニ於ケル轉用モ亦已ム

陸軍

ヲ得サルヘシト思料ス

（了）

發送先

關憲司

（昭和十二・十奥谷納）

日本关东宪兵队司令部警务部长致海拉尔宪兵队长的电报（一九三九年六月二十二日）

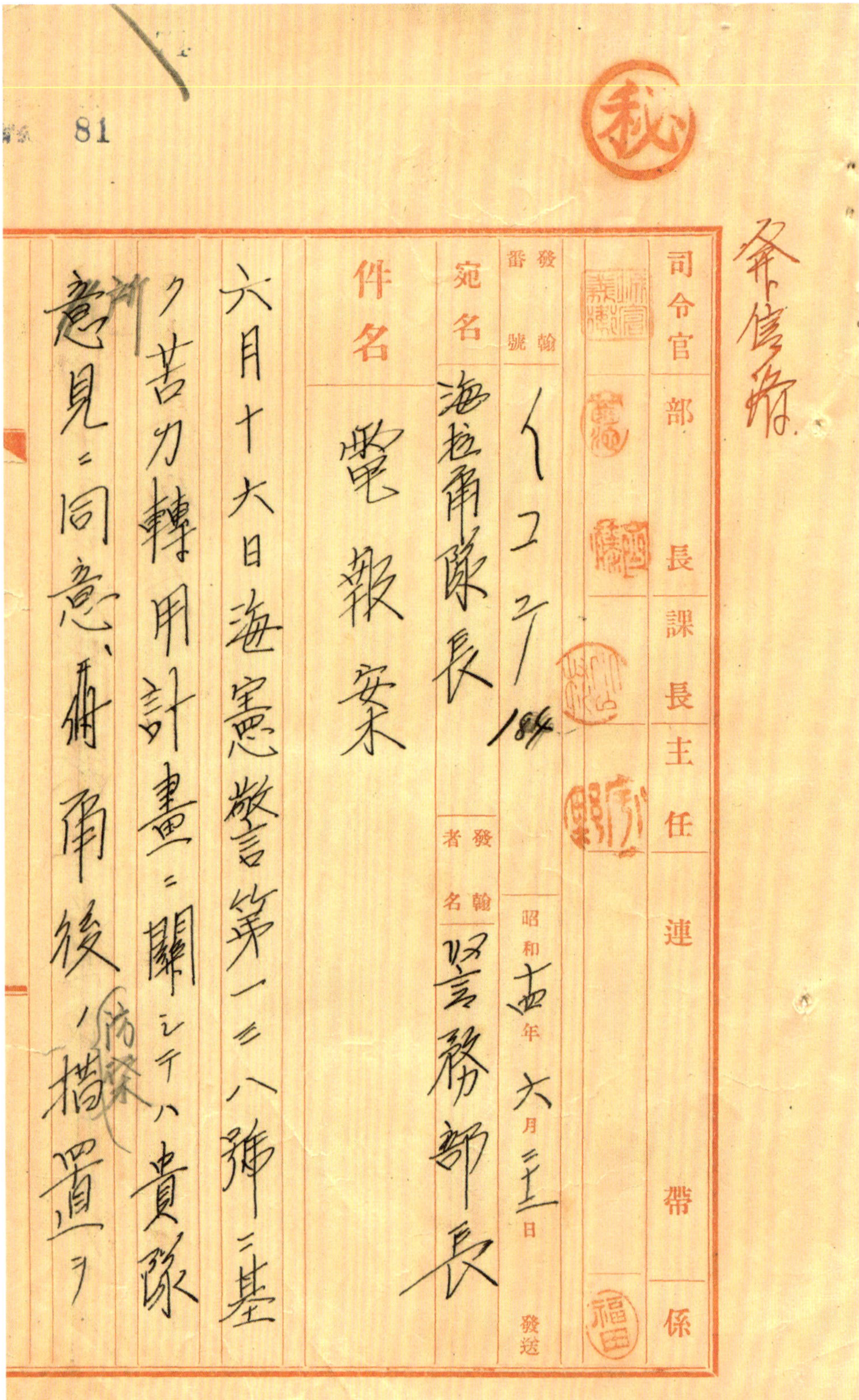
81

秘

発信済

司令官 部長 課長 主任 連帶 係

發翰番號 イコニ7 184

宛名 海拉爾隊長

件名 電報案

發翰者名 警務部長

昭和十四年六月二十二日發送

六月十六日海憲警第一一八號ニ基ク苦力轉用計畫ニ關シテハ貴隊意見ニ同意、爾後ハ措置ヲ

適切ナラシメ防諜上遺憾ナカラシメ

ラレ度依命

伪满治安部警务司长植田贡太郎关于天津方面募集苦力状况致日本关东宪兵队警务部长等的报告

（一九三九年六月二十五日）

發送先　國務院總務長官、民政部社會司長、關東軍第四課長、關東憲兵隊警務部長、滿洲勞工協會理事長、大東公司社長

治警特秘發第八〇五號

康德六年六月二十五日

治安部警務司長　植田貢太郎

關東憲兵隊警務部長殿

天津方面ニ於ケル苦力募集狀況ニ關スル件

首題ノ件ニ關シ隷下機關ヨリ左記ノ如キ報告アリ北支勞働者募集上ノ參考ニ資スヘキモノアリト思料セラルルヲ以テ報告（通報）ス

記

最近天津方面ニ根據ヲ置キ募集シツツアルモノノ情報ニ依レハ苦力ノ爭鬪戰ハ今尚相當辛辣ヲ極メ居リ之カ募集費モ一人三十圓乃至四十五

315-2-37

8

圓ヲ要シ二、三月頃ニ比較シ二倍以上ノ經費ヲ要スル趣ニシテ其ノ直接原因ハ二、三月頃迄ハ最モ天津ニ近キ地域ニ於テ募集シ得タルモ最近附近ニ苦力尠ク爲ニ濟南濟寧方面ノ如キ遠距離ト匪賊ノ蟠居地ニ於テ募集スル關係上之等ノ旅費モ多額ニ上リ又一方附近ノ匪賊ハ苦力頭カ多額ノ募集費ヲ所持シ居ルヲ探知シ天津附近ニ浮浪スル所謂支那無頼漢ト通謀シ苦力頭ノ入來ヲ狙ヒ居リ危險ナル狀態ニ基因スルモノニシテ之等匪賊ヨリノ被害ハ多額ニ上リ就中、清水組ノ如キハ三月初旬苦力頭十二名ニ對シ募集費一萬四千圓ヲ所持セシメ濟南、濟寧方面ニ募集ニ赴カシタル處二ケ月以上ヲ經過スルモ何等ノ消息ナク生死不明トノ由ナルカ匪賊ノ毒牙ニ遭ヒタルモノト確認シ居ル模樣ニシテ之等ノ損害及其ノ他天津迄輸送シタル苦力ハ大東公司ノ査證時ニ於テ多數ノモノ力体検査ニテ合格トナリ其ノ他ハ追放スルモノ等苦力獲得ニ各方面ニ亘リ多額ノ費用ヲ要セルモノアリ又天津ヨリ船舶發着埠頭迄ノ輸送ノ途租界ニ於テ多數ノ支那官憲ニ金錢ヲ強要セラレ若シ之ニ應セサレハ身體檢査等ヲ行ヒ通行ヲ妨ケ完全ニ通過スル迄長時間ヲ要シ無智ノ苦力ハ之ヲ恐レ多數逃亡スル等却テ損害大ナルヲ以テ已ムヲ得ス若干ノ金ヲ渡ス等ノ事實アリ不都合極マルモノアルヲ以テ折衝シタルモ損害尠レハ當分黙過スルヨリ外ナシトノ意見ニアリ

斯カル實情ニ依リ最近ノ苦力募集ニハ多額ノ經費ヲ要スルモノアリト

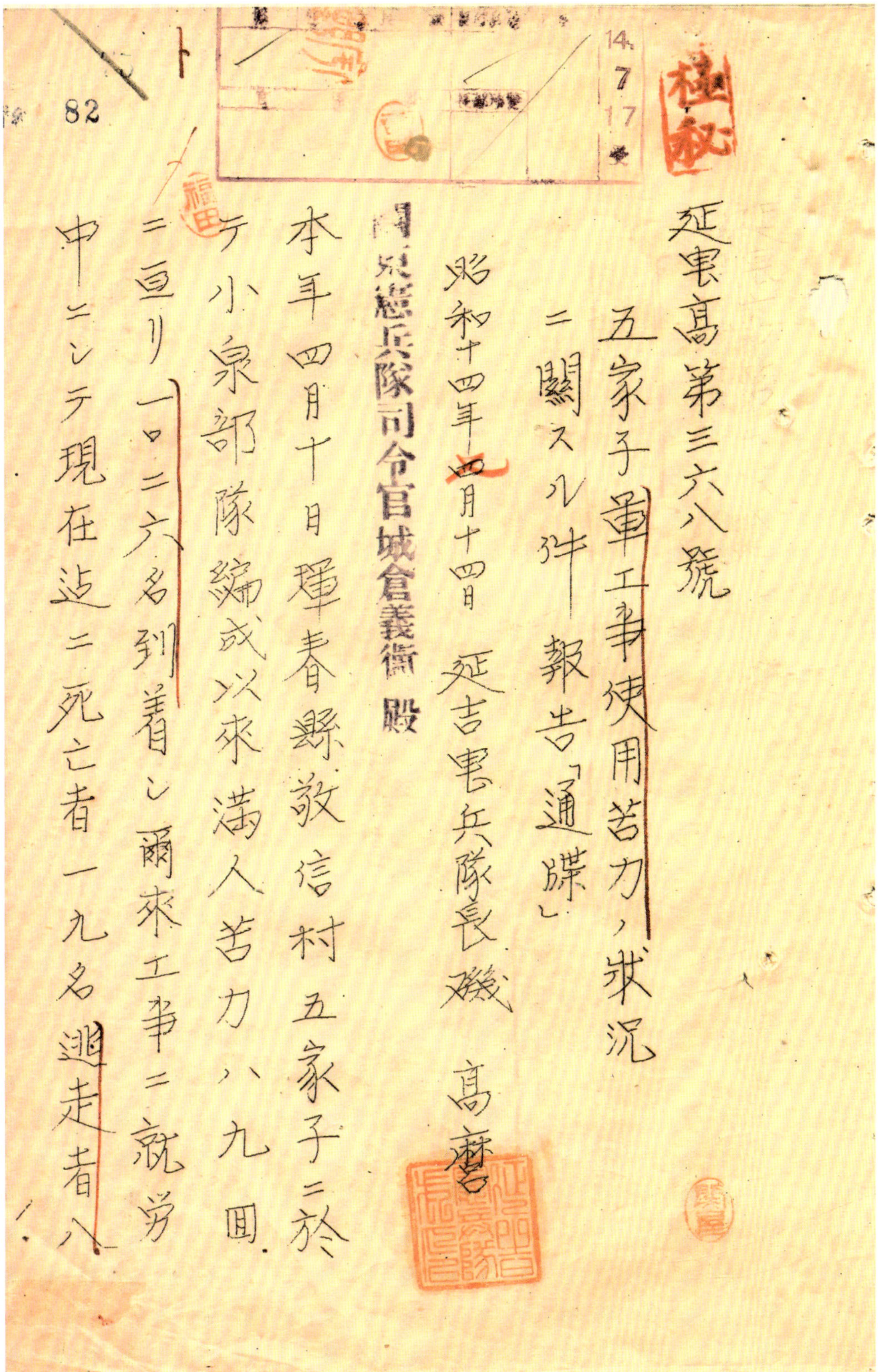
極秘

14
7
17
受

82

延憲高第三六八號

五家子軍工事使用苦力ノ状況ニ關スル件報告「通牒」

昭和十四年七月十四日　延吉憲兵隊長　磯　高麿

關東憲兵隊司令官城倉義衛　殿

本年四月十日琿春縣敬信村五家子ニ於テ小泉部隊編成以來満人苦力ハ九回ニ亘リ一〇二六名到着シ爾來工事ニ就労中ニシテ現在迄ニ死亡者一九名逃走者八

延吉宪兵队长矶高麿关于五家子军事工程苦力情况致日本关东宪兵队司令官城仓义卫的报告（通牒）（一九三九年七月十四日）

名ヲ出セリ
状況左記報告「通牒」ス

左記

一、苦力到着状況
五家子軍工事苦力募集地ハ主トシテ山東省方面ニシテ各募集地ヨリ大連或ハ普蘭店ニ集合セシメ四月十五日ヨリ五月三十一日迄ノ間九回ニ亘リ一〇二六名到着セリ而シテ之レカ現地

ヘノ輸送ハ何レモ集合地ヨリ北鮮線阿吾地驛迄ハ列車輸送爾後ハ徒歩輸送ニテ慶興ニ至ラシメ慶興五家子間ハ防諜上ノ見地ヨリ蘇聯ノ展望ヲ避クル為夜間ヲ利用シ現地ニ徒歩輸送到着セルモ之レカ輸送間特異ノ事象ナシ

二、死亡者ノ状況

現地到着以来死亡者ハ一九名アルモ其ノ原因ハ自殺一（阿片ノ缺乏ニ基因スルモ

二）病死一八ニシテ病死ハ最近ノ天候不順ニ基因シ居住地ノ濕度多キ為ナルモノヽ如ク之カ對策トシテハ周圍ノ排水施設或ハ居住小屋内ニ乾燥施設等ノ處置ヲ構シツヽアリテ死亡者ハ何レモ家族ニ通報スルト共ニ地区外ニ墓地ヲ設ケ埋葬セシメアリ

三、逃走苦力ノ状況

逃走者ハ現地到着後八名ヲ出シタルモ

84

阿片吸食者、

内七名ハ逃走後一日乃至二日ニシテ逮捕シ

他ノ一名ハ未逮捕ナリ逮捕者ハ配属憲兵

ニ於テ取調ノ結果何レモ阿片吸食不能

ニ不満ヲ抱持シ逃走シタルモノニシテ他ニ

背後関係ナキコト判明セルヲ以テ苦力

供給者ニ引渡シ就労セシメアリ

四、罹病者ノ状況

七月一日現在苦力罹病者ハ七八名ニシ

テ発病ノ原因ヲ探究スルニ其ノ大部ハ

天候不順ニ基因シアルモノ、如ク之等ニ
對シテハ敬信村公醫ヲシテ診斷服藥
セシメ手當ヲ施シツヽアリシヲ以テ逐次
快方ニ向ヒツヽアリ

五、配屬患兵ノ處置

配屬患兵ハ工事部隊長ノ指示ニ基キ防
諜上關係機關ト連絡遺憾ナキヲ期ス
ルト共ニ之カ逃走防止並諸施策等ニ關
シ意見ヲ具シ取締ノ徹底ヲ期シアリ

發送先 司令官、横山部隊長

（了）

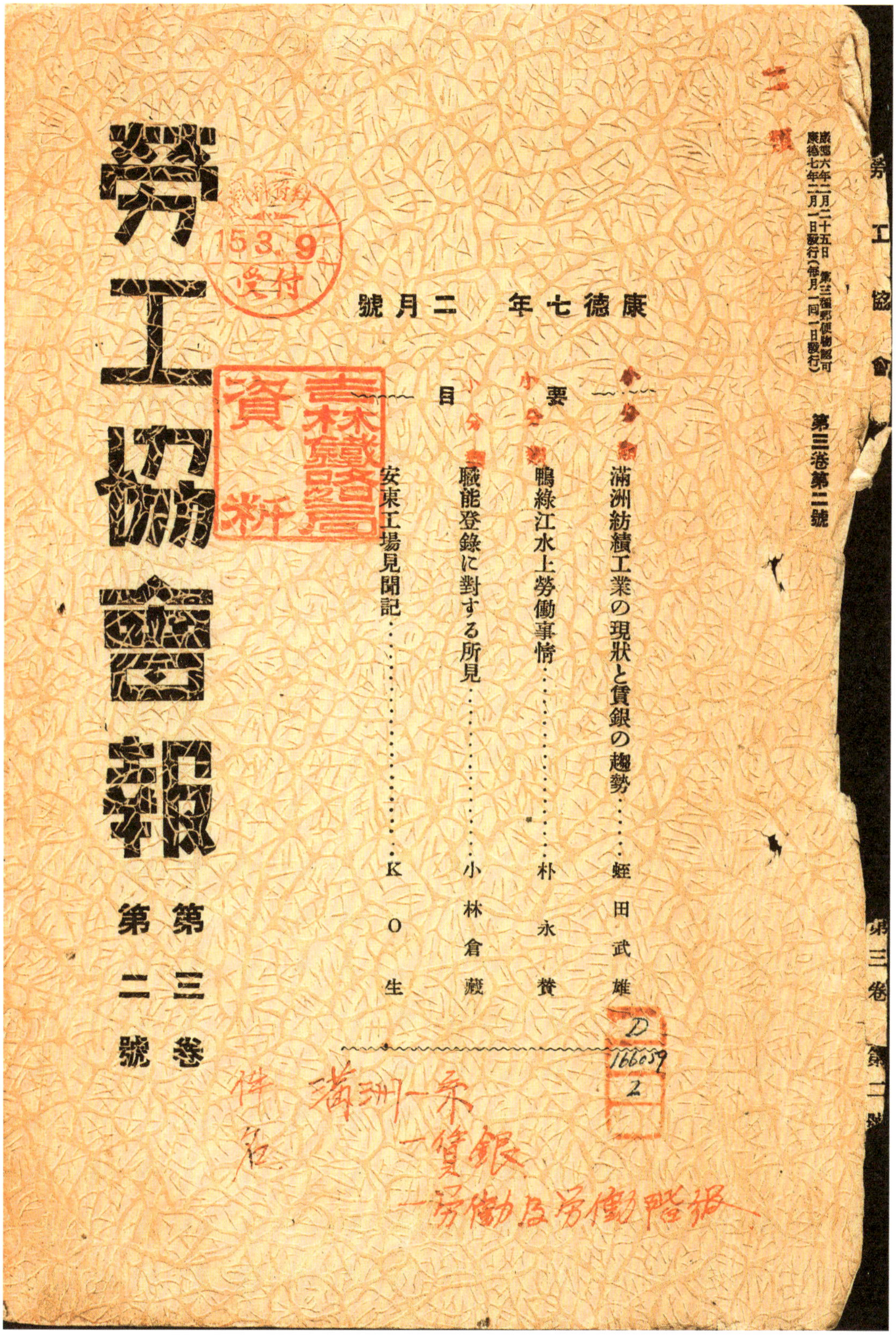

勞工協會報

第三巻第二號

康德七年二月號

要目

滿洲紡績工業の現狀と賃銀の趨勢……蛭田武雄

鴨綠江水上勞働事情……朴永贊

職能登錄に對する所見……小林倉藏

安東工場見聞記……KO生

康德六年二月二十五日第三種郵便物認可
康德七年二月一日發行（每月一回一日發行）

第三巻第二號

伪满劳工协会发行的《劳工协会报》（第三卷第二号）（一九四〇年二月一日）

勞工協會報

第三卷

第二號

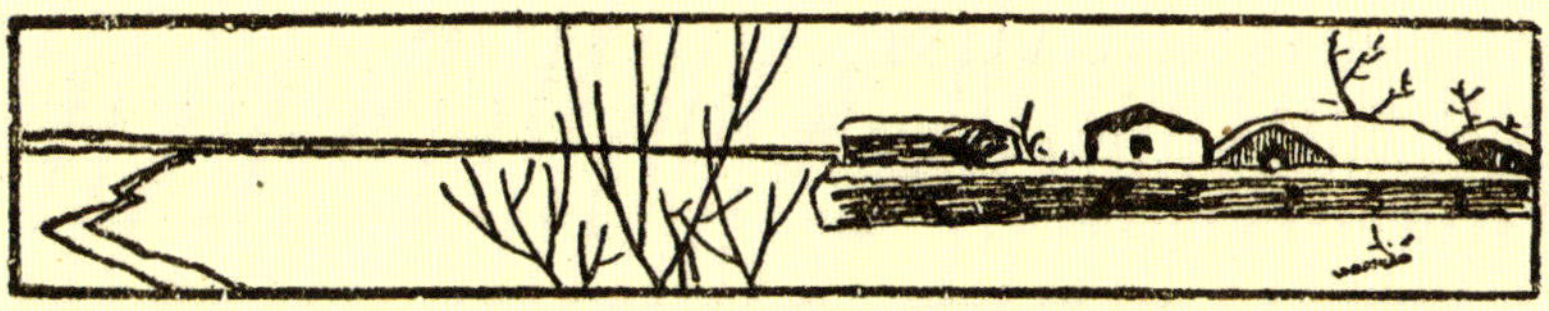

勞工協會報　第三卷　第一號　目次

論說及研究

資料

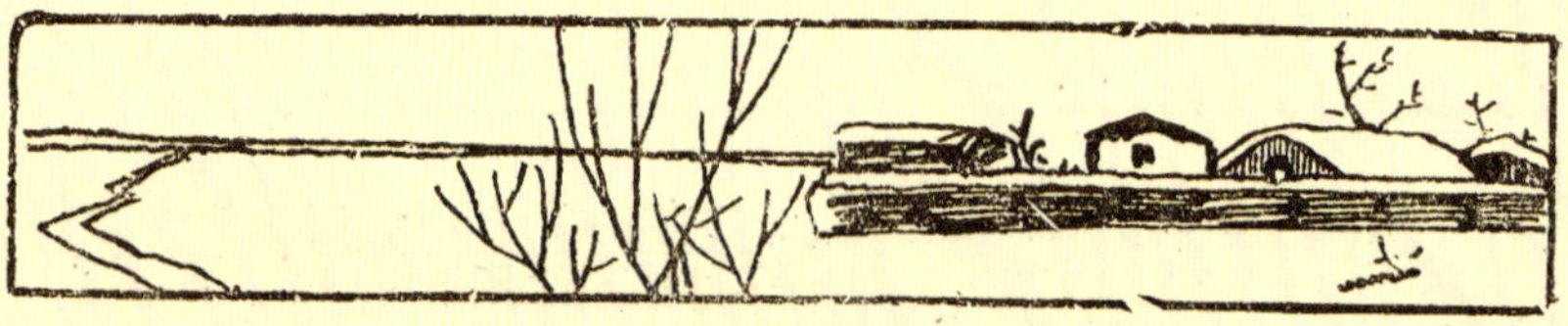

時事

論説及研究

滿洲紡績工業の現狀と賃銀の趨勢

蛭田武雄

目次

一、序説

産業開發五ケ年計畫實施に伴つて吾が滿洲國の産業勞働界は實に空前の活況を呈し各種産業が一齊に躍進途上につ

いたのであるが、其の後間もなく勃發した日支事變と其の後の國際諸狀勢の緊迫化につれ盟邦日本に於いては力强い戰時産業體制を樹立したので、これに促されて滿洲國は日滿經濟ブロックの有力な一翼として其の年次計畫の一部にも餘儀なく變更を加へ、まづ戰時重要産業の生産力擴充に向つて急速な整備を行はねばならなくなつた。從つて其の生産目標が明確に軍需、重要産業部門にかかつてゐるのでこれらの增産施設の集中化が最も顯著に行はれてきてゐるのである。斯く戰時重要産業の生産力增大をしかも急速に企圖せねばならなくなつた關係上、滿洲の産業開發は專ら重點主義に基づいて進展せられねばならず資金、資材、原料、勞働力の配分に就ても殆んど此の點に集中されてきたと言つてよい譯である。

これがため國内の平和産業たる紡績、織布、綿メリヤス、製紙、ゴム、食料品工業等のうけた打擊は相當深刻なものであるのを看過し得ない。これ等の産業(註一)に從事する全滿の中小工場の如きは原料、資材の統制强化に遇ひ殆んど操短、操業中止により轉失業の已むなき狀態に陷つたのである。紡績大工場等に於ても總體的に六割以上の操短實施を餘儀なくせしめられつゝある現狀で、其の生産量に於いても康德六年度に入り特に目立つて萎縮してゐるのである。

日本に於いては日支事變勃發の昭和十二年秋以降、物資統制の觀點からまづ爲替管理法を强化した結果、平和産業に於ては、原棉、羊毛、人絹パルプ、ゴム等の輸入原料に大制限を加へられた。卽ち平和産業に於ける輸入原料は直接には軍需品で無いけれども輸入品として國際貸借に重要なる關係を有する物資として最大なもののみであるといふところから民間消費抑制の必要が漸く增大したので、所謂物資動員計畫に基づいて「輸出入品等に對する臨時措置法」を根據法規として物資統制を全面的に强行したのであつた。

滿洲國に於いても日本の物動計畫と略步調を合せてこれが實施をみたのであるが、然しながら日本の産業界に比較すると其の强權的統制は昨春までは未だ甚だ緩慢なものであつたと言ひ得るのである。元來、滿洲の平和產業は日本の輸出產業の一延長として企業化されたもので、滿洲への輸出商品生產の一部分を分擔し現地調辨主義の下に其の配給の圓滑化をはかり、市場確保の重要役割をつとめてゐたのであつた。從つて輸入原料又は其他の統制物資を主原料又は副原料として使用する滿洲の平和產業は、所謂輸出產業に於けるリンク制の困難なものとして、且又圓ブロック內に於ける單なる消費市場の商品たる關係で、當然國內消費量の抑制を極度に加へねばならぬ性質のものである、これがため統制經濟に入ると直に滿洲國內の紡績、ゴム、飮食料品工業等は他の殷賑產業に比すると最も重壓をうけるに至つたのである。

滿洲に於ける平和產業は滿洲事變前より計畫實施されたものもあるが、其の多くは滿洲事變後日本の優秀な機械、技術を入れて企圖され又擴張されたもので、おしなべて創業間もないものが多く、急速な增產計畫を現在一方に進めつゝある矢先、一方には現有生產力をも半分に萎縮せしめねばならぬといふジレンマに陷り、其の急激な統制の壓力の下にあつて「作るに物なく賣るに品無き」狀態に投げ出されたのである。斯かる操業難に當面してゐる滿洲平和產業の企業家はこゝに於いて一樣にその經營に就ても根本的に檢討を加へねばならぬと云ふ事態に立ち到つてゐるのである。

註一、滿洲國內に於ける平和產業に屬する中小工場は原料、資材の統制强化の結果、殆ど操業不能に陷つてゐる。例へば營口市內滿人經營織機工場の大半は休業或は操短したため其の工人百數十名は昨春四月創業せる錦州東棉紡績に或る期間を條件付として採用されてゐる。

奉天鐵西工業地區の大工場には奉天市內の失業、轉業職工が盛んに流れつゝある現狀である。昨春來漸次其の數が增加し平和產業から流れくる原動、工作等の熟練工の採用に就ては非常に樂になつてゐる事實をみる（住友金屬工業等に於ける例）

二、統制下にある滿洲紡績工業

滿洲産業勞働界は前記の如く專ら軍需重要産業部門の生産力擴充のため殆んど集中化され其の結果、平和産業に莫大なる犧牲を强ふるを餘儀無からしめてゐる。即ち滿洲の平和産業中最も大きな打擊を蒙りつゝある紡績、織布、綿メリヤス工業に於いては康德六年度に入り三月綿業統制法(註一)實施に當り先づ全滿紡績業の二割操短五月より四割操短十月に至り更にこれを五割操短すると云ふ加速度的な統制强化をうけ工場の休日操短(註二)一割二分五厘を含むときは實質的に總體の六割二分五厘の操短實施となつたのである。これがため全滿の紡績錘數約四十萬錘のうち其の五割は統制實行機關(綿聯)の手に依り既に完全に封緘されて了ひ生産能力の如きも半減以下に縮小せしめられるに至つたのである。

註一、原棉、綿製品統制法(康德六年三月二十五日勅令第五十六號)原棉及び綿製品の配給を圓滑にし且其の價格を適正ならしめると共に綿業の健全なる發達を圖るを目的として制定公布されたものである。

註二、滿洲に於ける紡績工業の作業日數は一ヶ月二五日及至二六日であつて日曜日は全部休日としてゐる。此の休日操短が一割二分五厘に相當するものである。

滿洲紡績工業の最近の生産狀況をみると次の如くである。

全滿紡績各社綿糸生産高(綿聯調)

工場名	康德四年度生高産(單位梱)	康德五年度生産高(單位梱)	据付機數
奉天紡紗廠	二七、二〇九	三〇、一七八	(精紡 二〇、〇〇〇錘 撚糸 一〇、〇〇〇錘 織機 一二五〇台(五年事增設)
內外棉	四三、一一九	六二、八〇八	

滿洲紡績	一八、七〇〇	五七、四八〇	（精紡 七八、七〇〇錘 撚糸 三、四八〇錘）
滿洲福紡	一三、一九一	一三、二八八	
滿洲製糸	四五	一〇、六三六	（精紡 三〇、九二〇錘 撚糸 二二、六六〇錘）
營口紡績	五、七五〇	四〇、五六五	五五、〇〇〇錘
合計	一二七、〇一四	一二三、九五五	

全滿紡績會社綿織物生產量

	康德四年度生產高（單位反）	康德五年度生產高（單位反）
奉天紡紗廠	一四二、七八六	一四二、五四一
內外棉	四〇、〇六三	六五三、一六〇
滿洲紡績	五〇一、四四三	五九九、一一八
營口紡績	九七二、九二四	九八六、六〇六
合計		二、三八一、五三五

全滿紡績各社棉花消費高（康德五年度）

種別＼會社別	奉天紡紗廠	內外棉	滿洲紡績	滿洲福紡	滿洲製糸	營口紡織	合計
印度棉	二三、六一七	五二、三一〇	二七、九七六	四七、九九八	一〇、六三二	四一、〇九三	二〇三、六二六
米棉	三四、二三〇	四一、三八四	七七、一〇四	八、五六七	一四、七一七	三六、〇五〇	二一一、〇五六
滿洲棉	七、四七三	七四、七八五	一四、八八二	四、〇五九	一一〇	一、一四一	一〇二、四五〇
北支棉	三〇、四五八	四八、四一一	六六、八〇八	一四、七九二	九、〇七七	六三、二七六	二三二、八二二
其他	一〇、九四二	五、三八二	一八、八六〇	三、〇〇〇	—	—	三八、一八四
合計	一〇八、七二四	二三二、二七二	二〇三、六三〇	七八、四一六	三四、五二六	一四一、五六〇	七九九、一二八

五割操短後の滿洲紡績業（康德六年十月工人調）

工場所	工人數		男女比率
福紡（大連）	九五四	男工 三二二名 女工 六三二名	三一% 六九%
內外棉（金州）	三、八九一	男工 一、八九三名 女工 一、九九八名	四九% 五一%
滿洲製糸（瓦房店）	二、〇四〇	男工 六三三名 一、四一七名	三〇% 七〇%
營口紡織（營口）	二、九四四	男工 一、五〇七名 女工 一、四三七名	五一% 四九%
滿洲紡績（遼陽）	三、九〇三	男工 二、四七五名 女工 一、四二八名	六三% 三七%
奉天紡紗廠（奉天）	一、三〇一	男工 九一五名 女工 三八六名	七〇% 三〇%
東棉紡績（錦州）	一、四九五	男工 九八七名 女工 五〇八名	六六% 三四%

備考　綿業統制法實施前に增設許可されてゐる奉天紡福紡等の如き目下增設中でこれが完成運轉と共に本年度には更に工人增加する豫定である。

綿業統制の强化につれて康德六年度に於ける滿洲紡績業の生產量は五割以下の激減をみるの止むなき情勢にあるが（註三）しかし日本內地のそれの如き業者並に工人の轉失業といふ如き大きな社會問題が惹起されてをる譯では決してない。これは滿洲產業年次計畫實施により各種產業が一時に勃興し無數の工場が各地に設置されて異常な飛躍をみつゝあるのと、各工場とも勞働力不足に極度に惱みつゝあつた際であるため、これら平和產業に於ける多數失業者は此の方面に殆ど吸收されて了ひしかも尚且つ勞働力不足を訴へてゐるのであるから、滿洲に於ける犧牲產業といふものは日本のそれの如き深刻性は全然なく、遂にこれ等轉失業問題のあつたことさへも殆んど表面化する迄に至らないのであつた。

然しながら紡績大工場の此の操短と統制强化の結果全滿各地に散在する(註四)滿人經營織布工場、綿メリヤス工場等の打擊はまことに甚大なものあると言はねばならない。恐らく綿糸配給に至つては康德五年度に比し六年度は七割以上の激減となつてゐるといふ實情であり更に石炭配給の不圓滑等による操短をみるならば彼等中小工場のうけた打擊は甚大なものであらう。これ等中小工場に對しての綿糸類の配給統制は亦一段と强化され、嚴格な檢査と配給の抑制が加へられてをるだけに其の企業上の苦痛は更に大きいと言はねばならないのである。

滿洲紡績工場工人調（康德四年度產業部調）

	男工			運搬雜役	女工			
	日人	滿人	鮮人	其他	日人	滿人	鮮人	其他
柞蠶紡織	二	一五、九八八	一八	四九九	—	六八	—	—
綿糸紡績	—	四、八四三	—	—	—	二、五四四	—	二
綿織	一二	九、二三八	—	—	—	九六四	—	—
絹糸紡績	四	一六三	一八	—	—	三六	五五	—
撚糸	二	六四三	一	—	—	四二八	—	—
毛織	—	二、六九八	—	—	—	五〇	—	三
絹織業	—	二七四	—	—	—	一二〇	—	—
麻織	一	二、〇七一	一	—	—	四二二	—	—
メリヤス	—	六、一六〇	五〇	—	—	四三四	一八	二三
染色	一五	二、六八八	一一	五六	—	四八	—	—
操綿	—	六五一	—	—	—	一〇四	—	—

打綿	—	一六	—	—	—	五五	—	—
其他の紡織	—	四〇一	—	—	—	一七八	—	—

滿人織布工場織機數（綿聯調査）

市別	工場數	織機持台數
新京	一四	三一一
奉天	六九	二、〇八三
營口	四六	三、三五二
遼陽	三	七四
鐵嶺	三	二三六
撫順	三	一三一
本溪湖	二	四二
四平街	一	二〇
安東	四〇	一、六七二
哈爾濱	八	二三四
吉林	一	一三
合計	二〇五	八、一六九台

註三、日本の平和産業に於ける全國失業者數は昭和十三年第七十四議會に商工省より提出された資料によると業主八萬八千三百人、被傭者二十八萬六千三百人、合計三十七萬四千六百人、其の中、紡績、織布、綿製品中小工場等のうけた打擊は最も大きいと言はれる。

註四、滿人經營織布工場は滿洲綿業聯合會より綿糸の配給をうけて操業するので統制實施後の最近では七割以上の操短を餘儀なくせしめられてをり、其の被傭工人（七頁工人調査參照）數萬人は直接此の犧牲となつてゐる譯である。

〈綿聯に依る國內綿業統制の結果奉天染色同業組合では五月から染色並びに漂白工場の原料綿布の入手は從來の如く自由に獲得

不可能となり原料は綿聯から配給を受けることゝなつたが、この割當は生產能力の二割程度に過ぎず現在約八割の操業停止を餘儀なくされつゝある現狀である。同組合としてはこの苦境を打開すべく經費の節約、技術の向上、經營の合理化又は事業擴張の自制決議をなすなど諸對策を講じてゐる。（十二月二日滿日所載）

滿洲に於ける紡績業は綿業統制法實施の結果康德六年三月末完全な計畫經濟に入つたのである。從來の自由主義經濟時代の如き自由な企業の如きは今日思ひもよらないものとなり、一切合財、統制の名の下に拘束せられてしまつた。卽ち原綿の配給は統制實行機關たる滿洲綿業聯合會より公定價格により各工場に引渡され又工場製品たる綿糸、綿布、綿メリヤス等は公定價格で綿聯の手に收買される。綿聯に於いてはこれを政府指定の卸賣業者に配給するといふ統制機構が設けられたのである。

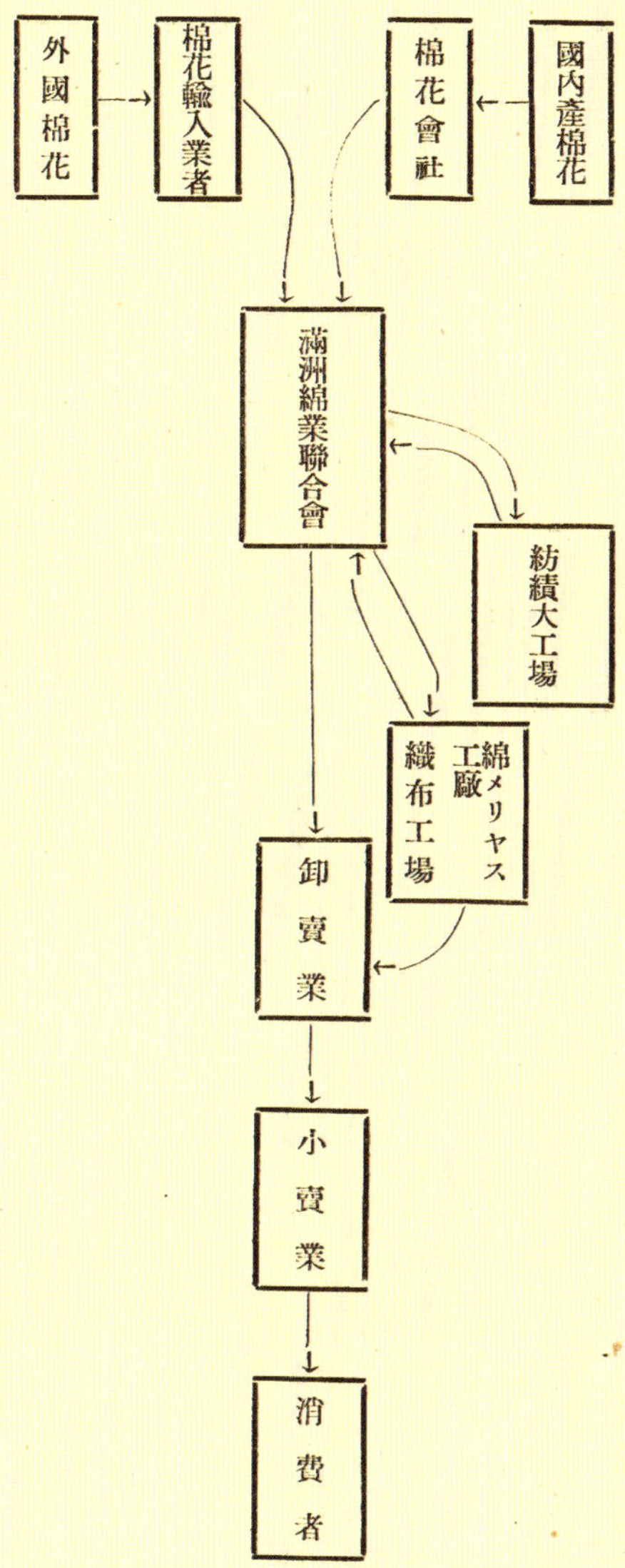

斯かる統制機構下にある企業者は原棉を入手にするにせよ又綿糸の配給をうけるにせよ綿聯を通ぜねばならず製品もまた綿聯の收買價格が規制されてゐるので、業者はこゝに當然企業に於ける利潤をも完全に抑制されてしまつたのである。

こゝに於いて紡績業(註五)の利潤を今後一體どこに求むべきかが重要な問題となつてゐる、卽ち此の現狀に於いては業者はいきほひ生産コストの引下げに向つて全力を傾注せねばならなくなつた。これはとりもなほさず工場經營に於ける人件費の節約、しかも出來得べくんば低賃銀に依存するか、或は又賃銀上昇に伴ふ能率向上をはかるか、何づれかで無ければ企業上の採算がとれない結果になつてゐる。從つて滿洲の紡績經營はいまや人件費の切詰に重點が置かれてゐると言ふも過言で無いであらう。

しかしがなら今日、六割二分五厘と云ふ未曾有の操短を實施したと云ふものゝ滿洲紡績業の經營に赤字が出てゐる譯では無い。統制實行機關に於いて此の間、相當業者の利潤をみとめて配給、收買をなしつゝあるのであるが、ただ從來の自由主義經濟時代の如き高率利潤は絕對的に封じられてしまひ、しかも最近滿洲に於ける勞働賃銀は上昇の一途を辿る傾向にあるのだから、此の狀態が長期に亙れば亙る程、將來滿洲紡績業の經營に相當困難の度の加はることは豫想するにかたくないのである。

註五、滿洲紡績業は現在各社とも相當な利潤をあげつゝあるのは事實であるが、滿洲紡績業の現狀に就て遼陽滿洲紡績株式會社松尾總務部長が語るところによると、

「最近遼陽市内にも各種工場が設立されて來、更に周圍の鞍山、奉天等の工業界の急激な發展に伴ひ、工人の移動が實に頻繁になり紡績業が壓倒されて了つてゐる。遼陽なども滿洲の紡績工場立地條件として最早平和境で無くなつてきた、恰も日本の東京、川崎等の大都市の紡績業が周圍の殷賑産業の高賃銀に押されて今日苦境に立つてゐる。これと同様に周圍に殷賑産業が勃興すると吾々の紡績業の經營はますます六ヶ敷いのである」

三、滿洲紡績業の賃銀趨勢

滿洲に於ける紡績工業の勞働賃銀は康德四年七月、日支事變勃發して以來、徐々にではあるが上昇しはじめた。それが康德五年後半期より同六年度にかけては一層上昇カーブが著しくなり各社數回に亘つて基本給の引揚げを行つてゐるのである。卽ちA地の如き工場地帶にある紡績業に於いては康德四年十二月の實收賃銀總平均紡績部四九錢六厘、織機部五一錢五厘であつたのが同五年七月には紡績部五四錢九厘、同六年七月には紡績部七二錢二厘織機部七七錢一厘といふ實に四割の上昇を示してゐる。B地の如き比較的平和産業の企業に惠まれた地域にある工場に於いても康德四年八月紡績部平均四〇錢一厘八毛、織布（一）三九錢五厘織布（二）四一錢二厘九毛のものが同六年八月には紡織部五八錢七厘、織布平均五七錢一厘に跳ね上つてきてゐる。しかしながら此の紡績業の賃銀は他の重工業などに比較すると其の上昇率は未だ緩慢であるのは事實である。それだけに又殷賑産業の多い工場地帶にある紡績業は其の間に挾まれてあふりを喰ふ度合も激しく周圍の工場が高賃銀であればある程、自然に高賃銀を支給せざるを得ないといふ實情にあるのである。（註一）卽ちA地とB地の紡績業に於ける賃銀の差はそうしたところに基因してゐるとみるべきである。

斯くの如く滿洲紡績業の賃銀は事變以來四割以上の上昇を示してゐる結果、漸次生産コストが高くなりつゝある現狀である。日本內地紡績に比して勞働賃銀が約二分ノ一、石炭の如き內地の二分ノ一安價に配給されてをるにも拘はらず日本の紡績よりもむしろコスト高になるといふのはとりもなほさず滿人紡績工人の能率の甚だしく低いことを物語るものである。日本の紡績工の賃銀は滿人工人に比すると殆んど倍額ではあるが其の生産能率に至つては優に三倍にものぼるのである。斯うした觀點より考察すると滿洲の紡績工賃がいかに高率なものであるかが容易に首肯されるであらう。

滿洲に於ける此の工賃高の招來した大きな原因はしからば一體何にあるか、卽ち

一、滿洲の最近の物價騰貴

二、工業界の異常な發展に伴ふ勞働力不足

三、勞働者の移動頻出とこれが防止策

などを擧げることが出來るであらう。

一般的に言ふならば斯うしたことに刺戟されて否應なしに賃銀吊上げが行はれていつたとみてよいと思ふ。

註一、A地とB地では單に賃銀の如き表面的な開きに止まらず男女工の體位の點に就いても甚だ大なる差が認められる。卽ちB地に於いてはA地に比してはるかに體位の勝れた工人をしかも低賃銀で容易に使用し得るのである。

こゝに於いて勞働力の豐富な地方と不足地に於ける企業とでは自然に大なる差が生じてくる譯で、紡績業の立地條件の適、不適といふことも大きな問題となるのである。

A地紡績工場康德四年十二月工賃表

部別	工別	作業日數	平均毎日出勤人員	延人員	工賃 總計	工賃 最高	工賃 最低	工賃 平均毎人
混打綿	男工	二八	三五・二〇	九七七・〇	五六八、二二	一、二〇	三九	五七・六
	保全	二八	五・八〇	一六一・八	一三一、七七	一、三〇	四五	七五・一

梳綿	男工	二八	三五・三〇	九八八・〇	五九一、八〇	一、四〇	三〇	五九・九
	保全	二六	一四・三〇	三七二・九	二四三、七九	一、四五	四〇	六五・四
練條	男工	二八	二一・五〇	六〇四・〇	三六一、〇八	八五	三〇	五九・八
	女工	二八	三〇・五〇	八五三・〇	四一八、五六	五二	三〇	四九・一
	保全	二八	三・八〇	一〇五・六	七八七、九〇	一、一〇	五〇	七四・六
粗紡	男工	二八	九八・四〇	二、七五四・〇	一、八九三、〇三	一、一五	三九	六八・八
	女工	二八	一三・〇〇	三六五・〇	二一七、一七	一、〇〇	四〇	五九・五
	保全	二八	一五・一〇	三七二・四	二三七、五七	一、五〇	三五	六一・一
細紗	男工	二八	三五二・〇〇	九、八五二・〇	四、四〇三、一〇	一、二〇	三〇	四四・七
	女工	二八	一一九・五〇	三、三四八・〇	一、二五二、二〇	七〇	三〇	三七・四
	保全	二八	二三・二〇	六五一・〇	三四五、七八	一、二五	三〇	五三・一
搖紗	男工	二八	二八〇・五〇	七、八五四・〇	四、四六九、七八	一、一五	三〇	五六・九
	女工	二八	一八七・五〇	五、二五二・〇	二、一一〇、七七	八〇	三〇	四〇・二
	保全	二八	五・六〇	一五七・三	六六、二四	九七	四〇	四二・一
荷造	男工	二六	三三・二〇	八六四・〇	六七四、七六	一、〇〇	四〇	七八・一
	女工	二六	三・五〇	九〇・〇	二四、六四	三五	二六	二七・四
撰綿	男工	二六	一三・七〇	三五八・〇	一四九、七四	一、〇〇	三九	四一・八
	女工	二六	二三・六〇	五八七・〇	二一五、五七	六〇	三〇	三六・七
試驗	男工	二八	六・二〇	一七五・一	一〇七、一三	八〇	三〇	六一・二
	女工	二六	五・三〇	一三七・四	五三、七三	四五	三〇	三九・〇
ローラー上紡	保全	二八	一八・〇〇	五〇四・二	二六七、九六	一、四〇	三〇	五三・一
	養成工	二八	四六・〇〇	一、二八六・八	三〇八、八四	—	—	二四・〇
紡績部總計			一、三八九・八〇	三八六、八〇五・〇	一九、一七一、七四	一、五〇	三〇	四九・六
準備	男工	二八	一七・七〇	四九五・〇	三、二五一、〇三	一、四〇	三五	六五・六
	女工	二八	六二・五〇	一、七五〇・〇	八八一、二九	五三	三〇	五〇・四

A紡績工場康德六年七月工賃表

部別	工別	作業日數	平均毎日出勤人員	延人員	工賃 總計	工賃 最高	工賃 最低	工賃 平均毎人
力織	男工	二八	一八〇・〇〇	五、〇四一・〇	三、〇四七、二〇	一、二五	三五	六〇・四
	養成工	二八	三七・三〇	一、〇四四・〇	二五〇、六五	—	—	二四・二
整理	男工	二八	九・九〇	二七八・三	一六〇、七五	九〇	四五	五七・八
	女工	二六	三・八〇	九七・八	三四、五七	四五	三〇	三五・四
機保	保全	二六	七・七〇	二〇〇・〇	一一四、五二	八〇	三〇	五七・三
機織科			三一八・九〇	八、九〇六・一	四、八一四、〇三	一、四〇	三〇	五四・一
原動	男工	三〇	四三・二〇	一、二九六・〇	一、〇六三、〇〇	二、〇〇	三〇	八二・〇
電氣科		三〇	四三・二〇	一、二九六・〇	一、〇六三、〇〇	二、〇〇	三〇	八二・〇
修機	男工	三〇	四四・七〇	一、三四四・三	一、二四七、一八	一、六〇	三五	九二・八
噴霧		三〇	七・九〇	二三七・二	一九八、九〇	一、六五	四〇	八三・九
機械科		三〇	五二・六〇	一、五八一・五	一、四四六、〇八	一、六五	三五	九一・四
總計			一、八〇四・五〇	五〇、四六四・一	二六、四九四、八五	二、一〇	三〇	五二・五
混打綿	男工	二七	二五・九	六九九・〇	五五三、九八	一、五一	四五	七九・一
	保全	二九	八・七	二五一・八	二三三、九七	一、七一	五〇	九二・四
梳綿	男工	二七	三三・一	八六八・〇	七一四、一三	一、六九	四七	八二・三
	保全	二九	一一・九	三四四・五	三二二、七一	一、七一	四九	九〇・八

練篠	男工	二七	二・〇	五三・〇	四九、三七	九六	―	九三・二
	女工	二七	三二・三	八四六・〇	四四九、一三	六八	三〇	五三・一
	保全	二五	一・一	二八・〇	三〇、〇六	一、〇五	五〇	一、〇七三
粗紡	男工	二七	五八・七	一、五八六・〇	一、三〇一、二二	一、五一	五五	八二・〇
	女工	二七	二〇・三	五四七・〇	二七七、九一	八九	三五	五〇・八
	保全	二九	一〇・六	三〇六・〇	三五二、〇二	一、七六	四八	八二・一
捲紡（細紗）	男工	二五・一	一四二・七	三、五八二・〇	二、六二五、七三	一、五三	三四	七三・三
	女工	二五・一	八三・三	二、一一七・〇	一、一四六、七九	四七	二八	五四・二
	保全	二九	二〇・一	五八三・八	四五五、九〇	一、六一	四六	七八・一
仕上（搖紗）	男工	二五・五	一二八・〇	三、〇一一・〇	二、四二九、四四	一、四三	三五	八〇・七
	女工	二五・五	九七・六	二、四八九・〇	一、七三三、二三	九三	三三	六九・八
	保全	二・九	四・八	一四〇・六	一三一、五三	一、二八	四五	八六・四
荷造	男工	二八	一四・七	四一三・〇	四〇二、四九	一、三五	四三	九七・五
撰綿	男工	二八	一〇・二	二八六・〇	二一〇、四〇	一、二三	四五	七三・六
	女工	二八	一七・七	四九六・〇	二五七、四四	六六	三九	五三・〇
試驗	男工	二五・五	六・二	一五七・一	一三九、八三	一、〇四	五〇	八九・〇
	女工	二・六	五・九	一五四・一	四七、三七	六四	五四	六三・二
ローラー紡上精仕（養成工細工捲）	保全	二・九	一五・五	四五七・三	三〇九、八三	一、六三	四二	六七・八
	男工	二五	一・三	三三・〇	八、九六	三三	二八	二八・〇
	女工	二五	七・五	一八八・〇	五五、七九	三〇	二八	二九・五
紡績部總計			七四八・四	一九、六三七・一	一四、一六八、七六	一、七六	二八	七二・二
準備	男工	二六・一	一三・七	三五七・〇	三三四、二四	一、七八	四〇	九三・六
	女工	二六・一	三二・一	八三八・〇	四三八、九四	七〇	三二	五二・四
力織	男工	二六・一	六・六	一七一・一	七四、二四	四〇	―	四三・四
	養成工	二六・一	九六・五	二、五一八・〇	一、八一二、五八	一、六〇	五〇	七二・〇

整理	男工	二九・〇	八・九	二五七・七	二〇五、九四	一、一八	五五	七九・九
	女工	二九・〇	三・四	一〇〇・〇	五二、八三	五一	四五	五三・八
機保		二八・〇	一四・二	三九六・三	三三四、三九	一、〇三	四四	八一・八
機織科			一七五・四	四、六三八・〇	三、二四三、一六	一、七八	三三	六九・九
原動電機科	男工	三〇	一〇・九	三三七・五	四八九、一三	一、九三	六〇	一、四九四
修機	男工	二九・〇	四七・九	一、三八九・〇	一、九一五、五四	二、七〇	三〇	一、三七九
噴霧	男工	二七・〇	一・八	四八・二	四三、三五	九〇	八四	八九・九
暖汽	男工	二九・〇	一四・三	四一四・六	五三八、〇五	二、二八	七〇	一、二九八
機械科			六四・〇	一、八五一・八	二、四九六、九四	二、七〇	三〇	一、三四八
織機總計			九九八・七	二六、四五四・四	二〇、三九七、九九	二、七〇	二八	七七・一

B地紡績工場康德四年八月分工賃表

	人員		延日數		工賃總計		平均每人	
	男工	女工	男工	女工	男工	女工	男工	女工
紡 混綿	三二	—	九二〇	—	四五三、〇三	—	四九・二四	—
梳綿	四七	—	一、二三四	—	五五九、三九	—	四五・三〇	—
練條	—	四一	—	九九六	—	三九七、三八	—	三九・五三
粗紡	三三	六五	八七〇	一、五七八	四一三、八二	六六〇、七五	四七・五六	四一・五八

績部	精紡	四二	二七六	一、〇三七	六、八九五	四、四五一、一八	二、四三一、一七	四二・九二	三五・二二
	綛場	六	五八	一六五	一、五一九	六九、三三	六三一、一三	四二・〇〇	四一・四一
	前保	七	—	二〇六	—	九六、八三	—	四七・〇〇	—
	後保	三三	一二	八八三	二九五	四一八、三六	一一五、七五	四七・三八	三九・二三
	撰綿	五	一五	一三五	三八一	六一、〇二	一一三、七一	四八・八〇	二九・七七
	試驗	三	一〇	八七	二六二	四三、四九	一三一、四七	五〇・〇〇	四五・五〇
	計	二〇九	四九二	五、五四九	一三、一五五	二、五六八、七四	四、五四五、四八	四六・二九	三七・四〇
織布	織布	二三八	九六	五、七五三	二、二〇四	二、五二一、九九	八八四、九五	四三・六七	四〇・〇八
	準備	二〇	一五六	五六二	三、九二九	二五一、一八	一、二五八、二七	四四・六九	三二・〇五
	仕上	—	三三	—	七四三	—	二七五、八七	—	三七・三〇
	保全	二〇	—	五六〇	—	二四八、三四	—	四四・三四	—
	總計	一六〇	四五	四、〇九九	一、二〇〇	一、八一八、六四	三六九、七七	四四・三七	三〇・八一
其	原動	三三	—	一、〇三六	—	七八三、七六	—	七四・一一	—
	鐵工	一九	—	六九〇	—	五一七、七八	—	七五・〇四	—
	木工	一四	—	四八一	—	三四五、四一	—	七一・八一	—
	修理	五	—	一九一	—	一二七、四五	—	六六・七三	—
	雜役	八一	—	二、四一七	—	一、二四二、一四	—	五一・七三	—

	人員 男	人員 女	延日數 男	延日數 女	給料 男	給料 女	平均 男	平均 女
他　ローラー	九	五	二六五	一三九	一三四、三三	四九、三三	五〇・六四	三五・四〇
他　荷造	一三	七	五八、二七	二〇〇	一二六、五三	九〇、四五	四〇・八〇	四五・二〇
他　總計	一八五	一二	五六、二九	三三九	三、四四〇、九〇	一三九、七七	六〇・四五	四一・二三
紡績總平均		七〇一人	—	—	—	—	—	四〇・一八
織布1.		五八一人	—	—	—	—	—	三九・五〇
織布2.		二〇五人	—	—	—	—	—	四一・二九
其他		一九七人	—	—	—	—	五九、三七	四二・七九

B地紡績工場康德五年八月工賃表

	人員 男	人員 女	延日數 男	延日數 女	給料 男	給料 女	平均 男	平均 女
第一紡　混綿	五四	—	一、二〇七	—	六二九、八二	—	・〇五二二	—
第一紡　梳綿	五七	—	一、一六五	—	五一八、四四	—	・四九六五	—
第一紡　練條	—	四一	—	九三四	—	四三一、三〇	—	・四六一六
第一紡　粗紡	七八	五三	一、六〇七	一、二二三	七六二、二六	六二一、四四	・四七四三	・五〇〇〇
第一紡　精紡	七九	二〇九	一、八六八	四、五六四	八三三、七三	二、一一三、九九	・四四五七	・四六三三
第一紡　總場	五四	一四三	一、二九六	三、四五九	四八〇、二一	一、五七一、八二	・三七〇五	・四五四四

續（青年工）				第一紡績（幼年工）									第二紡			
撰棉	前保	後保	計	混棉	梳棉	練條	粗紡		總場	前保	後保	計	混棉	棉梳	練篠	粗紡
—	八	三三	三六三	—	—	—	—	五九	七一	—	六	一三六	四九	六三	—	一〇〇
—	—	二	四五七	—	—	七	—	四一	四九	—	二	九九	—	—	四三	五〇
—	二四三	九六六	八、三五二	—	—	—	—	九八四	一、三五七	—	一九一	二、五三二	一、一一五	一、二九九	—	一、七八二
—	—	三一三	一〇、四九三	—	—	一四六	—	六五八	一、〇六三	—	四二	一、九〇九	—	—	九〇四	一、一一三
—	一三七、三八	五七一、〇九	三、九九一、九三	—	—	—	—	二八七、三九	三八九、一六	—	五七、四三	七三三、九九	五六六、四五	五九三、六九	—	七六六、四六
—	—	一五六、八七	四、八八五、四二	—	—	四四、八〇	—	一九三、一四	三〇一、八四	—	一三、八九	五三三、六七	—	—	三七二、九六	五七五、八八
—	.五六五三	.五九一二	.四七七九	—	—	—	—	.二九二一	.二八六八	—	.三〇〇六	.二八九九	.〇五〇八	.〇四五七	—	.四三〇一
—	—	.五〇一二	.四六五六	—	—	.三〇七八	—	.二九三五	.二八三九	—	.三〇六九	.二八九六	—	—	.四一二五	.五一七六

績(青年工)								
精紡	二八	一八六	四、六五七	三、九八九	一、八三八、九五	一、七四七、五八	・三九四八	・四三八一
撰棉	一四	二七	三五五	七六四	一七三、五五	二八七、四〇	・四八八九	・三七六三
試驗	七	一九	一八六	四七八	一一一、九〇	二四一、一五	・〇六〇三	・五〇四五
計	四五〇	三三五	九、三九四	七、二四七	四〇、五一	三、三二四、六七	・四八一三	・四〇四九
第二紡績(幼年工)								
混棉	―	―	―	―	―	―	―	―
梳棉	―	―	―	―	―	―	―	―
練篠	―	一四	―	二四一	―	七二、一五	―	・二九九三
粗紡	一	二	一六	三四	四、九三	一〇、二四	・三〇八一	・三〇一二
精紡	四八	八一	九七一	一、四六四	二八〇、〇一	四二八、七〇	・二七八四	・二九二八
撰棉	七	一四	一八三	三九一	五八、七九	一一〇、一〇	・三三一二	・二八一六
試驗	―	―	―	―	―	―	―	―
計	五六	一一一	一、一七〇	二、一三〇	三四三、七三	六二一、一九	・二九三七	・二九二一
第一織布								
織布	三六三	一三五	七、九〇四	二、九三〇	四、〇八六、五五	一、四〇一、五九	・〇五一七	・四七八三
準備	二五	一三五	六八七	三、三六九	三五七、八三	一、四一六、三〇	・五二〇八	・四二〇四
仕上	―	一三	―	七五〇	―	三一二、八四	―	・〇四一七
保金	二六	―	六三九	―	三一〇、二五	―	・四五五五	―
計	四一四	二八三	九、二三〇	七、〇四九	四、七五四、六三	三、一三〇、七三	・五一五一	・四〇四一

第二織布	織布	三六	一五〇	七、二〇七	三、〇九三	三、六九九、二一	一、五〇一、八九	・五一三	・四八五五
	準備	二	三	二四	七三六	一〇、三八	二九〇、三〇	・〇四三三	・三九四四
	保全	二五	―	六〇五	―	三三、四八	―	・〇五三三	―
	計	四二一	三〇三	九、二一四	六、九二三	四、六三四、八八	二、九六五、八六	・〇五〇三	・四二八四
第一織布	織布	三	三二	九〇	四二一	四四、二〇	一二七、〇三	・二三二七	・三〇一七
	準備	―	七一	―	一、六四三	―	四七八、二六	―	・二九一一
	仕上	―	三	―	二一九	―	六四、〇九	―	・二九四三
	保全	―	―	―	―	―	―	―	―
	計	三	一一五	一九〇	二、二八三	四四、二〇	六六九、七七	・二三二七	・二九三四
第二織布	織布	九〇	三二	一、八〇五	六三四	五四五、一一	一七七、七〇	・〇三〇三	・二八〇三
	準備	―	一四三	―	九〇八	―	二六四、五八	―	・二九一四
	保全	一	―	二三	―	三三〇	―	・〇二七五	―
	計	一三八	三〇七	二、六二三	六、七一六	七四四、九九	一、九五四、〇六	・二九六七	・〇三九一
其	原動	三七	―	一、二五三	―	一、〇六一、八四	―	・八四八一	―
	鐵工	三八	―	一、四五三	―	一、〇八九、四七	―	・七五〇三	―
	木工	一二	―	三六六	―	三一〇、〇五	―	・五四五七	―
	修理	六	―	二五三	―	一八九、七八	―	・〇七五三	―

區分	人員男	人員女	延日數男	延日數女	給料男	給料女	平均男	平均女
他 雜役	二八	—	三、四七七	—	二、二〇九、四三	—	・六三五四	—
ローラー	一九	九	五八八	二六七	三五三、八七	一一、七二	・六〇一八	・四一八四
荷造	三三	三三	七六六	八二七	三五〇、九六	三九五、二六	・四五八八	・〇四七八
計	二六三	四二	八、一五三	一、〇九四	五、五六五、四〇	五〇六、九七	・六八二六	・四六三四
總計男		一、九一〇		四四、三四三		三、九九七、八四		・〇五七二
〃女		一、四〇九		三、八〇六		一四、七二三、六五		・四四八五
造		三		六〇		一八、一七		・三〇二八
計		三		六〇		一八、一七		・三〇二八
總計男		三四二		六、五〇四		一、八九六、八九		・二九一六
〃女		六三九		一三、〇九八		三、八一五、八六		・二九一三

B地紡績工場康德六年八月工賃表

區分	人員男	人員女	延日數男	延日數女	給料男	給料女	平均男	平均女
第一 混綿	一三	七	五九一	一八五	四〇三、六六	一〇〇、一四	・六八三	・五四一三
梳棉	—	—	—	—	—	—	—	—
練篠	—	—	—	—	—	—	—	—

紡績工場（青年工）								
粗紡	三〇	四一	六三七	一、〇一九	四五四、五一	五八四、〇九	・七〇八五	・五七一九
精紡	四三	一〇二	九五七	二、四五四	五七六、五一	一、四〇八、一一	・五九九〇	・五六九二
綛場	四	七九	八一	二、四〇七	五二、四〇	一、二九三、〇一	・六四七〇	・六二八七
撰棉	八	一三	二三三	四〇七	一六〇、六四	一八二、四八	・六八九四	・四二四八
前保	八	―	一九三	―	一三一、六五	―	・六八二一	―
後保	二三	一三	六五四	二九八	三九八、三三	一〇三、一九	・六〇九〇	・三四六三
計及平均	一四七	二七一	三、四二五	六、六七四	二、二二四、三〇	三、七八二、一八	・六四九四	・五六六八
第一紡績工場（幼年工）								
精紡	一五	三〇	二八八	六三五	一〇一、〇一	一九七、二七	・三五〇七	・三一〇七
綛場	―	二五	―	四七三	―	一七四、九九	―	・三七〇〇
撰綿	―	二六	―	六二九	―	七一五、八八	―	・三五二七
計及平均	一五	八一	二八八	一、七三七	一〇一、〇一	五八八、一四	・三五〇七	・三三八六
第二紡績工								
混棉	三四	七	八八〇	一六九	六二六、六四	九〇、七四	・七一四八	・五三七〇
梳棉	八五	―	二、〇九一	―	一、三九八、三一	―	・六六八四	―
練篠	―	三八	―	一、三五八	―	七〇四、二八	―	・五二三二
粗紡	七一	六五	一、六六八	一、五七一	一、一八〇、一〇	八九二、八〇	・七〇五四	・五六六七
精紡	九五	一五九	二、二六七	三、八八六	一、三七九、一五	二、二六二、四八	・六〇〇六	・五八〇九
撚糸	―	―	―	―	―	―	―	―

（青年工）場	前保	一七	—	四二六	—	三二四、一二七	—	•七五六九	—
	後保	四〇	一二	一、一四九	三〇七	八二一、一四〇	二七〇、八七	•七〇六一	•八八二三
	撰綿	—	—	—	—	—	—	—	—
	試驗	五	一六	一五一	四二八	一一八、〇六	二七九、七四	•七八一八	•六五三六
	計及平均	三六	三七	八、八九〇	七、九七六	五、九八八、一七	四、六四〇、七三	•六七三五	•五八一八
第二紡績工場（幼年工）	精紡	一九	四〇	三七五	八一〇	一二九、九七	二八〇、三六	•三四六六	•三四六一
	計及平均	一九	四〇	三七五	八一〇	一二九、九七	二八〇、三六	•三四六六	•三四六一
第一織布工場	織布	二五四	八九	五、五二一	二、一六四	三、九四五、三一	一、三三一、八七	•七〇九七	•六〇五五
	準	三〇	九九	七七二	二、九七五	五〇九、四五	一、二三〇、五八	•六六〇八	•四一三一
	仕上	一八	二四	四七九	六一〇	三一二、五一	三三八、九六	•六五二四	•五三八三
	保金	一八	—	四六六	—	二八六、五一	—	•六一四八	—
	計及平均	三七	三〇	七、四〇九	五、八九〇	五、一四八、四六	二、九四二、七九	•六九四九	•四九九六
第二織布工場	織布	二八	八一	五、五一〇	一、九六六	三、六八七、一七	一、二五三、一二	•六六三四	•六二八九
	準備	三一	一五六	八〇六	四、一二五	五〇二、一四	一、九二五、七三	•六二一一	•四六六三
	仕上	—	七	—	一、六六〇	—	八〇二、九六	—	•四八二六
	保金	五六	三	一、四八九	八五	八三六、六〇	一三、〇〇	•五六一八	•一四四七
	計及平均	三四	三〇	八、〇〇三	八、〇七〇	五、一二三、四三	四、三三一、四五	•六四〇三	•五三三一

<table>
<tr><th colspan="2" rowspan="2">男女平均</th><th colspan="2">第一工場織布</th><th colspan="2">第二工場織布</th><th colspan="9">其他</th><th rowspan="2">給料</th><th rowspan="2">總平均</th></tr>
<tr><th>準備</th><th>計及平均</th><th>準備</th><th>計及平均</th><th>原動</th><th>鐵工</th><th>木工</th><th>修理</th><th>雜役</th><th>ロ−ラ</th><th>荷造</th><th>計及平均</th><th>合計及平均</th></tr>
<tr><td rowspan="2">1. 紡績</td><td>青年工</td><td>—</td><td>—</td><td>—</td><td>—</td><td>三一</td><td>三四</td><td>一六</td><td>七</td><td>一四八</td><td>一六</td><td>五四九</td><td>二七九</td><td>一、四六三</td><td>五九三七</td><td rowspan="4">五八七七</td></tr>
<tr><td>幼年工</td><td>三三</td><td>三三</td><td>九四</td><td>九四</td><td>—</td><td>—</td><td>—</td><td>—</td><td>—</td><td>二</td><td>二〇</td><td>三三</td><td>一、一九〇</td><td>三四〇三</td></tr>
<tr><td rowspan="2">2. 紡績</td><td>青年工</td><td rowspan="2">—</td><td rowspan="2">—</td><td rowspan="2">—</td><td rowspan="2">—</td><td rowspan="2">九七八</td><td rowspan="2">一、〇八六</td><td rowspan="2">四八五</td><td rowspan="2">二三二</td><td rowspan="2">四、四一六</td><td rowspan="2">四七五</td><td rowspan="2">一五二、二三四</td><td rowspan="2">八、二八九</td><td rowspan="2">三六、〇一六</td><td>六三〇二</td></tr>
<tr><td>幼年工</td><td>三四六二</td></tr>
<tr><td rowspan="2">1. 織布</td><td>青年工</td><td>七七一</td><td>七七一</td><td>二、一三四</td><td>二、一三四</td><td>—</td><td>—</td><td>—</td><td>—</td><td>—</td><td>二九五</td><td>五〇六</td><td>八一三</td><td>二九、四二三</td><td>六〇八四</td><td rowspan="4">五七一〇</td></tr>
<tr><td>幼年工</td><td>—</td><td>—</td><td>—</td><td>—</td><td>九二三、三四</td><td>九四二、〇六</td><td>五二一、八九</td><td>二一七、四〇</td><td>三、三〇二、五八</td><td>三二七、〇一</td><td>一二一、三三</td><td>六、六八三、九四</td><td>二五、一六八、二九</td><td>三六〇四</td></tr>
<tr><td rowspan="2">2. 織布</td><td>青年工</td><td rowspan="2">二七七、九一</td><td rowspan="2">二七七、九一</td><td rowspan="2">七一五、二四</td><td rowspan="2">七一五、二四</td><td rowspan="2">—</td><td rowspan="2">—</td><td rowspan="2">—</td><td rowspan="2">—</td><td rowspan="2">—</td><td rowspan="2">一五三、七八</td><td rowspan="2">三一三、八六</td><td rowspan="2">四七二、八一</td><td rowspan="2">一六、〇五九、九六</td><td>五八一四</td></tr>
<tr><td>幼年工</td><td>三三五一</td></tr>
<tr><td rowspan="2">其他</td><td>青年工</td><td>—</td><td>—</td><td>—</td><td>—</td><td>・九四三一</td><td>・八六七四</td><td>・一〇七六</td><td>・九七九二</td><td>・七四六八</td><td>・六八三一</td><td>・七二七七</td><td>・八〇六四</td><td>・六八九七</td><td>七八六三</td><td rowspan="2">七八六三</td></tr>
<tr><td>幼年工</td><td>・三六〇四</td><td>・三六〇四</td><td>・三三五一</td><td>・三三五一</td><td>—</td><td>—</td><td>—</td><td>—</td><td>—</td><td>・五一七七</td><td>・六二一五</td><td>・五八一二</td><td>・五四五三</td><td>—</td></tr>
</table>

C地紡績工場康德五年八月賃銀表

部別	人員		延日數		工賃		一日一人平均	
	男	女	男	女	男	女	男	女
ローラー	二	三	三三一・〇	九三・〇	一六七、九六	三六、七五	五〇・八	三九・四
調査	一	一三	一一・八	二八一・一	六、八四	一三六、四七	五七・九	四八・五
撰棉	—	六	—	一四五・〇	—	五五、五三	—	三八・五
打棉	二〇	—	五〇一・一	—	三三六、六五	—	六七・二	—
梳棉	一六	—	三八四・三	—	二〇六、二四	—	五三・六	—
練篠	—	五九	—	七〇三・〇	—	三二七、七五	—	四六・五
粗紡	一九	七三	三九五・五	一、〇三六・九	二四〇、四二	三一〇、八九	六〇・七	四九・二
精紡	五八	三〇七	一、二二三・九	五、五六七・二	七〇二、六三	二、四八八、四九	五七・八	四四・七
ワインダー	三	二六〇	四七〇・三	四、六九四・三	二三八、二六	二、〇一三、一九	五〇・七	四四・二
撚糸	九	一三〇	二三七・八	二、四三五・四	一三八、三〇	一、三二一、一八	五九・一	五五・八
綛場	一	七〇	二八・八	一、三〇〇・二	一九、〇三	六九〇、九三	六六・〇	五三・一
丸場	一九	四〇三	—	—	三六七、四七	—	六六・〇	—
保全	七九	—	—	—	一、一一五、四九	—	五四・四	—
カタン	七	七九	二、四五一・九	一、四二二・〇	六九、九四	五八八、三三	五五・九	四一・六
染色	一四	三	一四三・〇	五一・一	二〇七、六七	一九、九八	五二・八	三九・一

紡		日給 高	日給 低	日給 平均	日給 總平均	出來高 高	出來高 低	出來高 平均	出來高 總平均
調査	男工	一、五三五	一、四〇〇	一、四三五	八九・一	—	—	—	—
	女工	九三・五	五三・七	六三・六					
ローラー	男工	六四・〇	四四・六	五六・七	五八・三	—	—	—	—
	女工	五四・三	五三・五	五四・二					
撰棉	女工	五七・九	三〇・〇	四八・〇	四八・〇	—	—	—	—
混打棉	男工	一、五八八	四五・〇	七一・三	七一・三	—	—	—	—

C地紡績工場（康德六年八月分）

電氣	六	—	三九三・二	—	一八五、八二	—	九九・三	—
原動	九	—	一八七・〇	—	二一九、六二	—	七八・四	—
工作	六四	—	二八〇・〇	—	一、一七九、四七	—	七一・二	—
雜役	五	—	一、六五六・一	—	九四、七一	—	六一・九	—
人事	九八	三	一五三・〇	一〇三・三	三七八、三九	三八、一九	五三・一	四一・六
守衛	一〇	—	五三四・〇	—	一七五、九〇	—	五八・四	—
炊事	一三	—	三〇一・〇	—	一八一、三〇	—	五〇・二	—
据付	一三	—	三六一・〇	—	一五二、五七	—	四六・二	—
計	四一三	九九九	一〇、四四三・八	七、八二一・五	六、二九四、六六	—	六〇・二	四六・七

績部	梳棉	男工	一、〇三三	四五・〇	六三・七	六三・七	—	—	—	—
	練篠	男工	八六・〇	二六・〇	四七・〇	四七・〇	八一・〇	四四・〇	六三・二	六三・二
	粗紡	男工	九二・〇	三五・〇	五〇・二	四七・二	九八・〇	六一・〇	七八・七	六八・六
		女工	四九・〇	三〇・〇	四三・九		九四・〇	五二・〇	六四・六	
	精紡	男工	一・五六八	四〇・〇	四八・九	四七・二	九一・六	四八・〇	七三・七	六七・六
		女工	八八・〇	三四・一	四七・三		一、〇七〇	四七・〇	六七・一	
	ワインダー	男工	八三・八	三〇・〇	五七・六	五二・五	五八・二	四四・八	四七・六	五七・八
		女工	八四・二	三三・〇	四九・〇		七一・〇	四五・三	五八・二	
	撚糸	男工	九〇・〇	四〇・〇	五三・〇	五〇・八	七四・三	四八・五	五三・九	五八・六
		女工	四七・〇	二五・〇	四一・六		八六・〇	四六・九	六〇・六	
	綛場	男工	八二・一	三〇・〇	五八・〇	六二・七	六五・三	五五・〇	五九・三	六〇・六
		女工	八五・〇	四〇・〇	六四・七		七〇・〇	四五・〇	六〇・七	
	丸場	男工	七〇・〇	四五・〇	五〇・五	四七・〇	一、七二〇	六三・三	一、一〇七	一、一〇七
		女工	四五・〇	四〇・〇	四二・八		—	—	—	—
	保全	男工	一、三七〇	二八・〇	五五・六	五五・六	—	—	—	—
	平均	男工	五九・〇	—	五六・六	—	六九・五	—		—
		女工	五〇・四	—			六三・二	—	六三・二	—
カタン	調査	女工	一、二〇四	四〇・〇	八〇・九	八〇・九	—	—	—	—
	軸線	男工	九四・八	三〇・〇	五七・六	四八・九	—	—	—	—
		女工	七一・七	三〇・〇	四六・二		八七・七	四一・九	六六・二	六六・二
	染晒	男工	九六・五	四〇・〇	五五・二	五五・二	—	—	—	—

部門	職種	性別								
糸部	第二撚糸	男工	六〇・〇	四〇・〇	四七・六	四六・六	三二・二	三二・〇	三二・〇	四七・二
		女工	七五・〇	三〇・〇	四五・二		七七・七	三六・四	四七・六	
	平均	男工	五三・三	—	五〇・九	—	三三・〇	—	五五・二	—
		女工	四四・一	—			五五・五	—		
工作	電氣	男工	一、五一一	八二・〇	一、〇五四	一、〇五四	—	—	—	—
	原動	〃	一、〇八一	四五・〇	七七・八	七七・八	—	—	—	—
	鐵工	〃	一、一六五	三七・四	八〇・三	八〇・三	—	—	—	—
	木工	〃	一、二三七	四七・五	八九・一	八九・一	—	—	—	—
	鈹力	〃	九四・六	七四・六	八〇・三	八〇・三	—	—	—	—
	雜工	〃	五五・〇	四五・〇	五四・一	五四・一	—	—	—	—
養成工	精紡（紡績）	女工	—	—	二八・八	二八・八	—	—	—	—
	ワインダー（紡績）	女工	—	—	二六・八	二六・六	—	—	—	—
	撚糸（紡績）	男工	—	—	三〇・四	二九・三	—	—	—	—
		女工			二八・五					
	綛場（紡績）	女工	—	—	二九・五	二九・五	—	—	—	—
	平均	男工	—	—	二八・七	二八・一	—	—	—	—
		女工			二八・〇					
	軸線（カタン糸）	女工	—	—	二六・七	二六・七	—	—	—	—
	第二撚糸（カタン糸）	男工	—	—	二六・九	二七・〇	—	—	—	—
		女工			二七・〇					
	平均	男工	—	—	二六・九	二六・九	—	—	—	—
		女工			二六・九					

四、紡績業の賃銀形態の檢討

紡績業の如く賃銀計算の內容が多種多様に分れてしかも微細な點まで正確に計算を採つてゐるのは他の産業部門に於いては到底みることの出來ない特異なものである。卽ち紡績業に於いては日給制（就業時間十二時間二交替制）とされてゐる棍打綿、梳綿、ローラー、試驗室、撰綿其他、原動、工作以外の作業工程は全部出來高給制によつてゐる、勿論出來高給制に入る以前の養成期間一ケ月及至三ケ月は何れも日給制である、前表賃銀表に明瞭に示されてゐる如く養成工の賃銀は地方によつて多少の開きがあるも精紡見習工二八錢位であるが最近各社二錢及至五錢程度の引揚げを行つてゐるのだから三〇錢―三三錢位とみると大過ないであらう。

1. 出來高給制の賃率と實收賃銀

次に出來高給制における賃率と其の實收賃銀について二、三を略記してみる。

◇精　紡（B工場）日給工の場合七〇錢

一　等　工		三七點（一點を一錢とす）
二　等　工		三六點（同　　）
三　等　工		三五點（同　　）
二一　等　工		一五點（同　　）
1　等　工	一日收入	請取收入37錢＋補助給37錢＝74錢
2　等　工	同	請取收入36錢＋補給36錢＝72錢
21　等　工	同	請取收入15錢＋補助給15錢＝30錢

◇備考二一等工は見習工より初めて出來高給制に入つた工人である。

◇揺紗（A工場）一六番手、一車に付ての賃率

一等工　八厘、　二等工　七厘八毛、　三等工　七厘六毛、
四等工　七厘四毛、　五等工　七厘二毛、

青年工一日の出來高量は一四〇車及至一五〇車である。
普通工に於ても一四〇車平均である。

1等工　一日收入　0.0008×140＝1圓12錢
5等工　一日收入　0.0072×140＝1圓008錢

◇粗紡　一六番手（機械が違ふため二工程）賃率

	A賃率	B賃率
一等工	八錢九厘	九錢五厘
二等工	八錢八厘	九錢四厘
三等工	八錢七厘	九錢三厘
四等工	八錢六厘	九錢二厘

（A工程一日出來高一〇ハンク及至一一ハンク）　（B工程一日出來高一〇ハンク）

一等工　一日收入　0.089×10＋（奬勵金2割增）＝

◇綛場（C工場）カタン糸

	四〇番手（三本撚）賃率	揚車數	二〇番手（四本撚）賃率	揚車數
一等工	二錢二厘	二三車	二錢五厘五毛	二〇車
二等工	二錢一厘	〃	二錢四厘	〃
三等工	一錢九厘六毛	〃	二錢二厘五毛	〃
四等工	一錢七厘八毛	〃	二錢五毛	〃

五　等　工　一錢五厘七表　〃　一錢八厘　〃

四〇番手の場合の工人收入

一等工	一日收入	0.022×23=0.51
二等工	〃	0.021×23=0.48
三等工	〃	0.0196×23=0.48
四等工	〃	0.0178×23=0.41
五等工	〃	0.0157×23=0.36

二〇番手の場合の工人收入

一等工	一日收入	0.0255×20=0.51
二等工	〃	0.024×20=0.48
三等工	〃	0.0225×20=0.45
四等工	〃	0.0205×20=0.41
五等工	〃	0.0180×20=0.36

◇織布賃率（B工場）

一ヤールに付　六厘五毛

普通工の一日出來高數量一〇〇ヤード以上である一〇〇ヤールに付て奬勵金二三錢を給す。

◇整經賃率

經　糸	一〇、〇〇〇ヤードに付	五〇錢
緯　糸	一九、〇〇〇ヤード	九五錢

普通女工の一日能率は緯九〇〇〇ヤード位捲き約五〇錢の收入となつてゐる。

以上は滿洲紡績業に於ける出來高給制の賃率の僅かに一部を紹介したに過ぎない。即ち此の賃率を基準としてこれに出來高數量を乘じたものが其の日の賃銀ではあるが、勞務管理の實際においては個人請取の工程あり又團體請取の工程もあり其の間工場能率をあげさせるためには工人奬勵の意味から出來高數量を實際より增して賃銀に手加減を加へていくこともあり又團體請取りの際の奬勵加給、其他工程により個人請負の出來高數に對し奬勵金を支給することもあり更に其の成績をみて賃率等級を一級跳ばし、六等工を直ちに四等工に進級せしめて賃銀を給するといふ方法も實際に採られてゐるのである。

要するに此の賃率は絕對不動のものでなく勞務主任者が隨時、能率の增進をはかるため適宜に運用していくところに管理の技術的妙味があるのは言ふ迄もない事である。

紡績業には同じ作業工程に日給工と出來高工と兩方一緒に働く場合がしばしばあり此の際賃銀に甚だしい差があるときは直ちに工場能率に影響するので（三〇頁精紡賃率參照）かゝる工人は日給工に廻つた場合も亦出來高工に廻つた場合も常に大差ない如く適正な賃銀が決定されねばならないのである。

一般に滿洲の紡績業に於いては初給賃銀が高いのと工人の熟練度が鈍いのとで能率カーブが昇らないのであるから、熟練工として出來高給制に編入されても容易に高賃銀にはなり得ないのである。

2. 男工の使役と賃銀問題

滿洲紡績業を一瞥したならば何人も直ちに首肯される如く全滿紡績工場工人の約七割は男工によつて占められてゐるのである（六頁滿洲紡績工人調參照）同表には滿人經營機織工場に於ける工人數が無いのであるがこれは殆んど男工によつて獨占されてゐて僅かに綿メリヤス工廠等に女工の進出が見られる程度で其の數も甚だ少數である。即ち日本の紡績業に於いては原動、工作以外の作業工程は女工によつて完全に獨占されてゐるのが、滿洲に於いては反對に殆んど男工に依つて置換へられてゐる。紡織部に至つては其の八割までが男工で無ければなし得ない現狀にある。斯く男工が紡績業の作業工程の重要部門一切を占めてをるところから日本に比して紡績業の賃銀に於いては滿洲が甚だ割高になつてゐることは爭はれない事實である。言ふまでもなく紡績業は女工或は幼年工によつても充分操業し得る輕度の勞働であるから敢へて高賃銀の男工を必要としないのは勿論である。にも拘はらず滿洲紡績業の現狀としては殆んど男工に依存しなければならぬのである、賃銀高の大きな原因は一にこの點にあるとも云ひ得るのである。

3. 賃銀と能率の問題

次に滿人紡績工人の賃銀と能率の點を少しく考察してみたい。一般滿人工人の能率は、日本の紡績工人に比較してみると賃銀から言へば平均其の四〇%しかいかず、(註一)單に日本人の能率と比較した場合には六〇%にいけば成績の優秀なものとされてゐる。卽ち滿人工人に於いては瞬間の手先の器用さが認められるが勞働意識が全く缺如してゐるため散慢な氣持ちで作業する、斯うしたことが能率低下の最大原因でもあるのである。(註二)更に注目すべきことは滿洲に於いては生活程度の甚だしく低い農山村地方出の工人が非常に能率が低い、卽ち就學率の低い文化の光に浴しない地方の出身者ほど素質が惡く能率低下がみられるのである、現在の滿洲紡績業の工人は殆んど無學文盲(註三)のものであるといふことも日本の紡績業に比較すると能率低下する大きな原因をなしてゐると推定されるのである。

註一、紡織部自働織機に於いては日本内地女工は優に一人四〇台を持ちつゝあるも滿洲に於いて男工の優秀なものでも二五台より持ち得ない。(滿洲紡績會社談)

註二、東棉紡工場長淸水重雄氏

錦州地方の農山村出の女工は生活程度が甚だしく低いのであるため奉天省南部、關東州地方の女工に比すると素質が惡く、能率的にも問題にならない。日本に於いても靜岡、長野、愛知地方出の女工は東北地方から來た女工に比してはるかに能率が高い卽ち文化の進んだ地方、就學率の高い地方出身の工人程能率が高いのである。從つて滿人工人の能率は就學率の向上するに從つて上昇すると思つてゐる斯様な無智な女工は力で追つて行つても能率が上らないので氣永に指導していくより他ない。

註三、東棉紡工場に於いて目下養成中の女工の中から組長などを採用しようとしても文字の讀めない文字の書けない者ばかりで其の採用は殆ど困難であると語つてゐる。

紡績女工として最も能率のあがる時代は十四才から十六、七才迄で、此の時代が紡績工人にとつて最も重要な視力と脚力の一番發達したいゝ時期であるとされてゐる。此の點に就いて東棉紡清水工場長の研究をこゝにかりると

紡績女工は十四才から十六、七才迄が最も勞力カーブの上昇する時期であつて從つて出來高工も此の時代が最も成績がよいのである、此の二年半から三年を經過すると女工も思春期に入る、そうなると勞力カーブか漸次低下していくのである、しかしながら此の時代は製品の品質カーブから言ふと最もよい時代である。この時代に入つた女工に對して出來高制のみで追ひ使ふ譯にはいかないのである、これがためにこそ半日給、半出來高制が生れこれを採用してきてゐるのである。だから出來高カーブの上昇のみに依つて紡績業は論じられないのであるし、品質カーブを高めることも同時に考へられねばならぬのである。

斯くの如く滿洲(註四)の紡績工業に於いては現在女工が體質的にも缺陷を有し更に精神的方面に於いて勞働意識の缺如等のため能率的でないがしかしながら近年まで女子勞働力の參加を全然みられなかつた滿洲としては、漸次これを開發涵養し工場勞働に適する如く指導していくより他に方法がないのである。

註四、東棉紡清水工場長。滿洲の紡績業の現狀では勞務管理が巧くゆくか何うかにある。內地の紡績の進歩した機械をこゝに持つてきても現在のところ滿人の着る粗布より他に生產されないのである、內地の輸出棉布の一部を假に滿洲で分擔してつくるとしたら現在のところ金州の內外棉工場位のものであらう、それ程滿洲の紡績の能率が低いのである。

五、滿洲紡績業の女工使役の問題

滿人女工はしからば將來果して紡績業に適しないのであるかといふと決して然うではない。現在、奉天、錦州、遼

陽などの工場に於いては未だ男工よりも女工數が少いのであるが、大連、瓦房店、金州等南滿の紡績工場は女工數が斷然多くなつてゐる、奉天(註一)、遼陽、錦州、營口に於いても漸次全般的に女工に乘換へようとする機運があり、寄宿舍其他の設備にも既に改善を加へてゐるのをみうけられるのであるが、紡績業に於ける滿人(註二)女工の移動は實に頻繁であり一千人採用して百人殘留すると成績のいゝ部に屬するのである。紡績工場に於いては女工が終日（二部交替十二時間制）立働きをせねばならぬ關係から過勞のため相當苦痛を感じてゐる、これがため女工は紡績の作業を嫌ふ傾向がある、此の原因は滿人女子の悲しむべき「纏足」の遺風のためであるとされてゐる。彼女等は現在纏足こそしてゐないが文化の度の低い農山村から初めて都市へ出で、しかも近代工業の機械力の前に引き出されたもので、生れ落つるや一度纏足させられ其の後、時勢の變遷から急にまた纏足を解いたものである、從つて今日尙ほ脚部の發育が惡く脚力がないのである。そうした事から終日の立作業は非常に苦痛が伴ふ譯である。紡績業からみると相當、低賃銀であるに拘はらず食料品、化粧品、煙草、メリヤス、ゴム工場等の如き主として坐業し得る工場へ就職希望するのである卽ち都市出身の女子に於ては殆んど紡績工場を希望せず現在の紡績女工は農山村出身の者に限定されてゐる。斯る滿人女子の脚力の缺陷が紡績工場の女工移動の大きな原因ともなり紡績女工の賃銀高の誘引ともなつてゐるのである。

註一、◇東棉紡　女工手を本體として操業したいと思ふが募集しても思ふやうに集らないのと女工の移動が頻繁である。北支、滿洲に於いては男工の方が事業がやりよいので現在男工を多く使つてゐる。滿洲に於いては女子が工場勞働の體驗が全くないから集めにくいのである。

◇營口紡織　將來全部女工に置換へる方針で全部の工人を宿舍に收容する設備を進めてゐる。基礎的勞働力を常時工場に保全しておく、これがためには營口紡織村をつくることも絕對的に必要である。本年度、山東より數家族を移住せしめ母親は撰綿、娘は女工として工場に働かしてゐる現狀である。

註二、奉天紡紗廠工人移動調（康德五年一月―十二月一ヶ年間）

	採用數	解雇數	現在數	移動率
男工	一、五四八	一、五一九	一、四二九	一〇五%
女工	九五一	八九一	五七六	一五八%
計	二、四九九	二、四一〇	二、〇〇五	一二〇%

備考　移動率は採用及解雇の平均値を平均在籍人員を以て除したる商

　玆において紡績工場に於ける工人の勤續年數の長短は工場の能率に大なる關係を有するものである事を痛感するのである。

A紡績工場勤續者調（康德五年十二月十五日現在）

勤務年限	男工	女工	計
六ヶ月未滿	五四七	二九七	八四四
六ヶ月以上	一九八	八八	二八六
一年以上	二八〇	一二三	四〇三
二年以上	一四三	三九	一八二
三年以上	七一	一四	八五
四年以上	五六	一〇	六六
五年以上	三三	一	三四
六年以上	二一	一	二二
七年以上	一八	二	二〇
八年以上	一一	｜	一一
九年以上	六	一	七
十年以上十六年	四五	｜	四五
合計	一、四二九	五七六	二、〇〇五

C工場勤續者調（康德六年八月一日現在）

勤續年限	男工	比率	女工	比率	計
三月未滿	三四八	四八%	六八二	四八%	一、〇三〇
六月未滿	一三五	二三%	二二六	一六%	三六一
一年未滿	五五	九%	二八三	二〇%	三三八
一年以上	八五	一四%	二二六	一六%	三一一
合計	六二三	一〇〇%	一、四一七	一〇〇%	二、〇四〇

改めてこゝに說明を加へる迄もなく滿人工人の勤續年限は實に短かいのである、それだけ工人の移動が頻繁であると云ふことを物語るものである。斯る移動性を有する工人相手に操業するのであるから滿洲紡績業は能率の低いのも無理がないと云へよう。

次に滿洲の紡績業に於いて工場立地條件の最も惠まれてゐると言はれる營口、瓦房店の紡績工場の工人出身地をみると次の如くである。

營口紡織工人出身地調（六年七月末現在）

原籍	男工	女工	計
奉天省	九九六	一、〇五二	二、〇四八
錦州省	一九四	三六七	五六一
安東省	九	四五	五四
山東省	一三七	七	一四四
河北省	五八	三	六一
關東州	三	ー	三
合計	一、三九七	一、四七四	二、八七一

瓦房店滿洲製糸工場（康德五年十二月末現在）

出身地	男工	女工	計	比率
復縣	六七九	一、四二三	二、一〇二	八五%
蓋平、海城等	一一八	八七	二〇五	八・三%
關東州	六〇	六八	一二八	五・六%
山東省	二八	—	二八	一・一%
合計	八八五	一、五七八	二、四六三	一〇〇%

斯くの如く兩工場に於いては其の基礎的勞力を殆んど背後地に求め得るのみならず、出勤率が多少惡くとも安い勞力を容易に得られ且つまた工人移動が比較的少いと云ふ優越性のあるのは工場經營上、非常な强味であるといひ得るのである。

六、紡績工人の賃銀と生活費

前述の如く滿洲紡績業における最近の賃銀はいやが上にも上昇していく一方にはあるがこれに伴つてゐる滿洲の物價趨勢はこれにも倍加する驚くべき高騰を示しむしろ賃銀の上昇に比して其の騰貴が甚だしいと言ひ得るのである。斯かる物價高に直面して（註一）工人の生活は深刻な脅威を感じてゐるのは事實である、現在の賃銀高の最も大なる原因は此の物價高騰にあると言ふことも出來るのである。

註一、奉天紡紗廠に於いて康德六年二月工人の購買組合を開始するに當り生活費調査を行つたところによると次の如くである、その後購買部より工人が購入する一ヶ月の物品代を賃銀より差引くと殘高が殆んどないと云ふ狀態であつた、これがため賃銀値上を斷行した譯である。（野口工人科長談）

奉天紡紗廠工人一人一ケ月物品消費調（康德六年二月）

	A	B	C	D	E	F	G	H	I	J
白米	1斗 5.00	1斗 7.50	1斗 5.00	—	半斗 2.50	5.00	—	5.00	—	—
高粱米	2斗 4.00	4.00	4.00	4.00	4.00	4.00	4.00	4.00	4.00	4.00
麥粉	5斤 85	10斤 1.70	5斤 85	1斤 20	—	—	—	—	—	—
醬油	2.00	2.00	1.00	20	40	80	80	1.00	60	50
鹽	2斤 20	80	30	5斤 1.00	30	30	30	40	20	80
香油	半斤 20	40	20	20	—	—	—	—	—	—
豆油	4斤 80	95	60	60	60	40	30	40	40	60
元豆	2升 40	40	40	20	30	40	40	20	30	60
小豆	2升 52	52	52	52	52	52	52	52	52	60
頭油	50	50	20	20	—	20	20	30	10	20
雪花膏	30	30	10	10	—	10	10	20	10	20
牙粉	10	10	10	10	10	10	10	10	10	10
比巾	15	30	15	15	15	10	10	10	10	15
肥皂	60	80	40	40	40	20	30	20	10	40
靴下	1.00	1.00	60	50	30	20	20	40	30	50
運動靴	80	1.00	40	40	40	20	20	60	30	60
火柴	10	10	20	10	10	10	10	10	10	10
煙草	1.50	1.50	1.50	1.50	—	—	—	1.50	—	1.50
牙刷	20	30	20	20	20	10	10	10	10	20
計	19.22	24.15	16.72	10.57	10.27	12.72	7.72	15.12	7.32	11.05

次に錦州東棉紡工場は於いては全工人が三度〳〵工場食堂にて食事する規定が設けられてをるが、同社工人の食費調査によれば

康徳六年十月二十六日—十一月二十五日一ケ月間

主食物	（高粱文化米メリケン粉）	三、九〇八圓
副食物		七二二圓八八錢
調料味		二三三圓三六錢
薪炭費		六〇四圓七六錢
雜費		七一圓四九錢
人件費		五七〇圓
計		六、一〇九圓四九錢
喫飯人員	六〇、五〇三名	一食　〇、一〇一圓
工人一人一日食費	0.101×3＝0.303	

備考　此の一日食費三〇錢三厘、工人規定食費二〇錢であるから同會社の補助は工人一人に付一日10錢三厘に當るのである。

從つて紡績工人の賃銀幼年工（男工）三七錢、（女工）三三錢のものが食費二〇錢を差引くときは純手取金

男　工　　37－20＝17錢

女　工　　33－20＝13錢

となり一ケ月稼働日數二五日乃至二六日の手取實收は左の如くである。

17錢×26日（皆勤手當、勤續手當）＝

尙これは單に食費のみをみた場合であり更に被服費、日用品、其他工人の個人出費のあるのは勿論である、斯かる工人生活費の高騰より考察するならば現在の滿洲紡績業における名目賃銀の高騰も實質賃銀に於いてはむしろ低下してゐるので無いかと觀測されるのである。

（終）

鴨綠江水上勞働事情

朴　永　贊

一、一般事情に就て

歌にも名高き滿鮮を劃する鴨綠江は其の水源を遠く長白山脈白頭山に置き悠々二百餘里を流れる日本の大河にして隨つて安義經濟界の生命線とも云ふべく此の河川によつて安義の蒙つた恩惠はまた絶大なものがある。特に安東背後地たる東邊道方面との運輸交通は從來運賃關係或は交通路の不完備のため鴨綠江のみが專ら利用されて居たのである、一ヶ年平均六千萬圓の多額に上る取引があつたが最近に至り該地方の交通路漸く開拓され且治安の確保も伴つてこれ等の運輸經路にも多少の變革を來しつゝあるが先づ此の河川を論ずるに當り是非共看過出來ないものに約一二、〇〇〇名餘りの水上勞働者、卽ち船夫の存在である。元來此の種勞働者は季節的移動性が多く從つて就業期間比較的短期なるに依り勞働に對する收益亦僅少なりと稱せらるゝが安東は地理的關係に依り此の種勞働者を擁すること恐らく全滿隨一であらうと確信すると同時に、又當地の勞働界の特異性とも稱することが出來るのである。

二、鴨綠江を中心とする水上勞働者の統制に就て

元來水上勞働者は其の性質として住所一定せず而して地元出身者も居れば遠く國外芝還方面より出稼をなすものもある如く大部分が身元不明なものであるから、此等に對する取締並防諜的見地より康德四年安東、大連各水上警察署並營口海邊警察隊との間に水上勞働者取締に關する取極を締結し之に基き從來水上勞働者に對しては其の所屬組合をして一律に船員手帖なるものを發給所持せしめ之に對し當該勞働者の取締機關たる水上警察署が身元調査をなしたる後檢印を押捺し乘船せしめつゝあつたのであるが康德五年に於ける暫行勞働票發給規則に基き勞働登錄を開始した勞工協會安東省支部に於ては勞働統制上之を勞働登錄の對象たらしむるの必要を痛感しこれが取締機關たる水上警察署並各船舶業者と一堂に會合する機會を設け、船員手帖を勞働票に改廢すべく協議の結果勞働票を發給せしむることに意見の一致を見た。康德六年度より水上勞働者に對する勞働登錄を實施したのであるが本年十一月末迄に於ける登錄者數統計を見るに八、九三八名に達して居る、これ等の勞働者は夫々の公會又は組合があつて先づ船員たらんとするものは保證人一名乃至二名を附し組合に加入を申込み更に組合より適當と認むる者に對しては水上署に船夫從業認可願なるものを提出しこれに對し水上署が身元調査をなしたる上認可するのであるが其の特質としては勞働票を前提とし勞働票を所持せざるものは絶對乘船させないことになつて居る。

三、所屬公會又は組合別登錄者數

鴨綠江航運會社　　三、五七一名

安東魚業公會	五〇〇名
安東帆船公會	二、一六七名
安東外洋民船組合	二、三六一名
安東舢舨組合	三〇〇名
滿鮮水產株式會社	三九名

四、水上勞働者種類に就て

水上勞働者種類としては流筏夫、水夫、船頭等が擧げられる外に季節的移動の顯著なる事例として冬季北滿方面に於て好く見受けられる橇夫である。流筏夫は其の性質上伐木夫を兼ねて居る場合が多い。卽ち冬季間に於ては森林伐採に從事し夏季之を筏に組み悠々として港へ〳〵と流れる光景は滿洲廣しと雖も鴨綠江と牡丹江の外には一寸見られないであらう。水夫（滿語では水手と云ふ）並船頭は舢舨高瀬舟又は戎克に乘込み櫓或は舵を執るのであつて貨物の運輸其他近海方面に赴き撈魚勞働に從事して居るが彼等は測候所に於ける天氣豫報などを全然問題にせず船頭の如きは長年の經驗に依り指頭を海水に入れて見ただけて水の加減に依り其の翌日の天候を判斷し得らるゝ程、恐しい觀象技能を持つて居るのである。

次に橇夫であるがこれを一概に水上勞働者とは云へないが鴨綠江沿岸に於ける橇夫に限り鴨綠江其のものを運輸經路とする以上而して水上勞働者に對する冬季失業者の授產事業として且また上流地方に於ける唯一の交通機關たる以上この橇夫は水上勞働者の延長であることは何人も否むべからざる事實でありこれに對する一元的統制機關としては安東舢舨橇組合が唯一の存在である。

五、水上勞働者の敬神心理に就て

古往今來、滿人間に深く植付けられた觀念として凡ての河川沼澤には必ず主權者としての地位に在る魚類動物が居ると稱せられ、水上生活者にとつて專ら敬虔の的となつて居る。彼等が如何に進路を早め如何なる障害があつても沿岸に寺廟があれば必ず全員上陸し己の進路安かれと神に祈る敬虔さは吾々の想像も及ばざる所である。偶々、航海中鯨等を發見した場合は必ず全員跪き吾等を助けよと祈り苟も不敬なる言辭を弄せず恰も生神に邂逅したる心理にて接すると云はれて居る。

六、結　論

水上勞働者の現況を檢討するに彼等に對してのみ爆彈的宣告たる鴨綠江水電ダム出現と併せて東邊道縱貫鐵道完成の曉は自然的趨勢として從來に於ける上流地方唯一の交通機關たる地位の褫奪せらるべき事實が目前に展開されて居ることは彼等の前途に一種の暗影を投じ彼等のみにとつては前途樂觀を許せざる死活問題であらう。然し乍ら將來大東港開港に依り同港對上流地方間に於て彼等に依存せる貨物の運輸も相當あることであらうし、これと步調を同一にし近海方面に於ける撈魚勞働も飛躍的活氣を呈するであらうから彼等の前途尙悲觀すべきにあらずと推定されるのである。譬へ上述の期待が外れたと假定しても長年間の生活に依り鍛へられたる度胸と體力とを保持する以上彼等を礦山勞働者或は其他の勞働者に轉向せしむることはさほど難事には非らざるべしと筆者は斷言するのである。

礦山勞働者の飢饉時代とも稱しつゝある今日之が補給對策として左から右へ廻すと云ふ調子に轉職せしむる如く誘導することは當局として考慮して居ることであらうし、また結氷季間を期限附就勞條件を以て石炭增産の國策に參劃せしむるの必要を痛感する今日、彼等の前途たるや決して杞憂するに足らぬであらう。

職能登錄に對する所見

小林倉藏

國內に存在する產業、交通、醫療等の分野に於て、國家が必要なる、職能登錄をなし、戰時又は非常時に當り重要なる役割を果さしめんとするのが職能登錄である事は玆に予の贅言を要しない次第であつて、我滿洲國に於ても、愈々其必要に迫られ、本年九月二十三日、國家總動員法第二十五條の規定に基き、勅令第二號を以つて、職能登錄令を公布し、十月一日より實施する事となつたのであるが、初めに十一月三十日を期し、既要登錄者の登錄をなし、引續き其後に於ける登錄事務を行ふ事となつたのである。其中第一表第三十七項より第百四十三項迄、知識的にも職業的にも下級に屬する所定職業者の登錄事務 に當る我勞工協會の足跡を顧み、其所見の一端を述べて見たいと思ふのである。抑職能登錄は曩に日本帝國に於て、之が實施を見たのであるが、第一期完成其後に於ける異動整理等に對しては、幾多の難局に遭遇しつゝある事を聞き諸制度完備、責任觀念に富む國民を有する國家にありてすら斯くの如くであるとすれば、滿洲國の國情に鑑み、之が完成には容易ならぬ難關の横たはつて居る事は、何人も肯定する所なるが爲に政府に於ては、出來得る限り日本厚生省との連絡を緊密にし、法規其他處理上に對して凡有研究をなし知識を受入れ、直接其衝に當る各機關に對し周到なる指針を與へ佈告文を發し一般要登錄者側に對し最も適切なる、方法を以つて周知せしめたのであるが、我勞工協會に於ては、事前登錄科員を內地に出張せしめ、厚生省に於ける實務を見學し、尙各支部出張所をして、省公署、縣、旗、市公署、警察署に連絡を計り、應援を得て各要所に要登錄者を招集して講習會を開催し、申告上萬遺漏無きを計つたのである。然して、少しく時期を經、十月中旬頃に至り、全省とも開始したのであるが遠隔避陬の地にありては、交通不便なる爲、客車便にて發送したる荷物すら二十日以上を要する有樣にして、陣容整ひながら諸用品不着の爲、事務開始するを得ず焦燥の間に貴き日を空しく費した所も多く、事實上十一月十日頃に至りて、事務を開始したる省もあり、三江黑河の如き、北端臨江の地にありては、早くも流氷期となり交通杜絕し、結氷期を待ち完了を計るの余儀無に至れる地あり。其他支部開設の遲れたる興安西南省、登錄巨大數に上れる奉天省を殘し、大體に於て十一月三十日迄に完了を見るに至つた事は、誠に祝福すべき事である。

職能登錄も斯く述べ來れば、其間何等の苦もなくすらすらと進み來りたる如くなるも肝要なる連絡機關の係員中には、職能登錄に對する認識を缺きて、此多忙時に當り餘計なる仕事をと思はるゝが如き人すらあり、殊に要登錄者側にありては、大會社を除く使用者單獨者は、著しく申告觀念乏しく幾度となく督促を受け初めて申告する有樣、殊に滿人等に至りては、容易に申告事項記載要領を會得せず、幾度修正せしむるも遂に役立たずして、殆んど係員が代書したるが如くにて此上もなき困難があつた。尙勞工協會としては、複雜多岐なる本質的業務あり、而も未だ開設匆々にして、人員整はず、之等の處理に當り常に各員擧つて獻身的活動を續け居れる時にて、此難局を突破する事の出來たのは、事實其局に當れる各員の寢食を忘れ、東奔西走席溫まる時無く努力したると、各機關の援助による賜であるが何と云つても勞働登錄に於て、蘊蓄せる經驗を有し居たればこそ斯くの如き好成績を擧げ得たのであつて、此の點は全く、勞工協會の誇りで、他の追隨を許さない所であると思ふ。

叙上の如くにして、十一月三十日迄になすべき、職能登録に對する申告受理は、匆慌の間に終つたのであるが、各支部出張所に於ては、引續き手帳交附其他の整理に忙殺せられ、目まぐるしき中に康德七年を迎へたのであつた。抑職能登録は、登録の管理異動整理の完全を期するにあらざれば、到底所期の効果を擧げ得ざる事、予の言を俟たない所であるが、責任觀念乏しく、而も變轉極りなき民衆より異動其他の申告及報告等を完全になさしむるは、誠に至難なる業である。使用者ある登録者は、共同責任なるが爲、概して此點を免るゝを得べしと雖も、各炭坑採坑所等にありては手帳の發給を受けざる間に、多數逃走或は轉職等を出したりと聞く、之等の者に對して一々解僱報告をなすは、使用者に於ても相當堪えざる事にして、其他微細なる登録事項の異動に當り、果して責任を果すべきや否や極めて疑を容るゝ所にして、單獨者に至りては全く思半ばに過ぎざるものと思ふ。故に今後に於ける職能登録の全きを計らんには、須らく周到なる取締に俟つの外なく、勞工會に於ては、職能登録令第八條及同施行規則第二十六條により、工場事業場其他の場所に臨檢し、業務狀況又は帳簿書類其他を檢査し、登録の眞實性保持を計らねばならないのであるが、未だ其權限は、當協會に附與せられざるをもつて、一日も早く其委囑を待望する次第である。

（康德六年十二月）

×　×　×

安東工場見聞記

KO生

一、はしがき

本稿は、筆者が昨年四月安東省支部に業務應援に行つた際業務の餘暇を偸み、安東市內の諸工場を見學せる時の見聞記である。

たつた一日半(半日宛三日間)の短時間に見聞したものを纏め上げたものであり、さ程の價値を持つものでない故机奥に祕めて置いたのであるが、勞働問題に關する資料乏しき今日、之が研究資料として萬分の一の價値でも見出されたら幸ひと考へ、敢えて紙面を汚した次第である。

二、見學對象工場

先づ見學せんとする工場を次の如く選べり

(一) 各業態より一工場宛

(二) 勞働者を多く使つておる工場たること

(三) 成る可く日本人經營たること若くは勞務係の者が日語を解する所たること

(四) 特異性を持つ工場

右の點を考慮し、柞蠶紡績工場としてA紡績工場、製紙工場としてB製紙工場、製材工場としてC製材工場、護謨工場としてD護謨工場、燐寸工場としてE火柴工場を選びたり。右五工場の中、E火柴工場(滿人經營)を除き、何れも常時四五百人以上の勞働者を使役する工場たり。

三、A紡績工場

A紡績工場は製紡以外に柞蠶絲の製造にも當つてゐる。

(一) 賃銀政策と紡績業

滿洲事變直後迄は鮮滿人一日賃銀男子三十五錢、女子二十錢內外なりしが、最近に於ては男子六十錢、女子四十錢內外と云ふ勞賃騰貴を見つゝある樣である。

今、日本內地紡績界の賃銀狀勢を窺ふに、其の一日勞働賃銀は男子一圓五十錢、女子六十五錢內外にあるのである。

然るに一方、能率的には、鮮滿人は內地人の半分以下であり、從つて、日本內地人女子を使へば六十五錢で濟む所を、鮮滿人女子を使へば八十錢を要することゝなり、之に伴ふ設備費等をも計算に入れると、日本内地紡績企業に比し、非常なる生産コスト高となり、企業採算と云ふ點よりせば憂ふべきものがあるのである。

加ふるに、技術的には鮮滿人は斷じて日本内地人の比に非ず、滿支人の手に纖細なる紡絲製造の如き得て望むべきもないのである。

右の諸點を考察する時、一般に滿洲勞働界は低賃銀なりと云はれるも、それは昔日の事にして、今や高賃銀時代とも云ふべく、斯かる狀勢下に放置せんか、生産費の二十五%乃至三十%は工賃で占めらるゝと云はるゝ滿洲紡績界は日本内地紡績界に蠶喰される所となる以外の何物でもないであらう。

從つて、國家としては、滿洲國内勞働者の勞銀低下策を採上ぐることこそ望ましきも、徒らに彼等の生活向上を圖るため、勞銀を昂騰せしめ、生産コストを昂めるが如き政策を採ることは、滿洲に於ける企業經營の發展と云ふ立場からは好まざる所と云ふべきである。

(二) 勞働移動狀況

A紡績工場に於ける過去四ヶ年間の勞働移動を見るに、次の如くである。

	昭和十年							昭和十一年						
	内地人		朝鮮人		滿支人		計	内地人		朝鮮人		滿支人		計
	男	女	男	女	男	女		男	女	男	女	男	女	
年度末在籍人員	六	四	五〇	一二一	二四九	二八	四五八	六	四	二〇	五九	一七二	三六	二九六
一ヶ年間採用人員	一	三	三五	一二六	一四九	二九	三四三	〇	〇	二一	五八	一三三	三六	二四八
一ヶ年間解雇人員	〇	〇	五八	一二八	一六七	四一	三九四	〇	〇	五一	一一〇	二一一	三八	四一〇

	昭和十二年							昭和十三年						
	内地人		朝鮮人		滿支人		計	内地人		朝鮮人		滿支人		計
	男	女	男	女	男	女		男	女	男	女	男	女	
年度末在籍人員	六	一	二	七二	三二一	一一三	五三三	八	〇	一三	一一〇	三三一	一一六	六二四
一ヶ年間採用人員	〇	〇	二	八六	五九九	一六五	八六一	二	〇	六	八七	二一七	一三六	四四八
一ヶ年間解雇人員	〇	三	二〇	七四	四四九	八八	六三四	〇	一	四	四八	二〇七	八七	三四七

右の表に依れば、日本内地人は其の數極めて少く、其の移動狀態も（女は別として）緩漫である樣であるが、朝鮮人及び滿支人に至つては其の移動率は相當激烈を加へておることが看取される。

過去勞働移動は相當頻繁なりしも、之が補給に際してはさ程困難を感ぜざりしが一二三年前迄は朝何時も三四十人門の所迄押掛け雇傭されん事を迫り、之を阻むに一苦勞であつた―昭和十三年十月頃より時々募集の看板を出す樣になつたとの事である。

募集に際し應募者中の二十五％乃至三十％は他の工場に働きつゝある勞働者にして、好條件であつたら働かんとの意思を持つて來たる者にして、從つて採用されて後一週間位にして出勤せなくなる者あり、彼等は再び元の職場に還るのである。

（三）賃　銀

A紡績工場勞働者の賃銀は次の如くである。

年度別／民族別		昭和十年 最高	昭和十年 最低	昭和十年 平均	昭和十一年 最高	昭和十一年 最低	昭和十一年 平均	昭和十二年 最高	昭和十二年 最低	昭和十二年 平均	昭和十三年 最高	昭和十三年 最低	昭和十三年 平均
内地人	男	三四一	二三五	三三三	三五一	二七三	三四五	四四〇	二九三	三八七	四四七	八〇	二七八
	女	七〇	五〇	五八	八〇	五五	七一	一一〇	六〇	一〇一	〇	〇	〇
朝鮮人	男	一〇〇	三五	四三	一〇〇	三七	四九	一一〇	三八	六〇	一一〇	三八	六〇
	女	六〇	二九	三三	六五	三〇	三五	八〇	三五	三九	八二	三三	四〇
滿支人	男	一一〇	三五	四二	一三五	三七	四六	一三〇	四〇	五〇	一四五	三八	五〇
	女	五五	二九	三一	六〇	三〇	三五	六五	三三	三五	七〇	三三	三八

右の表によつて見るに、大體に於て、最高最低に於て滿支人が朝鮮人より優ぐれ、平均に於て朝鮮人が滿支人を凌ぐ樣で

ある。最高に於て滿支人が朝鮮人より優ぐれておる理由は滿支人中に老練なる工人のある事を物語るものである。

茲に一言すべきは、本紡績工場に於ては最低保證の出來高拂にして、機械修理等の如き出來高拂の不可能なるものに限り日給制をとつておるのである。

而して右の最低保證賃銀の算定基礎は、過去六十日間働いて得た賃銀の六十分の一を以て一日最低支拂賃銀とし、それ以上能率を擧げた場合はそれだけ加算されるのである。

(四) 就業時間

就業時間は晝夜十二時間(内一時間休憩あり)交替制にして且つ一週間にして晝夜を交替せしめてゐる。夜勤の者の中には晝小遣ひ取りに日傭として働きに出で夜は居眠りのみする者を見出すとの事である(彼等は最低賃銀が保證されておる故悠々たるものあり)。

夜の就業能率は晝の就業能率の七十%位との事である。

(五) 朝鮮人と滿支人

朝鮮人と滿支人間には常に紛爭絶えず、よつて成る可く別々に就業せしめてゐる樣である。

今朝鮮人と滿支人との異れる諸點を擧ぐれば次の如くである。

1. 教育程度に於て朝鮮人が優位なり。從つて優越感を有す朝鮮人は大低尋常四年位迄行つておるのに滿支人は良くて二年程度なり。

2. 朝鮮人は權利のみを主張する性格を持つ。例へば滿人と同じ仕事をさせた場合、滿人の方が出來高多く、賃銀を多く得た場合等には鮮人は『同じ時間仕事をやつたのに何故滿人のみに多く賃銀を出すか』とねじ込んで來ることもあるとの事である。

3. 仕事に當つて滿人は漫々的であるが、鮮人は與へられた仕事に對しては迅速である。若し或仕事を或時間を限つて與へんか、滿人は監視なくしては漫々的にして仲々はかどらないが、鮮人にありては仕事の仕上振り等は意に介せず、なるべく早急に片付け、後は遊んでゐるとの事である。

4. 鮮人は給料を使ひはたす迄は遊びに出て出勤せず。給料支給日以後幾日かは鮮人の出勤率極めて惡しく、昭和十四年二月好週の意味に於て賃銀十圓の處を十二圓にしてやつたところ、常よりも更に出勤率が惡くなり好週も考へものだとの事である。

5. 特に鮮人に多い樣であるが、幼年工の親が給料日には門口に待つておつて、月給袋を取上げてしまふそうである。工場側では可愛想故週に一度位親に内緒で二十錢位の小遣錢を本人に支給しつゝある由なり。

(六) 福利施設其の他

1. 家族持には六疊の部室一を與ふ。水道、電氣無料、借家感を持續せしむるため月五十錢の名目家賃を徴す。

2. 男子獨身者には合宿所を與へ、水道、電氣、多の石炭等無料提供す。

3. 一ヶ月勤續者には二圓、一日欠勤者一圓五十錢、二日欠勤者一圓、三日欠勤者五十錢と夫々賞與金を與ふ。

4. 祭日には滿人朝鮮人の差別なく菓子を與ふ。

5. 催物等は滿鮮人を別にせねばならぬ故行はず。

6. 勞働票發給手數料は會社持。

（七） 日本勞働者と滿人勞働者の持つ觀念

日本に於て約十年位前迄は企業經營に際しては企業家の利益を中心として考へられたりしが——例へば十時間勞働の所を十二時間働かして超過の二時間分の殘業手當を勞働者に支給し、勞働強化を意とせず、勞働者もそれで滿定しておつたのであるが——其の後、企業家も國家社會のため、勞働者も國家社會のため、共に相擁して進むと云ふ風になり、それは一面勞働力の再生產のためと云ふことゝなり、使ふ人も國家を中心として勞働者を考へ、且つ指導すると云ふ風に移り變つて來たが、滿洲に於ては、國家も社會も滿人勞働者にとつては無緣のものとされ勝であり、從つて目標を持たざる彼等をして一致協力事に當らしむる事は最難事であるとの事である。

（八） 協會に對する注文

1. 協會は今少し權力を持つべきである。今の機能では脆弱である。

2. 業者より當然受くるべき金を取り、積極的に仕事に乘出すべきである。勞働者の募集等については業者は相當多額の金を要しておるが其の金を協會に納めさして協會が積極的に動いては如何。

3. 勞働移動(半ヶ年以內)を認めず、とするが如き手段を講ずると同時に不當搾取を敢えてなす資本家をドシ〳〵罰するの要あり。

（九） 勞働者の對協會態度

1. 勞働者は協會が寫眞を撮り、指紋等採る故非常に怖しがつてゐるものゝ如し。

2. 登錄に際し、一日仕事を休み協會に行くのは堪へられない樣である。

四、B 製 紙 工 場

B製紙工場は滿洲向の紙を製造する工場で、高級品は餘り製造しておらないのである。

（一） 使役勞働者數と移動狀況

過去二ヶ年間に於ける民族別使役勞働者數と其の移動狀況を見るに次の如くである。

昭和十二年

	内地人 人員	内地人 採用	内地人 解雇	朝鮮人 人員	朝鮮人 採用	朝鮮人 解雇	滿支人 人員	滿支人 採用	滿支人 解雇
一月	五〇	―	一	一二三	三	二	二八二	―	一
二月	四七	―	三	一二二	―	一	二八三	二	一
三月	四六	一	二	一二三	一	―	二七八	―	四
四月	四七	一	―	一二〇	一	三	二七七	五	六
五月	四九	二	―	一二一	二	一	二七九	二	―
六月	四八	―	一	一二〇	―	一	二八一	四	二
七月	四九	―	一	一二三	三	一	二八四	九	六
八月	五一	二	―	一二一	三	四	二八六	六	四
九月	五三	一	―	一二三	二	一	二八三	―	三
十月	五三	三	二	一二三	一	一	二八二	―	一
十一月	五一	―	二	一一九	二	五	二七〇	五	一七
十二月	五三	一	―	一二三	五	二	二六七	一	四
計	平均五〇	一一	一二	一二二	二三	二二	平均二七九	三四	四九
移動率	二三%			一八%			一五%		

昭和十三年

	内地人 人員	内地人 採用	内地人 解雇	朝鮮人 人員	朝鮮人 採用	朝鮮人 解雇	滿支人 人員	滿支人 採用	滿支人 解雇
一月	五一	―	一	一二二	―	一	二六六	―	一
二月	四八	―	三	一二二	二	二	二六九	三	―
三月	四七	―	一	一二三	五	四	二九八	三〇	一
四月	四四	一	四	一二三	四	四	一九三	一	七
五月	四三	―	一	一二二	三	四	二九三	二	二
六月	四一	―	二	一一七	―	四	二九一	一	二
七月	四一	―	―	一二〇	三	―	二九三	四	二
八月	四四	五	二	一一九	三	四	三〇一	一七	九
九月	四三	―	一	一一四	三	八	三〇三	五	三
十月	四三	―	―	一一四	―	―	三〇六	五	二
十一月	四四	二	一	一二三	一	二	三〇八	四	二
十二月	四五	二	一	一二〇	八	一	三一三	六	一
計	平均四四	一〇	一七	平均一一九	三二	三四	平均二九四	七八	三二
移動率	三〇%			二七%			一九%		

右の表に依つて見るに、昭和十二、三年を通じ、毎月平均日本人四五十人、朝鮮人百二十人内外、滿洲人二百八九十人を數へ來つたのであるが、其の移動率は、全般的に昭和十二年に比し昭和十三年の方が激しくなつており、其の内日本内地人の移動最も多く朝鮮人之に次ぎ滿支人の移動は比較的には少ない樣である。

而して勞働者の勤續年數は五六年位が最も多いとの事である故熟練工の移動はさ程著るしくない樣である。

最近、鮮人勞働者の一部に北支人をなす傾向があるとの事である。

尙、勞働移動による補給は、現在使役しつゝある勞働者に働きかけ、身元確實なる者を引入れることゝしており、今日迄いさゝかの補給難をも感ぜざる模樣である。

（二）賃　銀

內地人、朝鮮人、滿支人各々の勞働賃銀及び之が最近の趨勢を眺むるに次の如くである。

	昭和十二年									昭和十三年								
	內地人			朝鮮人			滿支人			內地人			朝鮮人			滿支人		
	最高	最低	平均	最高	最低	平均	最高	最低	平均	最高	最低	平均	最高	最低	平均	最高	最低	平均
一月	三四〇	八五	二〇八	一八六	三一	五三	一六二	三五	六九	三六九	七五	二一六	二〇六	三一	六四	一八一	四五	八四
二月	三四〇	一〇一	二一一	一八六	三一	五一	一六二	三五	六七	三六九	七五	二三〇	二〇六	三一	六四	一八一	四五	八四
三月	三四〇	一〇一	二一三	一八六	三一	五一	一六二	三五	六九	三六九	七五	二三三	二〇六	三一	六三	一八一	四五	八〇
四月	三五三	一一一	二一三	一九三	二六	五七	一七〇	四〇	七六	三六九	七五	二三七	二〇六	三三	六二	一八一	四三	八〇
五月	三五三	一一三	二一八	一九三	二四	五六	一七〇	四〇	七六	三六九	七五	二三九	二〇六	三三	六三	一八一	四三	八〇
六月	三五七	八〇	二二〇	一九六	二四	五八	一七三	四二	七八	三六九	七五	二二六	二〇六	三三	六三	一八一	四三	八〇
七月	三五七	七五	二二四	一九六	二四	五八	一七三	四二	七七	三六九	七五	二二六	二〇六	三三	六三	一八一	四三	七九
八月	三五七	七五	二一三	一九六	二四	五八	一七三	四二	七七	三六九	八〇	二三一	二〇六	三三	六一	一八一	四三	八〇
九月	三五七	七五	二〇九	一九六	二四	五六	一七三	三九	七七	三六九	八〇	二三〇	二〇六	三三	五九	一八一	四三	八〇
十月	三五七	七五	二〇五	一九六	二四	五八	一七三	四二	七七	三六九	八三	二三五	二一一	三六	六四	一八六	四九	八七
十一月	三五七	七五	二〇五	一九六	二九	六〇	一七三	四二	七八	三七四	八三	二三九	二一一	四九	六四	一八六	四九	八九
十二月	三六九	七五	二一四	二〇六	三一	六四	一八一	四五	八四	三八六	一三三	二四四	二一三	三八	七二	一九九	五七	九九

右の表に依つて見るに、勞働賃銀は漸次昂騰しつゝあり、朝鮮人勞働者の最低及び平均賃銀が滿支人勞働者の金額に比し、低位にあるは、朝鮮人勞働者に練熟工が少なきこと（移動率多きは其の證左である）と幼年工多きことに原因すると見られるのである。

內地人は最初より工手とし、鮮滿人間は何等の差別を設けず、優秀者を準工手とし工手助手を勤めさせ、準工手の最も優秀者を工手とし、賃銀額に於ても鮮滿人差別なく實力に相應じ支給しつゝある。

（三）　勞働時間及び能率

十二時間勤務制（晝夜交替制）にして內一時間半の休憩時間あり。

能率に於ては機械に人間が使はれる狀態にある故、晝夜共に同能率である。

（四）　福利施設其の他

1　毎月皆勤者には賞與を與ふ。
2　一月に二回の定休あり（械機修繕をなさしめて休ます）。
3　六ケ月毎に出勤日數に應じ賞與金を與ふ。
4　獨身者には全部宿所を與ふ。
5　家族の大半に宿舍を與へ、名目上僅少の金額を支拂はす
6　共同浴場を備ふ（無料）。
7　醫務室あり、月三回無料診察に應じ、藥代の割引をなす
8　日用品の配給所を設け、市場より格安にて需要に應ず。
9　義務貯金制を採用す。
10　勞働票手數料の中會社側にて二十錢負擔す。
11　稻荷祭には活動を見せ折詰瓶酒を與ふ。

五、C 護謨工場

現在、護謨製品會社は、安東市內に六ケを數へ、其の使役する勞働者は約四千二百人である。

C護謨工場に於ては昭和十三年十一月迄二百人程度の勞働者を使役し來つたのであるが同十一月より工場を擴張し現在約五百人程度の勞働者を使役しつゝある。

（一）　勞働移動狀況と移動防止策

就勞人員の過半數は朝鮮人にして其の移動率は、滿支人勞働者に比し、比較的少ない樣である。最近朝鮮人に比し使役し易き滿支人を求めしも養成期間（熟練の爲には半歲を要す）を俟たずして六十%の移動を見たとの事である。

最近、勞働者の移動が極めて甚だしく、（奉天、北支行多し）之が爲相當痛手を被つてゐる樣である。

安東に於ける斯業者は勞働移動防止の建前より、紳士的協定を結び、移動防止に躍起となつてゐる。

卽ち、業者は新規採用者の寫眞を撮り、之を協定者間を廻し、若し一業者が使役し來つた者なる場合には、其の申出により送り還すことゝしてゐるのである。この方法により安東

市内の不當移動に對しては防止出來得る確信を持つに至つた樣である。

（一）賃　銀

本護謨工場に於てはほんの一部を除き出來高拂制を採つてゐる。

女子三、四年の熟練工は大體一日一圓七八十錢、男子三四年熟練工は四圓乃至五圓の賃銀を得てゐる。

日給工は出來高拂工に比し非常に安く、最低四十五六錢より最高一圓五十錢程度である。

（出來高拂工は高能率を出すため、疲勞を極め、欠勤率多く、且つ斯事業が季節的に勞力需要に繁閑あり、因つて高賃銀であり、常時使役する日給工との間に大差を見出すのである）。

（二）能率と賃銀政策

本護謨會社に於ては、朝鮮釜山にも工場を有するが、釜山にて人件費一人當二錢七八厘なるに、安東に於ては一足四錢強かゝり、生産コーストは當然釜山に比し高額となるのである。

釜山より推すに、安東工場の現設備を以てするなら、一日地下足袋一萬五六千足生産さるべきなるに、一萬足程度の生產しかなされておらぬのである。

之を以て見るに、技術に、能率に釜山に比し大いに劣り、且つ賃銀高等によるコースト高は滿洲に於ける斯事業の將來に香ばしからざる影を投じておるとも云へるのである。

茲に低賃銀政策と、技能向上政策とが採り上げられねばならぬ必然性があるのである。

昭和十四年初頭釜山工場より二百五十名の勞働者を移動し約二ヶ月間安東工場勞働の指導をなさしめはこの技能向上政策の一現實である。

（四）福利施設其の他

1 出勤日數優秀なる者には毎月賞與を與ふ。
2 月二回公休を與ふ（欠勤率を考慮し給料日以前に休ます）
3 義務貯金を課す。
4 親睦會を設け相互扶助に乘出す。
5 年一回慰安會を催す。

× ×

木材工場及び火柴工場の部は本稿より省略。

時　事

滿　支

大同炭礦創立―埋藏量四百億瓲と稱せられる日滿支經濟の花形資源たる大同炭田開發の重要使命を持つ大同炭礦株式會社は十日誕生した。この日午前十一時より創立總會を開催、關口蒙古政府總務部長議長となつて諸般の議事を滿場一致可決したが、同社の資本構成、事業計畫、役員顏觸れ左の如し。

株式總數八十萬株(一株五十圓)で蒙古政府二千萬圓、北支那開發一千萬圓、滿鐵一千萬圓合計四千萬圓(二分の一拂込み)所要資金は二年計畫三千九百萬圓とされてゐるがこれは二千萬圓の拂込金を以つて充當し不足分は北支那開發よりの借入金を以て充すことに成つてゐる。

出炭計畫は日本物動計畫に基き本年度二百五十萬瓲採掘(うち七十萬瓲對日輸送)來年度四百萬瓲(うち百四十五萬瓲對日輸送)販賣は當分同社が將來別個の機關を以て扱はしむる方針である。

理事長には前蒙古政府副主席夏恭氏が就任、副理事長には內海治一氏、理事は蒙疆側より鄭平甫、竹內元平大場辰之助、北支那開發より小笠原豐、滿鐵から粟屋東一、兒玉八郎の各氏が就任監事には關口保(蒙古政府代表)加藤谷英彥(北支那開發代表)兩氏が就任した尙ほ滿鐵の旣存投資額は約三百萬圓とせられてゐるが、評價の上同社で買收することになつてをり、また將來增資の場合滿鐵は一千五百萬圓まで出資することになつてゐる。　(滿日―一・二一)

十年度に千二百萬瓲―滿炭の北部開發＝從來滿炭の石炭增產の樞軸をなしてゐた南滿重點主義は阜新に於る月產一萬瓲計畫の實現をはじめ全面的に好成績を收めるに至つてゐるが更に同社では日滿の現狀に鑑み今回最も增產を要望される製鐵用炭の積極的開發を目指しこれが埋藏豐富を以て知られる密山、鶴岡兩炭田を中心に北部諸炭田の開發に重點を置くことゝなり今回新たに滿炭北部開發局を密山縣滴道に設置することゝ決定した、局長は林理事が專任となり工作部工業課長原技師、前和龍炭礦長眞鍋技師の兩氏を最高首腦部として現地炭礦の指導及び援助に當ることになつてゐるが、その他の技術スタッフに就ては目下人選中であり近く正式決定を見る筈である、尙兩炭田の粘結炭埋藏量は實に七十八億瓲に上り修正五ヶ年計畫の最終年度たる八年度の出炭目標は鶴岡百九十萬瓲、密山百三十萬瓲、城子河六十萬瓲、鹽山六十萬瓲、であるが、目下關係方面で審議中の再修正計畫によれば十年度の目標鶴岡五百萬瓲、密山二百萬瓲、城子河二百五十萬瓲恒山二百五十萬瓲、合計一千二百五十萬瓲、合計一千二百萬瓲にのぼつてをり、之が完遂を期する滿炭今次の計畫に頗る期待されてゐる。　(滿洲―一・二二)

滿鮮國境地域に大工業地帶建設計畫—時局の脚光下に豐富な埋藏資源の全貌を明かにした東邊道一帶の鐵鑛並びに石炭を活用すべく東邊道開發會社では日滿各地に資源を大量に素材のまゝ移輸出するほか通化省通化縣二道江に大製鐵所を建設してこゝ二、三年後には百萬瓲製鐵の全機能を發揮、興亞の原動力生産の意氣に燃えてゐるが、品位六十二%といふ世界有數の優秀鐵鑛を誇る同省臨江縣大栗子溝採鑛所では更に一歩進め同所附近の煙筒溝採炭所の豐富な石炭と睨合せ鴨綠江を運河視するばかりか滿鮮國境を超越した文字通り日滿一體の大工業地帶建設計畫を樹て「科學者の夢ではなく眞に國家を益する採算ある大事業」としての實現化に努力することゝなつた。

その大要は鴨綠江を挾む臨江(滿洲)中江鎭(朝鮮)の兩街邑中心に東西二十五キロ南北二十キロに亘る地區を大工業街化せんとするもので、まづ中江鎭上流地區に大ダムを設け水力發電し、この附近に煙筒溝炭を組み合せた電氣化學冶金工場を建設するほか、大栗子溝製鐵所下流五萬坪の地と同對岸朝鮮側に平爐による製鐵所並びに附帶工業、また朝鮮土城に大規模の鐵工業を振興し一方臨江、大栗子溝北方廣場を住宅地區に中江鎭を商業地區に指定せんとする完全な模範的都計まで考慮されてゐる。

この大計畫の最大障碍は國境に跨るための稅關その他の各種事務であるが立案者側ではこの地帶を特殊保稅地區とすることに依つて容易に解決出來るとしてをり國家百年の大計のために一日も早く實現させたいと意氣込んでゐる。

土建協會が國外勞働者募集—國内に於ける本年度の勞働者需要量は昨年に比して約五割の增加を來す豫定でこれが對策に關しては民生部勞務司、勞工協會を中心に各關係機關に於て着々進捗しつゝあるが、土建協會では逸早く國外募集の實行に移ることゝなつた。而して協會關係の本年度の國内工事界は北邊振興工作の本格的進展、生産力擴充計畫の遂行等に伴つて土木建築共に工事量の增加を來し更に昨年度よりの繰越し工事を加算すると多大の膨脹を來すものと見られ、これに對し土建協會では勞働對策の萬全を期して昨年度末以來北支よりの勞働者輸入に關する具體的計畫を進めてゐたが愈々統制募集に着手することゝ成つた、而して協會關係の本年度國外募集の勞働者は約三十五萬人でこれが募集は勞働統制法に基く統制募集によるもので協會では數日中に現地調査班を派遣月末項までに現地狀況の詳細なる調査を終ると共に募集準備を進め舊正明けを期して一齊に募集に着手し解氷後の工事開始期までには相當量の輸送を終つて工事着手を圓滑にし引續き所要數の輸入を行ふ筈である。

尙は現地での募集に就ては募集業務に要する人員の關係並に從來の各業者と現地把頭(苦力頭)等々の關聯に鑑み各業者の從業員が個々に之に當る豫定であるが

總て協會の一元的統制下に募集業務を遂行し國內人の輸送等は協會が直接これに當る豫定である。　（滿洲一一・一二）

大栗子溝七道溝鐵鑛採掘增產計畫―急速なる增產過程にあつて極度の原料不足に惱む日滿鐵鋼業界に一大光明を齎した東邊道の鐵鑛資源は康德五年九月東邊道開發會社の設立によつて開發の第一歩を踏出し、開發計畫の初年度たる六年度に於ては含鐵品位六三%埋藏量一億瓲と云ふ世界有數の大栗子溝及び品位五二%、滿俺五%―八%埋藏量一千萬瓲の七道溝、品位五二%埋藏量數千萬瓲の老嶺、品位五〇%、埋藏量數千萬瓲の鞍子河等尨大なる諸鑛區のうち先づ大栗子溝及び七道溝の採掘に着手、大栗子溝二十萬瓲七道溝十五萬瓲合計三十五萬瓲の出鑛を豫定してゐたが、然るに大栗子溝は鴨綠江を通じて約一萬瓲を下流の滿浦鎭に運搬したのみで大部分は運輸機關の不備に基き山元貯鑛を餘儀なくされたに對し、七道溝は昨夏梅輯線の全通により急速に出鑛を增し既に昭和製鋼向五萬瓲、朝鮮の日鐵兼二浦製鐵所向二萬瓲が輸送され、更に舊臘待望の對日初出荷として約二萬瓲が積出される等、豫定計畫を遙かに突破して來月末迄には二十萬瓲程度の大量出鑛を可能とするに至つてゐる、而して同社では採鑛施設の整備及び今夏大栗子溝山元への鐵道完成を俟つて愈よ鐵鑛採掘重點主義の下に開發を促進することになり、目下これが準備を急いでゐるが、本年度に於ける兩鑛山採鑛量は約八十萬瓲見當とみられ頗る期待されてゐる。

なほ東邊道の增產計畫と並行して協和鐵山系許家屯、開原諸鑛山の增產計畫も着々進められ、七年度は大體百萬瓲の出鑛が豫定されてゐるがこれ等富鑛の大量產出と本年中に完成する協和鐵山の大連純鐵工場の大增產計畫により、日本鐵鋼業の重大問題となつてゐるスクラップ不足も相當程度緩和される見込である。

（滿洲一一・一四）

國土計畫の目標―國土計畫策定に當つての主目標ならびに副目標と見られるもの左の如し。

△主目標

一、產業立地
1 工業立地
2 農業立地
3 林野牧野地域並に漁場の決定

一、人口政策上の地域的配置
1 開拓地選定
2 勞働力配置
3 都市及び農村の人口配置
4 衣食住計畫

一、交通綱計畫
1 空路及び空港の選定
2 鐵道綱
3 道路網及び道路種別の決定
4 內水航路及び運河計畫
5 海運及び港灣計畫
6 通信綱決定

△副目標
1 都邑配置計畫
2 行政區劃の決定（省縣旗市の廢置

分合)。

3　厚生計畫（學校、病院、醫療施設の配置）。

4　神社、寺廟、景觀地區の設置。

國土計畫の審議策定に當るため企畫委員會の一部門として設置されるべき國土計畫委員會の構成は大體次の如く決定する模様である。

一、委員會は左の四分科會に分つ

第一分科會（産業立地）

第二分科會（人口配置）

第三分科會（交通計畫）

第四分科會（都邑配置計畫）

一、委員は企畫委員會の一般委員の外官民の有識者を指定し、なほ必要に應じ特別委員を任命し幹事も右に準ずる。

一、必要に應じ本委員會の下に地域計畫委員會を設置し、地方長官、關係地方官民及び本委員をもつて組織する。

（新日—一・一八）

新京の日系生活費＝東京に比し約六割二分高＝在滿邦人と内地人との興味ある生指費指數の比較が中央銀行調査課の手に依つて行われた。

	東京	新京
飲食品費	一〇〇・〇〇	一二一・六
住居費	一〇〇・〇〇	三〇一・四
光熱費	一〇〇・〇〇	八二〇・〇
被服費	一〇〇・〇〇	一三八・〇
雜費	一〇〇・〇〇	一一九・九
總指數	一〇〇・〇〇	一六二・一

即ち新京の日本人生活費は東京に比し約六割二分高位にある事が解る。その内住居費は約三倍に成つて居るが、これは主として高家賃に基くもので、代用官舍或は社宅等の家賃を指すものではなく、一般市中の家賃である、住宅費に次いで高いのは被服費の三割八分高であるが、衣服費は三割八分身廻品費は三割七分となつてをる、次いで飲食品費は二割二分高、雜費は二割高で唯光熱費に於ては一割七分低になつてゐるのは石炭、電燈等の低廉の爲め燃料費、燈火費は共に東京より安く上つてゐるからである。尚以上の調査は十月に行はれたものであるから、冬季の煖房用石炭、防寒具類は含まれて居ない。從つてこれら特別膨脹費を加へると新京での生計費はより嵩むものと成る譯である。（滿洲—一・一九）

日本　**生計費騰勢一服**—昨年十一月にいりて記錄的猛騰を演じた全國生計費指數（大正三年七月基準）は十二月に入り漸く一服模様を呈して珍らしくも前月に比し〇、一パーセントの微騰（二三三・二）に止つた、これを内容別にみるに薪炭の騰貴により光熱費が續いて二、五パーセント高を示したほかは被服費の〇、一パーセント高、住居費および文化費の保合などとりたてて云ふべきほどのものもなく、飲食費の如き〇、二パーセントと僅少ながらも下落を示す有様であつてやゝ大風一過の感があつた、いま十四年中における變化の跡を辿れば物價騰勢の非公定價格商品への集中的表現にあり年初來生計費の昂騰は依然として測り難きものがあり十三年末に比し上半年期中すでに二、八%方の昂騰をみた。然るに下期に入るや生活必需品は生産の減少に加へ配給の梗塞に悩むにいたり、十一月の如き一擧三、一%高といふ超記錄的奔騰を演ずる有様で、結局年末には前年同期比一〇、二%高にまで到達した。而して之を内容的にみると總じて上半期中の昂騰は比較的伸縮性の豐かな被服費の增嵩を原因としてゐるに對し、下期は飲食費光熱費など伸縮性の乏しい費目の增嵩が目立ち生計費の急騰は期を經るに從ひますます重大性を帶ぶるに至つた。

國民生活安定の問題が年末に至り俄然重大化したのは生計費の全般的奔騰―商品の品質低下、闇取引價格などを考慮すればその騰貴ぶりが指數に表現された以上のものに成るであらうこと既に常識化してゐること勿論であるが、奔騰原因が内容的にみて上述の如き事情にあつたことおよび物價停止令の除外品たる生鮮食料品の價格がいよ〱緊急對策の樹立を要望されるほどに激騰したことにあるものと云へよう。

なほ十四年末指數の事變前に對する比較を示せば次の如くである。

費目	事變前	十四年末	上昇率（%）
飲食費	一八一	二三二	二七・九
住居費	二三三	二三六	一・〇
光熱費	一九四	二六〇	三三・九
被服費	一六八	二四一	四三・五
文化費	一八六	二〇三	九・二
總平均指數	一九二	二三三	二一・二

（備考）右表並に別表の數字は小數位四捨五入。

全國生計費指數

昭和十四年十二月

（大正三年七月基準）

品目	一一月	十二月
總指數	二三二	二三二
飲食　米	二四二	二三八
麥其他	二二一	二二四
改良麥	二九三	三〇四
食パン	一九〇	一九〇
ウドン	一八〇	一八〇
魚介類	三七九	四一一
鯛	三〇〇	三六三
鯖	二〇三	一九九
鹽鮭	四七六	五二五
干鰯	五三七	五五六
肉類	二五〇	二五〇
牛肉	二九六	二九四

品目	一一月	一二月
食　鷄肉	二〇五	二〇六
卵乳類	一六八	一六八
牛乳	一七六	一七六
鷄卵	一六〇	一五九
蔬菜類	二四七	二三一
甘諸	一七七	一九五
馬鈴薯	二七〇	二八四
大根	二六一	一五五
小豆	二八一	二九〇
乾物類	三二〇	三三四
昆布	四一四	四四〇
海苔	二二七	二二七
豆腐青物類	二四三	二四一

朝日新聞社調査

費

豆腐	二八九	二八九
蒟蒻	二三〇	二三〇
澤庵	二二一	二〇五
調味料類	一八二	一八六
醬油	一六一	一六一
味噌	二三三	二三七
鰹節	二一〇	二三二
砂糖	一二五	一二五
酒類	二一六	二一六
清酒	二五九	二五九
麥酒	一七三	一七三
煙草	二一五	二一五
朝日	二五〇	二五〇
バット	一八〇	一八〇
菓子果物類	一五三	一四九
煎餅	一七六	一七六
ビスケット	一三二	一三三
林檎	一七〇	一五九
バナナ	一三四	一二九
飲料	一九八	二〇〇
茶	二二四	二二九
サイダー	一七一	一七一

住居費

總指數	二三六	二三六
家賃	二三六	二三六
修繕費	二三三	二三一
疊表	三七四	三六九
大工賃	二九二	二九三
什器	二〇七	二〇八
茶碗	一七九	一八一
バケツ	二三六	二三六
水道料	一三八	一三八

光熱費

總指數	二四一	二四一
薪炭類	三二六	三三六
薪	二九六	三〇一
木炭	三七一	三九四
石炭	三一二	三一二
瓦斯電燈	一〇六	一〇六
瓦斯料	一三二	一三二
電燈料	八〇	八〇

被服費

總指數	二四一	二四一
衣服類	二四五	二四五
洋服	三二二	三二二
ネル	三九六	三九六
銘仙	二四〇	二四一
富士絹	一九〇	一九〇
モスリン	二四一	二四二
羅紗	二六五	二六三
打綿	二五六	二五四
セル	一五二	一五二
身廻品	三三四	三三五
下駄	二五四	二五七
足袋	三二〇	三二一
靴	三一〇	三一一
靴下	二四〇	二四一
帽子	一四四	一四四

文化費

總指數	二〇三	二〇三
保健衞生費	一五六	一五六
入浴料	二四三	二四三
理髮料	二三六	二三六
洗濯料	一一二	一一二
醫師藥價	一四六	一四六
藥局藥價	一三三	一三三
賣藥	九一	九一
石鹼	一〇一	一〇一
白粉	一八八	一八八
育兒教育費	二七三	二七三
半紙	三二一	三二一
罫用紙	二五九	二五九
鉛筆	二一〇	二一〇
玩具	三七三	三七三
授業料	二〇四	二〇四
交通費	一四九	一四九
電車賃	一三八	一三八
汽車賃	一六〇	一六〇
娯樂修養費	三四八	三四八
新聞代	二八九	二八九
雜誌代	四〇〇	四〇〇
キネマ料	三五四	三五四
全國生計費總指數	二三三	二三三
騰落百分率	十三・一	十〇・一

勞働統制法ニ基ク新京特別市地區協定

（康德六年十二月八日附
民生部指令第八四五號認可）

勞働統制法ニ基ク新京特別市地區協定

第一條　本協定ハ勞働者ニ關シ事業者相互ノ競合ヲ排除シ勞働者ノ不當移動ヲ防止シ併セテ其ノ使用ニ當リテハ保護ヲ充分ナラシメ以テ勞働力ヲ涵養確保スルト共ニ勞働對價ヲ適正化シ勞働ニ關スル諸弊風ヲ改良善導シ勞働能率ノ向上ヲ圖ルヲ目的トス

第二條　本協定ヲ適用ス可キ地域ハ新京特別市トス

第三條　本協定加入者ハ勞働統制法ニ基ク全國協定ニ從フノ外本協定ニ據ルモノトス

第四條　本協定加入者中利害關係ヲ同シクスル者ニシテ必要アル場合ハ本協定ニ違反セサル範圍ニ於テ別ニ分科協定ヲ締結スルコトヲ得ルモノトス

第五條　本協定運用ノ爲メ本協定加入者全員ヲ以テ新京特別市地區協定加入者會（以下單ニ加入者會ト稱ス）ヲ組織スルモノトス

加入者會ノ規約ハ別ニ之ヲ定ム

加入者會ニ必要ナル經費ハ協定加入者之ヲ負擔スルモノトス

第六條　第八條ニ定ムル賃金ノ標準額ハ左記標準時間ニ付キ支給ス可キ賃金額トシ標準時間ヲ伸縮シテ就業セシムルトキハ其ノ伸縮時間ニ應シ賃金ノ歩増又ハ歩引ヲ爲スモノトス

一　屋內勞働者（坑內ヲ含ム）ニアリテハ　八時間

二、屋外勞働者並ニ日傭勞働者ニアリテハ　自四月至九月十二時間
自十月至三月十時間

第七條　日傭勞働者ノ賃金ニアリテハ滿洲勞工協會新京支部所屬勞働市場ノ定メタル賃金額ニ據ルモノトス

第八條　前條ニ該當スル者以外ノ勞働者ノ賃金ハ協定加入者ノ代表者カ加入者會役員會議ヲ經テ民生部大臣ノ認可ヲ得タル處ノ別表ニヨルモノトス

第九條　本協定ニ謂フ賃金ノ範圍ハ勞働者カ勞働ノ對價トシテ雇傭主ヨリ受クル給與ノ收入總額（勞働者ノ收入賃金ニシテ把頭等ノ口錢ヲ含マサル額）ニシテ左ニ掲クルモノハ之ヲ包含セサルモノトス

一、臨時又ハ一定期間ヲ超ユル毎ニ支給スル賞與又ハ手當

二、通勤手當

三、居住ニ關スル利益又ハ住宅料等ニシテ賃金額決定ニ影響ナキモノ

第十條　賃金ノ一部又ハ全部ヲ實物給與ヲ以テ之ニ代フル場合ノ價格ノ算定ハ加入者會代表カ加入者會役員會議ヲ經テ滿洲勞工

協會ノ決定ヲ受ケタル標準價格ニ據ルモノトス
實物給與ヲ爲サントスルトキハ支給セントスル日ヨリ三十日以前迄ニ加入者會代表者ニ屆出テ標準價格ノ指示ヲ受クルモノトス

第十一條　事業ノ都合ニ依リ勞働者ヲ引續キ五日以上休業セシムルトキハ休業ノ初日ヨリ休業期間中食費實費相當額ヲ支給スルモノトス

第十二條　本協定運用上必要アル場合滿洲勞工協會新京特別市支部長ノ發給セル職員身分證明書ヲ所持スル者事務所又ハ作業現場等ニ付調査ヲ爲ス爲來所シタルトキ若クハ勞働者名簿、賃金支拂明細書、領收證其ノ他勞働者ニ關スル書類ノ閲覽ヲ求メタルトキハ之ニ應スルモノトス

第十三條　本協定ノ變更若クハ廢止ニ關シ代表者之ヲ必要ト認メタル場合又ハ協定加入者全員ノ十分ノ一以上ノ要求アリタル場合ハ協定加入者代表者加入者全員ノ同意ヲ得テ民生部大臣ニ認可申請ヲ爲スモノトス

附　則

第十四條　本協定ハ認可ヲ受ケタル日ヨリ効力ヲ生スルモノトス

新京特別市地區協定加入者會規約

第一條　本會ハ新京特別市地區協定加入者會全員ヲ以テ之ヲ組織シ事務所ヲ滿洲勞工協會新京支部內ニ置ク

第二條　本會ハ新京特別市地區協定加入者會ト稱シ協定ノ圓滑ナル運用ヲ圖ルヲ以テ目的トス

第三條　本會ニ左ノ役員及顧問ヲ置ク

一、會　　長　　一　名
二、副 會 長　　一　名
三、委　　員　　二〇名
四、幹　　事　　二　名
五、顧　　問　　若干名

第四條　會長ハ協定加入者ノ代表者ヲ以テ之ニ充テ副會長ハ滿洲勞工協會新京支部主事ヲ以テ之ニ充テ委員ハ官公署側ヨリ一名特殊會社側ヨリ三名土建業者元請者側ヨリ三名土建協會員外土建業者側ヨリ三名窯業者側ヨリ二名其ノ他ノ工場勞働者使用業者側中ヨリ七名荷馬車組合ヨリ一名ヲ選出シ幹事ハ滿洲勞工協會新京支部職員中ヨリ會長之ヲ委囑ス
顧問ハ協定地區內關係機關中ヨリ會長之ヲ推戴ス

第五條　會長ハ本會ヲ代表シ會務ヲ統理シ副會長ハ會長ヲ輔佐シ會長事故アルトキハ之ヲ代理ス委員及幹事ハ會務ヲ審議ス
顧問ハ會長ノ諮問ニ應ス

第六條　委員ノ任期ハ二ケ年トシ補闕委員ノ任期ハ前任者ノ殘任期間トス

第七條　會長、副會長、委員及幹事ハ名譽職トス

第八條　會議ハ之ヲ分チテ定期總會、臨時總會、役員會及分科役員會ノ四種トス

第九條　定期總會ハ每年一回トシ臨時總會及役員會並分科役員會ハ會長必要アリト認メタルトキ又臨時總會ニアリテハ會員ノ十

分ノ一以上役員會並ニ分科役員會ニアリテハ各役員ノ三分ノ一以上ノ要求アリタルトキ會長之ヲ招集ス

第十條　會議ノ議長ハ會長ヲ以テ之ニ充テ會長事故アルトキハ其ノ代理者之ヲ代理ス

第十一條　本會ニ有給事務員若干名ヲ置キ會長之ヲ任免ス

第十二條　事務員ハ會長ノ命ヲ受ケ事務ニ從事ス

第十三條　本會ニ要スル經費ハ協定加入者ニ於テ之ヲ負擔スルモノトス負擔額及徵收方法ハ役員會ノ決議ニ依リ之ヲ決定スルモノトス

第十四條　會計年度ハ毎年一月一日ニ始マリ同年十二月末日ヲ以テ終ルモノトス

第十五條　豫算毎年十一月末日迄翌年度分ヲ編成シ會長ニ提出シ役員會ノ審議決定ヲ得ルモノトス

第十六條　會長ハ毎年定期總會ニ於テ前年度業務經過並ニ收支決算ヲ全會員ニ公示スルモノトス

附　則

第十七條　本規約ハ新京特別市地區協定認可ノ日ヨリ効力ヲ生スルモノトス

土建業勞働者賃金表

職業別	賃金 最高	賃金 標準額	賃金 最低
並人夫	一、三〇	一、一〇	七〇
土工	一、三〇	一、二〇	八〇
鳶工	一、四〇	一、三〇	九五
木挽工	一、五〇	一、三〇	一、〇〇
硝子工	一、六〇	一、四〇	一、一〇
煉瓦積工	一、六〇	一、四〇	一、一〇
左官	一、六〇	一、四〇	一、一〇
ペンキ工	一、六〇	一、四〇	一、一〇
石工	一、七〇	一、四〇	一、一五
木工	一、七〇	一、四〇	一、一五
指物工	一、七〇	一、四〇	一、一五
建具工	一、七〇	一、四〇	一、一五
鉽力工	一、七〇	一、四〇	一、一五
錺金工	一、七〇	一、四〇	一、一五
屋根工	一、七〇	一、四〇	一、一五
經師工	一、七〇	一、四〇	一、一五
疊工	一、七〇	一、四〇	一、一五
鍛冶工	一、八〇	一、四〇	一、二〇
備考	一、就勞時間ノ伸縮ニヨリ賃金ノ歩増歩引ハ毎一時間ニ付第六條所定標準時間ヲ以テ本標賃金額ヲ除シタル商ノ率ニヨルモノトス 二、本表ハ滿人勞働者ノ賃金トス		

勞働統制法ニ基ク三江省地區協定

（康德六年十二月五日民生部指令第八二八號認可）

第一條　本協定ハ勞働者ノ使用傭入及勞働ノ對價條件ニ關シ事業者相互ノ競合ヲ排除シ勞働者ノ不當移動ヲ防止シ併セテ其ノ使用ニ當リテハ保護ヲ充分ナラシメ以テ勞働力ヲ涵養確保シ勞働能率ノ向上ヲ圖ルヲ目的トス

第二條　本協定ハ三江省一圓ニ之ヲ適用ス

第三條　本協定加入者ハ勞働統制法ニ基ク全國協定ニ從フノ外本協定ニ據ルモノトス

第四條　本協定加入者中利害關係ヲ同シクスル者ニシテ必要アル場合ハ本協定ニ違背セザル範圍內ニ於テ別ニ分科協定ヲ締結スルコトヲ得ルモノトス

第五條　本協定運用ノ爲メ協定加入者全員ヲ以テ三江省地區協定加入者會（以下單ニ加入者會ト稱ス）ヲ組織スルモノトス

加入者會ノ規約ハ別ニ之ヲ定ム

加入者會ニ必要ナル經費ハ協定加入者之ヲ負擔スルモノトス

第六條　勞働者ノ賃金ハ地區毎ニ各別表ニ依ルモノトス

勞働賃金ヲ規制セザル他ノ勞働者ニアリテハ前項賃金ヲ參酌シ現在賃金ヲ標準トシテ之カ抑制ヲ圖ルモノトス

第七條　勞働賃金ヲ規制シ又ハ變更セントスルトキハ協定加入者ノ代表者加入者會役員會ノ議ヲ經テ滿洲勞工協會ノ承認ヲ受ケ省長ヲ經テ民生部大臣ノ認可ヲ得ルモノトス

第八條　第六條別表ニ定ムル勞働賃金ハ左記各號ノ標準時間ニ付支給スヘキ賃金額トス

勞働賃金ハ定メタル最高額ヲ超エ又ハ最低額ヲ降ルコトヲ得サルモノトス

一、屋內勞働者

	（一日）	（半日）
六月、七月、八月、九月及十月	十時間	五時間
四月、五月、及十一月	九時間	四時間半
一月、二月、三月及十二月	八時間	四時間

二、屋外勞働者及日傭勞働者

六月、七月、八月、九月及十月	十二時間	六時間
四月、三月、及十一月	十時間	五時間
一月、一月、三月及十二月	九時間	四時間半

第九條　勞働時間中ニハ勞働ノ種別ニ應シ中食時其ノ他適度ノ休憩時間ヲ含ムモノトス

第十條　標準時間ヲ超エ勞働シタルトキハ其ノ超過時間ニ應シ歩增ヲ爲スモノトス

事業ノ都合ニ依リ勞働ヲ停止シタルトキニシテ實際勞働時間カ左ノ各號ノ時間ニ滿タサル場合ニ限リ歩引ヲ爲スモノトス但シ此ノ場合ニ於テ歩引ハ左ノ各號ノ時間ニ滿タサル時間ニ應シテ之ヲ爲スモノトシ歩引ヲナスコトニ依リ定メラレタル最低賃金ヲ降ルトキハ最低賃金ニ止ムルモノトス

一、一日標準時間十二時間ニ於テハ九時間
二、同　十時間ニ於テハ七時間
三、同　九時間ニ於テハ六時間
四、同　八時間ニ於テハ五時間
五、半日標準時間六時間ニ於テハ四時間
六、同　五時間ニ於テハ三時間
七、同　四時間半ニ於テハ三時間
八、　同四時間ニ於テハ三時間

勞働者自已ノ都合ニ依リ勞働ヲ停止シタルトキハ標準時間ニ滿タサル時間ニ應シ歩引ヲ爲スモノトス

前各項ノ歩引又ハ歩增ノ額ハ別表一時間ノ賃金額ニ依ルモノトス

半日標準時間ニ滿タスシテ時間勞働ヲ爲サシムル場合ハ勞働時間ニ應シ別表一時間賃金ニ依リ支給スルモノトス

天災其ノ他不可抗力ニ依リ勞働ヲ停止シタルトキハ一日ノ賃金ヲ標準時間ニテ除シ實際勞働時間ヲ乘シタル額ヲ支給スルモノトス

未タ賃金ヲ規制セサル勞働者ニ對スル歩引又ハ歩增ハ其ノ業ニ應シ前各項ニ準スルモノトス

第十一條　本協定ニ謂フ勞働賃金トハ勞働ノ對價トシテ雇傭主ヨリ受クル給與ノ收入總額ニシテ把頭等ノ口錢ヲ包含セサルモノトス

第十二條　勞働賃金ノ一部ヲ實物給與ヲ以テ之ニ代フル場合ノ價格ノ算定ハ豫メ滿洲勞工協會ニ屆出テ標準價格ニ付指示ヲ受ケタル價格ニ據ルモノトス
實物給與ハ勞働者カ受取ルヘキ賃金總額ノ三分ノ二以内ニ於テ行フモノトス

第十三條　勞働賃金ノ外金品ノ給與ヲ爲サントスルトキハ滿洲勞工協會ノ承認ヲ受クルモノトス但シ居住ノ給與ニ關シテハ此ノ限リニアラス

第十四條　事業ノ都合ニ依リ休業スルトキハ雇傭勞働者（日傭勞働者ヲ除ク）ニ對シ其ノ休業期中食費ノ實費ヲ給與スルモノトス

第十五條　事業ノ都合ニ依リ五日以上休業セントスルトキハ滿洲勞工協會ニ屆出テ其ノ雇傭勞働者ノ有效ナル使用ニ關シ協議スルモノトス

第十六條　本協定運用上必要アル場合滿洲勞工協會三江省支部長ノ發給セル職員身分證明書ヲ所持セル者事業所又ハ作業場等ニツキ調査ヲ爲ス爲來所シタルトキ若ハ勞働者名簿、賃金支拂明細書、領收證其ノ他勞働者ニ關スル書類ノ閲覽ヲ求メラレタルトキハ之ニ應スルモノトス

附　則

第十七條　本協定ハ認可ヲ受ケタル日ヨリ效力ヲ生スルモノトス
第十八條　本協定ノ變更若ハ廢止ニ關シ協定代表者之ヲ必要ト認メ又ハ協定加入者全員ノ十分ノ一以上ノ要求アリタル場合ハ協定加入者ノ代表者協定加入者會役員會ノ議ヲ經テ協定加入者全員ノ同意ヲ得タル後省長經由民生部大臣ニ認可ノ申請ヲ爲スモノトス

三江省地區協定外申合

第一、協定加入者ハ當省地區ノ特殊性ニ鑑ミ勞務關係法令及協定事項ヲ遵守スルハ勿論特ニ勞働管理上勞働力ノ涵養確保ニ意ヲ用ヒ產業報國ノ念ヲ以テ當省下ノ產業開發上遺憾ナキヲ期スルモノトス
第二、雇傭中ノ勞働者ヲ同時ニ十名以上其ノ市縣外ニ移動セシメントスルトキハ移動ノ三日前迄ニ別表第一號様式ニ依リ滿洲勞工協會（所在地ノ滿洲勞工協會出張所、出張所ノ設置ナキ地域ニアリテハ滿洲勞工協會支部トス以下同シ）ニ屆出ルモノトス
第三、三江省外ニ於テ募集セル勞働者ヲ使用セントスルトキハ其ノ勞働人募集認可申請書寫一部ヲ滿洲勞工協會ニ提出スルモノトス
第四、輸送ノ途中勞働者ガ逃走シタル事實ヲ認知シタルトキハ速ニ別表第二號様式ニ依リ滿洲勞工協會ニ屆出ルモノトス
第五、事業ノ都合ニ依リ同時ニ十名以上ノ勞働者ヲ解雇セントスルトキハ解雇ノ日ヨリ五日前迄ニ別表第三號様式ニ依リ滿洲勞工協會ニ屆出ルモノトス
第六、全國協定第二十條ノ屆出ハ前號様式ニ依ルモノトス
第七、全國協定第三十二條ノ屆出ハ別表第四號様式ニ依ルモノトス

三江省地區協定第六條ニ依ル賃金表

（康德六年十二月二十一日附民生部指令第八八一號認可）

第一表（佳木斯、樺川縣、勃利縣及鶴立縣蓮江口ヲ含ム）

三江省地區協定第六條ニ依ル賃金表（自十一月至三月分）

賃金別／勞働者種別		一日賃金 最高	一日賃金 標準	一日賃金 最低	半日賃金 最高	半日賃金 最低	一時間賃金	備考
大工	滿支人	一、九〇	一、六〇	一、三〇	一、一〇	七五	二三	
左官	〃	二、一〇	一、八〇	一、四〇	一、二〇	八〇	二七	
煉瓦積工	〃	二、一〇	一、六〇	一、三〇	一、一五	七五	二七	
石工	〃	二、二〇	一、八〇	一、六〇	一、二〇	九〇	二七	
鐵筋工	〃	二、二〇	一、八〇	一、六〇	一、二〇	九〇	二七	
鳶工	〃	一、八〇	一、五〇	一、三〇	一、〇〇	七五	二〇	
塗工	〃	一、八〇	一、五〇	一、三〇	一、〇〇	七五	二〇	
建具工	〃	一、九〇	一、六〇	一、三〇	一、一〇	七五	二五	

疊工	滿支人	二、〇〇	一、七〇	一、三〇	一、三〇	八〇	二五
木挽工	〃	二、三〇	一、九〇	一、六〇	一、三〇	九〇	二七
鉞力工	〃	二、三〇	一、九〇	一、六〇	一、三〇	九〇	二七
並人夫	〃	九〇	八〇	七〇	五〇	四〇	一五
土工	〃	一、三〇	一、〇〇	八〇	七五	三五	一五
煉瓦燒工	〃	一、七〇	一、三〇	一、〇〇	一、〇〇	五五	二〇
煉瓦排出夫	〃	一、三〇	一、一〇	一、〇〇	八〇	五五	一八
仲仕	〃	一、七〇	一、三〇	一、一〇	一、〇〇	六五	二〇

條件 (1) 本表ハ日傭及常傭勞働者ニシテ時間給制度ノモノニ之ヲ適要ス

(2) 少年工ニシテ能力低下スル者ニ對シテハ本表賃金ニ拘ラズ適宜低減スルコトヲ得

(3) 縣城ヲ距ル僻遠ノ地ニ就勞スル勞働者ニ對シテハ本表賃金ノ二割以内ニ於テ適宜增給スルコトヲ得

第二表（依蘭地區）（依蘭、湯原、方正、通河各縣）

三江省地區協定第六條ニ依ル賃金表（自十二月至三月分）

勞働者種別 ＼ 賃金別		一月賃金			半日賃金		一時間賃金	備考
		最高	標準	最低	最高	最低		
大工	滿支人	一、九〇	一、六〇	一、三〇	一、二五	七五	二五	

左官	〃	二、一〇	一、八〇	一、四〇	一、三〇	八〇	二七
煉瓦積工	〃	二、〇〇	一、六〇	一、三〇	一、三〇	七五	二七
石工	〃	二、三〇	一、九〇	一、六〇	一、三〇	九〇	二七
塗工	〃	二、〇〇	一、七〇	一、三〇	一、一五	八〇	二五
木挽工	〃	二、三〇	一、九〇	一、六〇	一、三〇	九〇	二八
鉞力工	〃	二、三〇	二、〇〇	一、六〇	一、三〇	九〇	二八
並人夫	〃	一、一〇	一、〇〇	八〇	七〇	五〇	一五
土工	〃	一、三〇	一、一〇	九〇	八〇	六〇	一七
煉瓦燒工	〃	一、九〇	一、六〇	一、三〇	一、一〇	七〇	二五
煉瓦排出夫	〃	一、五〇	一、三〇	一、一〇	八五	六五	二〇
仲仕	〃	一、七〇	一、三〇	一、一〇	一、〇〇	六〇	二二

條件 (1) 本表ハ日傭及常傭勞働者ニシテ時間給制度ノモノニ之ヲ適要ス

(2) 少年工ニシテ能力低下スル者ニ對シテハ本表賃金ニ拘ラス適宜低減スルコトヲ得

(3) 縣城ヲ距ル僻遠ノ地ニ就勞スル勞働者ニ對シテハ本表賃金ノ二割以内ニ於テ增給スルコトヲ得

(4) 林業勞働者ノ賃金ハ分科協定ニ於テ之ヲ定ム

第三表（富錦縣）

三江省地區協定第六條ニ依ル賃金表（自十二月至三月分）

賃金別／勞働者種別		一日賃金			半日賃金		一時間賃金	備考
		最高	標準	最低	最高	最低		
大工	滿支人	二、〇〇	一、七〇	一、四〇	一、一五	八五	二五	
左官	〃	二、二〇	一、〇〇	一、五〇	一、二五	九〇	二七	
煉瓦積工	〃	二、一〇	一、七〇	一、四〇	一、二〇	八五	二五	
石工	〃	二、四〇	二、〇〇	一、七〇	一、三五	一、〇五	二七	
塗工	〃	一、九〇	一、六〇	一、四〇	一、〇五	八五	二三	
木仲工	〃	二、四〇	二、〇〇	一、七〇	一、三五	一、〇五	二七	
鉞力工	〃	二、四〇	二、〇〇	一、七〇	一、三五	一、〇五	二七	
並人夫	〃	一、〇〇	九〇	八〇	六五	五五	一五	
土工	〃	一、三〇	一、〇〇	九〇	七五	六五	一七	
煉瓦燒工	〃	一、八〇	一、三〇	一、一〇	一、〇五	六五	二三	
仲仕	〃	一、八〇	一、四〇	一、三〇	一、〇五	七五	二三	

條件 (1) 本表ハ日傭及常傭勞働者ニシテ時間給制度ノモノニ之ヲ適要ス

(2) 少年工ニシテ能力低下スル者ニ對シテハ本表賃金ニ拘ラズ適宜低減スルコトヲ得

(3) 縣城ヲ距ル僻遠ノ地ニ就勞スル勞働者ニ對シテハ本表賃金ノ二割以内ニ於テ増給スルコトヲ得

第四表（綏濱縣）（但シ縣城ノミ）

三江省地區協定第六條ニ依ル賃金表（自十二月至三月分）

賃金別／勞働者種別		一日賃金			半日賃金		一時間賃金	備考
		最高	標準	最低	最高	最低		
大工	滿支人	二、一〇	一、八〇	一、四〇	一、二〇	八五	二五	
左官	〃	二、三〇	二、〇〇	一、六〇	一、三〇	九〇	三〇	
煉瓦積工	〃	二、二〇	一、八〇	一、五〇	一、二五	八五	二七	
石工	〃	二、四〇	二、〇〇	一、八〇	一、三〇	一、〇〇	三〇	
塗工	〃	二、〇〇	一、七〇	一、五〇	一、一〇	八五	三〇	
木挽工	〃	二、四〇	二、一〇	一、八〇	一、三〇	一、〇〇	三〇	
鉞力工	〃	二、四〇	二、一〇	一、八〇	一、三〇	一、〇〇	三〇	
並人夫	〃	一、一〇	一、〇〇	九〇	七〇	五〇	一五	
土工	〃	一、四〇	一、二〇	一、〇〇	八五	六五	一八	
煉瓦燒工	〃	一、九〇	一、五〇	一、二〇	一、一〇	六五	二三	
仲仕	〃	一、九〇	一、五〇	一、二〇	一、一〇	七五	二三	

條件 (1) 本表ハ日傭及常傭勞働者ニシテ時間給ノモノニ之ヲ適要ス

(2) 少年工ニシテ能力低下スル者ニ對シテハ本表賃金ニ拘ラズ適宜低減スルコトヲ得

第五表（鶴立縣）（但シ蓮江口ヲ除ク）

三江省地區協定第六條ニ依ル賃金表（自十二月至三月分）

賃金別／勞働者種別		一日賃金 最高	一日賃金 標減	一日賃金 最低	半日賃金 高最	半日賃金 最低	一時間賃金	備考
大工	滿支人	二、〇〇	一、七〇	一、四〇	一、一五	八〇	二五	
左官	〃	二、二〇	一、八五	一、五〇	一、二五	八五	二七	
煉瓦積工	〃	二、一〇	一、七〇	一、四〇	一、二〇	八〇	二七	
石工	〃	二、四〇	二、〇〇	一、七〇	二、三五	一、〇〇	二七	
鐵筋工	〃	二、四〇	二、〇〇	一、七〇	二、三五	一、〇〇	二七	
鳶工	〃	一、九〇	一、六〇	一、四〇	一、〇五	八〇	二三	
塗工	〃	一、九〇	一、六〇	一、四〇	一、〇五	八〇	二三	
建具工	〃	二、〇〇	一、七〇	一、四〇	一、一五	八五	二五	
疊工	〃	二、〇〇	一、七〇	一、四〇	一、一五	八五	二五	
木挽工	〃	二、四〇	二、〇〇	一、七〇	一、三五	一、〇〇	二七	
鉽力工	〃	二、四〇	二、〇〇	一、七〇	一、三五	一、〇〇	二七	
並人夫	〃	一、〇〇	九〇	八〇	五五	四五	一五	
土工	滿支人	一、二〇	一、〇〇	九〇	七五	六〇	二〇	
煉瓦燒工	〃	一、六〇	一、四〇	一、一〇	一、〇五	六〇	二三	
煉瓦排出夫	〃	一、四〇	一、二〇	一、一〇	八〇	六〇	二〇	
仲仕	〃	一、六〇	一、四〇	一、二〇	一、〇五	七〇	二三	

條件 (1) 本表ハ日傭及常傭勞働者ニシテ時間給制度ノモノニ適要ス

(2) 少年工ニシテ能力低下スル者ニ對シテハ本表賃金ニ拘ラズ適宜低減スルコトヲ得

(3) 縣城ヲ距ル僻遠ノ地ニ就勞スル勞働者ニ對シテハ本表賃金ノ二割以内ニ於テ增給スルコトヲ得

滿洲勞工協會支部一覽

康德七年二月現在

新京特別市支部	新京特別市北大街一八	電話(二)―三三九八
奉天省支部	奉天市琴平町一六	電話(三)―三九七一
吉林省支部	吉林市江沿街	電話四〇二二
安東省支部	安東市金湯街五三	電話三六九〇
濱江省支部	哈爾濱市道外十六道街	電話八〇〇七
錦州省支部	錦州市協和區國和街一五	電話二六九八
三江省支部	佳木斯市安民大街八排	電話三一二三
牡丹江省支部	牡丹江市景福街十五ノ六	電話三八三八
通化省支部	通化省城環城區南門裡大街六八五	電話四四六
熱河省支部	承德關帝廟下坡門牌二〇二	電話七七二
龍江省支部	齊々哈爾市安壽胡同五二	電話三六七一
間島省支部	間島省延吉街大和區協和路	電話七五八
黑河省支部	黑河省黑河南大街九五	電話五三九
東安省支部	東安省密山縣東安街盛密大路	電話一五九
北安省支部	北安省北安街西松村街	
興安東省支部	興安東省札蘭屯中央大街一七	
興安西省支部	興安西省開魯縣城內南大街路東一號	
興安南省支部	興安南省王爺廟興隆街	
興安北省支部	海拉爾市西二道街八三	電話八〇九
天津支部	天津特別第三區一緯路三〇	電話(二)―一八九一
濟南支部	濟南經四路小緯六路一六七號	

執筆者紹介

蛭田武雄氏—勞工協會企畫科員
朴永贊氏—〃安東省支部職員
小林倉藏氏—〃登錄科員

職員異動

康德七・一・一 本部 久保甚四郎
〃 〃 圓川浩
〃 〃 竹下又吉
〃 〃 駒谷雄藏
〃 〃 栢菅薫
〃 〃 青木競
〃 新京支部 河野武雄
〃 龍江支部 正橋治七郎
〃 三江支部 丸野貞清
〃 錦州支部 益守武雄
〃 吉林支部 綿谷留治
〃 奉天・支本溪・出 長戸義雄
〃 天津・支北京・出 關彦麿
康德七・一・一〇 副參事ニ任ス 濱江・支 結城忠
康德七・一・一 參事ニ任ス 本部 茶園重利
〃 〃 白晶秋
〃 〃 横山保喜
〃 〃 藤田馨
〃 〃 栗木一男

〃 〃 日野俊夫
〃 〃 坂初芳
〃 〃 山岡武司
〃 〃 渡邊勝男
〃 〃 河野通弘
〃 奉天・支瀋海・出 赤澤誠司
〃 〃營口・出 吉武好臣
〃 奉天・支 佃嘉男
〃 間島・支 佐久間仁
〃 錦州・支阜新・出 岡山九郎
〃 濟南・支 宮沼文五郎
〃 濱江・支 矢野七郎
〃 新京・支 前村勝間
〃 奉天・支 奥山隆三
〃 〃 首藤進
〃 〃 原田豐彦
康德七・一・一 奉天・支四平街・出 金川直
〃 錦州・支朝陽・出 松本武夫
〃 〃 駒込義夫
〃 三江・支依蘭・出 山重雄藏
〃 安東・支 黒田敏
〃 東安・支 堤卓爾
〃 熱河・支 長谷川愼吾
〃 牡丹江・支東寧・出 乳井建雄
〃 天津・支 大塚政壽
〃 濟南・支青島・出 福澤磯太郎

〃 〃 石橋志雄
〃 〃 木平博
康德七・一・一〇 奉天・支 岩森富平
康德六・一二・二三 事務員ニ任ス 天津・支 德武三朗
康德六・一二・二五 願ニ依リ副參事ヲ免ス 奉天・支本溪・出 島友三
康德七・一・八 本部 坂木重義
〃 一・一五 願ニ依リ事務員ヲ免ス 〃 佐藤龜齡
東安省支部 本部勤務ヲ命ス 中村與太郎

編輯後記

滿洲國に於ける産業開發の急激なる要請につれて勞働者の需要數はますく増加し本年度の入滿苦力數も百四十萬と決定された、本協會に於てはこれが招致についてて愼重その對策をねりつゝあるが舊正月あけをまつて苦力群の活潑な動きがみられるであらう。

×

一方國內勞働者の誘致策として政府の方針により比較的過剩勞働力を有する南滿地方にまづ新しい勞働者募集機構を設置し農村および都市勞働力の組織化をはかり勞務動員體制をととのへることになつた。

×

二月號本誌には『滿洲紡績工業』『鴨綠江水上勞働事情』等を蒐錄した、大方の參考資料に供したい。

康德六年二月二十五日第三種郵便物認可
康德七年二月一日發行（每月一回一日發行）

勞工協會報（第三卷第二號）

康德七年一月二十八日印刷
康德七年二月一日發行

頒價貳拾五錢
送料共

發行人　吉野不二雄
新京特別市蓬萊町一丁目二二號ノ一

編輯人　蛭田武雄
新京特別市北大街三一號

印刷人　駒越五貞
新京特別市西七馬路一四號

印刷所　滿洲圖書株式會社
新京特別市西七馬路一四號

發行所　滿洲勞工協會
新京特別市大經路治安部跡

電話
理事長	二－三八〇七
總務部長	二－四四四九
國內部長	二－六四八一
國外部長	二－六〇二六
庶務科	二－五九〇六
人事科	二－二七九〇
經理科	二－二九二三
企劃科	二－五〇三六
登錄科	二－一九九二
斡旋科	二－一四五四
監理科	二－二〇七五
檢查科	二－二〇七〇
供給科	二－五六五〇

伪满劳工协会国外部长饭岛满治关于送交一九四〇年一月出入伪满劳工统计月报致驻伪满特命全权大使、治安部大臣等的函（一九四〇年二月二十九日）

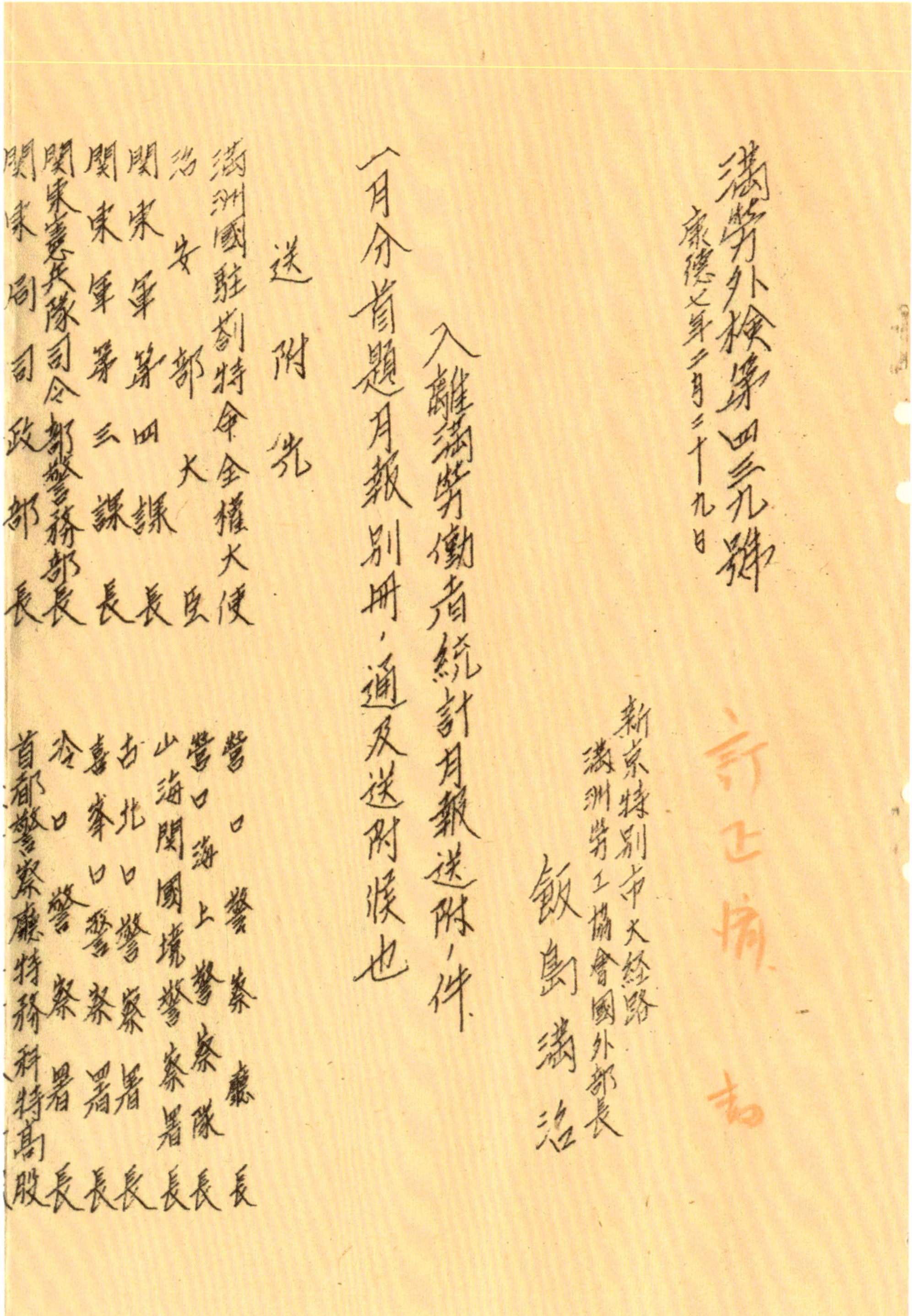

滿勞外検第四三九號
康德七年二月二十九日

新京特別市大経路
滿洲勞工協會國外部長
飯島滿治

入離滿勞働者統計月報送附ノ件

一月分首題月報別冊ノ通及送附候也

送附先
滿洲國駐劄特命全權大使
治安部大臣
關東軍第四課長
關東軍第三課長
關東憲兵隊司令部警務部長
關東局司政部長
營口警察廳長
營口海上警察隊長
山海關國境警察署長
古北口警察署長
喜峰口警察署長
冷口警察署長
首都警察廳特務科特高股長

治安部警務司長
民生部勞務司長
產業部開拓總局長
滿洲國軍事顧問
關東軍經理部主計科
北京特務機關長
天津特務機關長
濟南特務機關長
青島特務機關長
芝罘特務機關
青島海軍駐在武官
天津總領事
濟南總領事
青島總領事
芝罘領事
國務院總務廳統計處長
國務院總務廳企劃處長
新京特別市公署行政科長
大使館通商課
大連水上警察署長
安東警察廳長

滿鐵新京支社鉄道課
滿鐵新京文社業務課
奉天鐵道局長
奉天鐵道總局營業局旅客課長
奉天鐵道總局營業局貨物課長
奉天鐵道總局營業局資料課長
奉天鐵道總局水運局水運課長
滿鐵調查部長
滿鐵北支經濟調查所長
華北交通會社旅客課長
滿洲中央銀行總行內臨時貿易局日支部
大連修航會長
營口航業聯合會長
安東航路同盟會長
奉天ビューロー滿洲支部長
北京新民會
東京帝大農學部農業經濟學教室
北海道帝大農學部農業經濟學教室
拓殖大學拓殖研究會
滿洲土木建築協會長
關東州勞務協會長
滿洲勞工協會 理事長・總務部長・國內部長・
國外各支部・出張所長
安東首支部長・營口出張所長・
吉林工人管理所・大連駐在員・

附：伪满劳工协会国外部编制的出入伪满劳工统计月报（一九四〇年一月）

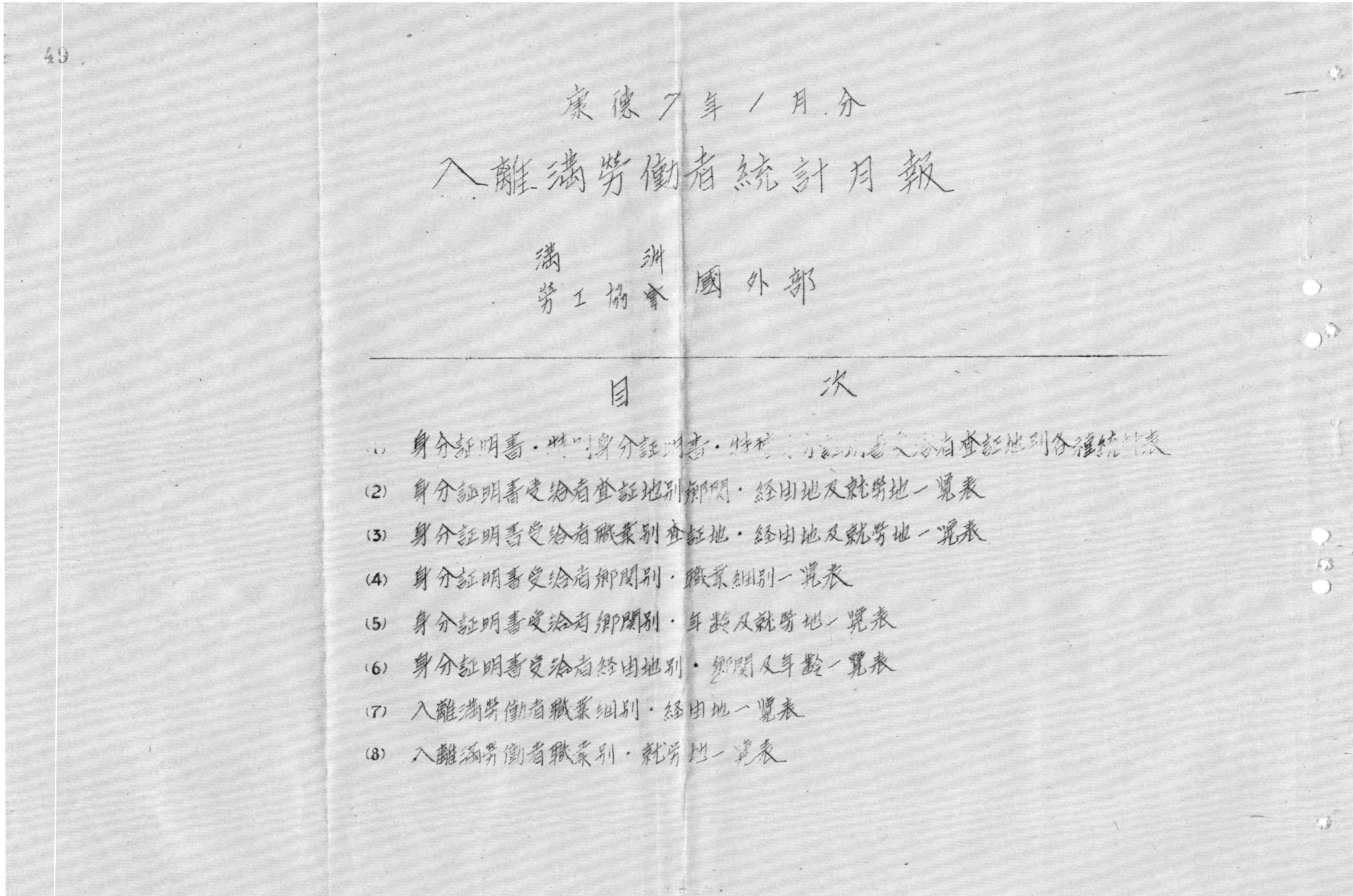

49

康德7年1月分

入離満労働者統計月報

満洲労工協會國外部

目次

(1) 身分證明書、特別身分證明書、特種身分證明書受給者查證地別各種統計表　　康德7年1月分

查證地別			天津	北京	山海関	青島	芝罘	龍口	威海衛	安東	古北口	喜峰口	冷口	済南	月計	前月比較増減
身分證明書	来所者		16179	4846	9063	4837	3137	1485	324		1094	49	69	5571	47254	25556
	拒否		198	200	94	5		2			2				501	443
	受付		16581	4646	8969	4832	3137	1483	324		1092	49	69	5571	46753	25113
	不合格			27	10	14							3	33	87	(−) 133
	受給者	單独	14928	4161	7285	3838	2883	1289	317		998	46	66	4843	40654	20646
		家族同伴者	1653	45[illegible]	1674	980	254	174	1		94	3		695	6012	4600
		計	16581	4619	8959	4818	3137	1483	324		1092	49	66	5538	46666	25246
	随伴家族	男	773	315	925	631	133	115	2		998	3		505	4400	3487
		女	2646	716	2736	1621	420	338	7		94	4		1069	9651	7278
		計	3419	1031	3661	2252	553	453	9		1092	7		1574	14051	10765
特別證	受給者	月計	107	35	68	10	87	1	29		21	34	6		400	80
	返納者	月計	(58) 30	(11) 5	(36) 27	(15) 3	(26) 37	(5)	(17) 17		(24) 6	(25) 15			(211) 140	(78) 36
	失効者	月計	(14)	(6)	(3)		(6)				(1)	(6)			(36)	(4)
特種證	受給者	月計	6								149	19	7		181	16
備考			括弧内数字ハ前年度発給シタル特別證ガ本月ニ入リ返納、失効トナリタルモノナリ													

51

(ヌ)身分證明書受給者查證地別、鄉關、経由地及新勞地一覽表

康德7年1月分

查證地別		天津	北京	山海關	青島	芝罘	龍口	威海衛	安東	古北口	喜峰口	冷口	濟南	月計	前年同月比較增減
鄉關別	河北省	11157	3519	7838	29	14	8	1		1020	48	63	72	23769	14056
	山東省	4612	268	1001	4768	3118	1475	323		40	1	1	5379	20986	10180
	山西省	57	313	15						9				394	213
	河南省	523	497	79	3					23		2	22	1149	506
	江蘇省	72	5	11	15	1							21	125	93
	浙江省	3			1	2								6	(−)13
	安徽省	150	12	9	1								42	214	209
	広東省			1										1	(−)1
	湖北省		2	2	1	2								7	4
	福建省														(−)1
	察哈爾省	6		2									1	9	(−)6
	其ノ他	1	3	1									1	6	6
経由地別	大連	987	16		4818	3137	1483	324					1747	12512	3707
	營口														
	安東		1											1	(−)30
	山海關	15543	4517	8751									578	[illegible]	[illegible]
	古北口	51	85							1092			11	1239	380
	喜峰口										49			49	(−)91
	冷口											66		66	(−)152
新勞地別	關東州	988	20	24	1646	2032	337	257					131	5435	231
	奉天省	6962	852	3832	1269	416	349	19		359		5	1681	15744	8103
	吉林省	1570	166	1078	397	90	106	10		4			601	4022	2137
	濱江省	1159	492	653	244	200	456	8		1		2	461	3681	1357
	龍江省	366	112	273	26	12	26	3					110	929	469
	安東省	93	6	13	160	188	53	13					26	552	273
	三江省	70	26	35	38	16	36	4					377	602	421
	黑河省	2		15		5	14						3	39	19
	錦州省	3832	2708	1880	448	2	3	3		4			1056	9936	8827
	熱河省	103	87	74						709	44	57	24	1098	97
	興安各省	354	31	325		4	12			15	5	2	50	798	488
	間島省	90	7	65	193	26	26						55	462	288
	通化省	171	7	56	157	47	17						741	1196	1062
	牡丹江省	266	69	155	147	82	41	7					56	823	125
	東安省	423		320	71	9							89	912	912
	北安省	132	36	161	22	8	7						71	437	437
月計		16581	4119	8959	4818	3137	1483	324		1092	49	66	5538	46666	
前年同月比較		11210	4119	1573	1852	(−)883	1483	(−)135	(−)31	263	(−)91	(−)152	5538		25246
本年累計															
備考															

52

(3) 身分證明書受給者職業別、查證地、經由地及就勞地一覽表　康德7年1月分

職業別		農業	林業	漁業	鑛業	商業	土木業	建築業	製造業	運交業	雜役	月計
查證地別	天津	2814	3	7	6548	17	399	1396	2198	1331	1715	16581
	北京	405	7	2	2723		43	169	1162	48	60	4619
	山海關	1332	28	45	1674	1637	156	145	1162	386	2392	8957
	青島	1170	2	4	1206	103	159	69	508	900	697	4818
	芝罘	107	2		17	1199	18	163	578	428	625	3137
	龍口	28			9	570	4	70	378	100	324	1483
	威海衛	1				89	1	24	73	77	59	324
	安東											
	古北口	100			358	205	10	7	165	123	124	1072
	喜峰口	11				11			8	7	12	49
	冷口	7	2			20			23	4	10	66
	濟南	1349	6	4	2897	102	96	79	459	267	279	5538
經由地別	大連	1448	4	7	2828	1978	283	437	1755	1831	1941	12512
	營口											
	安東	1										1
	山海關	5726	44	55	12246	1892	592	1669	4683	1704	4190	32799
	古北口	131			358	201	11	16	2	12	144	1239
	喜峰口	11				11				1	12	49
	冷口	7	2			20			23	4	10	66
就勞地別	關東州	344		6	20	1116	131	268	736	1494	1120	5435
	奉天省	2245	17	25	4489	[illegible]	330	1032	2945	1012	2383	15744
	吉林省	1236	7		40	359	189	340	715	342	794	4022
	濱江省	1280	4	4	4	431	59	129	820	268	682	3681
	龍江省	438	2	3	1	70	29	32	158	42	154	929
	安東省	118	1		1	102	13	66	98	63	90	552
	三江省	75	2		341	46	3	13	53	16	53	602
	黑河省	18			3	6			3	3	6	39
	錦州省	222	2	24	8476	212	78	130	303	95	394	9936
	熱河省	148	1		3	267	12	18	319	140	190	1098
	興安各省	305	5		255	52	7	9	73	18	74	798
	間島省	[illegible]			60	[illegible]	6	5	28	56	54	462
	通化省	170			830	32	7	15	59	20	63	1196
	牡丹江省	[illegible]	4		19	82	14	59	113	96	135	823
	東安省	[illegible]			887	5			4		7	912
	北安省	181	5		3	[illegible]	8	6	87	6	98	437
	計	[illegible]	50	62	15432	[illegible]	886	2122	[illegible]	3671	6297	46666
	前月比較	5067	23	43	12905	[illegible]	681	1619	2194	1318	3189	25246
	本年累計											

53

(2) 身分証明書受給者郷貫別、職業細別一覧表

康徳7年1月末

郷貫別		河北省	山東省	山西省	河南省	江蘇省	浙江省	安徽省	廣東省	湖北省	福建省	察哈爾省	其ノ他	月計
農牧林業	農耕	2712	4478	24	63	14		4						7295
	養蚕業													
	畜産業	18	11											29
	林業	37	11		2									50
	計	2767	4500	24	65	14		4						7374
漁業	漁業	53	9											62
鑛業	金属鉱業	1264	653	4	63	5		17				3		2009
	非金属鉱業	7270	5110	132	629	70	1	187		3		5	6	13413
	採塩		10											10
	計	8534	5773	136	692	75	1	204		3		8	6	15432
工業	窯業土石加工	307	325	7	32	2								673
	金属工業	4	58											62
	機械器具製造	636	703	32	9				1					1381
	運搬用具製造	16	23	1		1								41
	精巧工業	29	11	1										41
	化学工業	49	76	12	4									141
	纖維工業	473	429	16	1									919
	被服身装品製造	307	182	20		1								[illegible]
	紙印刷工業	127	59	1	1									188
	皮革骨羽毛製造	416	76		1									493
	木竹草蔓等製造	583	351	22	8	1								965
	食料品類製造	359	298	69		13								739
	土木業	446	423	2	6	4		5						886
	建築業	1469	637	15	1									2122
	電気瓦斯水道	39	32	1										72
	其ノ他ノ工業	130	73	3	276	4	1							487
	計	5390	3756	202	339	26	3	5	1					9722
商業	商業従事	1687	1460	9	13		1			1				3171
	金融保険業	28	1											29
	待客業従事	232	666	2	3	2				3				908
	計	1947	2127	11	16	2	1			4				4108
交通業	通信	1	2											3
	運輸	1374	2277	5	9	2	1							3668
	計	1375	2279	5	9	2	1							3671
其ノ他	家事使用人	2306	667	3	6							1		2983
	其ノ他	1317	1875	13	22	6		1						3314
	計	370[illegible]	2542	16	28	6		1				1		6297
月計		[illegible]	20986	394	1149	125	6	214	1	7		9	6	46666

(5) 身分證明書受給者鄉關別、年齡及就勞地一覽表

康德7年1月分

鄉關別		河北省	山東省	山西省	河南省	江蘇省	浙江省	安徽省	廣東省	湖北省	福建省	察哈爾省	其ノ他	月計
年齡別	十九歲以下	3151	2852	70	152	22	1	40		1		1		6290
	二十歲以上	7960	7167	138	365	39	2	67	1	3		3	6	15751
	三十歲以上	6577	5623	109	368	38	2	65		3		1		12786
	四十歲以上	4183	3519	61	232	22		39				3		7959
	五十歲以上	1448	1395	15	30	3		2				1		2894
	六十歲以上	550	430	1	2	1	1	1						986
就勞地別	關東州	682	4729		10	9	2			3				5435
	奉天省	9529	5735	155	266	29		26		1		3		15744
	吉林省	2014	1908	30	57	7	1	5						4022
	濱江省	162	1958	26	59	13	1	3		1				3681
	龍江省	[illegible]	[illegible]	10	46		1							9[illegible]
	安東省	[illegible]	460		3	1								552
	三江省	82	503	3	8	6								602
	黑河省	13	26											39
	錦州省	6390	2795	117	458	39	1	127	1	2		2	4	9936
	熱河省	957	96	14	31									1098
	興安各省	607	137	5	42	5						1	1	798
	間島省	103	345	1	13									462
	通化省	[illegible]	960	1	31	10		29				1	1	1196
	牡丹江省	311	446	14	51	1								823
	東安省	521	292	13	55	5		24				2		912
	北安省	212	201	5	19									437
計		23769	20986	394	1149	125	6	214	1	7		9	6	46666
備考														

55

(6)身分證明書受給者經由地別、鄉關、年齡及就勞地一覽表　康德7年1月分

經由地別		大連	營口	安東	山海關	古北口	喜峰口	冷口	月計
鄉關別	河北省	708		1	21830	1119	48	63	23769
	山東省	11709			9195	80	1	1	20986
	山西省				382	12			394
	河南省	26			1093	28		2	1149
	江蘇省	24			101				125
	浙江省	4			2				6
	安徽省	37			177				214
	廣東省				1				1
	湖北省	3			4				7
	福建省								
	察哈爾省	1			8				9
	其他				6				6
年齡別	十九歲以下	1803			4358	122	2	5	6290
	二十歲以上	4096		1	11238	386	11	19	15751
	三十歲以上	3290			9090	373	18	15	12786
	四十歲以上	2060			5627	239	14	17	7957
	五十歲以上	95[illegible]			1832	94	4	5	2894
	六十歲以上	304			6[illegible]2	35		5	986
就勞地別	關東州	538[illegible]			50				5435
	奉天省	2724			12656	359		5	15744
	吉林省	636			3382	4			4022
	濱江省	908			2771			2	3681
	龍江省	67			861	1			929
	安東省	414		1	137				552
	三江省	391			211				602
	黑河省	19			20				39
	錦州省	456			9476	4			9936
	熱河省				146	851	44	57	1098
	興安各省	28			743	20	5	2	798
	間島省	245			217				462
	通化省	762			434				1196
	牡丹江省	277			546				823
	東安省	163			749				912
	北安省	37			400				437
月計		12512	—	1	32799	1239	49	66	46666
備考									

(7)入離滿勞働者職業細別。經由地一覽表

康德7年1月分

職業別	入離滿別	大連 入滿	大連 離滿	山海關 入滿	山海關 離滿	古北口 入滿	古北口 離滿	喜峯口 入滿	喜峯口 離滿	冷口 入滿	冷口 離滿	計 入滿	計 離滿
農牧林業	農耕	1.463	3.799	5.678	2.732	110	75	11	1	7		7.269	6.607
	養蠶業		3										3
	畜産業	4	2	28	6	13	20					45	28
	林業	4	34	45	145					2		51	179
	計	1.471	3.838	5.751	2883	123	95	11	1	9		7.365	6.817
漁業	漁業		105	63	18							63	123
鑛業	金屬鑛業	339	53	1.444	232							1.783	285
	非金屬鑛業	2.708	287	8.213	1533	358	2					11.279	1.822
	採鹽	6	22	4								10	22
	計	3.053	362	9.661	1.765	358	2					13.072	2.129
工業	窯業土石加工	90	273	566	884	6	25	1				663	1.182
	金屬工業	12	15	33	29	15						60	44
	機械器具製造修理	319	812	959	963	49	66	1		1		1.329	1.841
	運搬用具製造	20	10	17	37	1						38	47
	精巧工業	8	19	23	49	10	4					41	72
	化學工業	66	153	77	124							143	277
	纖維工業	507	718	501	585	19	4					1.027	1.307
	被服身装品製造	220	483	320	644	19	7			2		561	1.134
	紙印刷工業	84	113	89	13	42	2			2		217	128
	皮革骨羽毛品製造	57	166	409	302	16	7	1				483	475
	木竹草蔓等品製造	277	347	672	405	24	14	3		14	2	990	768
	食料品類製造	326	219	487	414	44	21	2		4		863	654
	土木業	170	862	763	18.326	10	12					943	19.200
	建築業	423	2.179	1.619	2.133	16	66					2.058	4.378
	電氣瓦斯水道	10	62	58	19		1					68	82
	其ノ他ノ工業	299	374	381	322	8	8					688	704
	計	2.888	6.805	6.974	25.249	279	237	8		23	2	10.172	32.293
商業	商業從事	1.311	10.047	1.568	2.692	170	121	5	1	20	3	3.074	12891
	金融保險業	1	2	27	88							28	90
	待客業從事	169	403	222	185	41	22	6				438	610
	計	1.481	10.479	1.817	2.965	211	143	11	1	20	3	3.540	13.591
交通業	通信	29	7	1								30	7
	運輸	1.765	1.326	1.694	1.267	118	42	7		4		3.588	2.635
	計	1.794	1.333	1.695	1.267	118	42	7		4		3.618	2.642
其ノ他	家事使用人	655	243	2.286	1.258	106	26	12		10	4	3.063	1.531
	其ノ他	1.681	2.674	1.901	1.548	30	58				1	3.612	4.281
	計	2.336	2.917	4.181	2.806	136	84	12		10	5	6.675	5.812
合計		13023	25.839	30.142	36.953	1.225	306	49	2	66	10	44.505	63.407

57

(8) 入離滿勞働者職業別・就勞地一覽表

康德7年1月分

職業別		農業	林業	漁業	鑛業	商業	土木業	建築業	製造業	運交業	雜役	月計	前年同月比較
入滿者目的就勞地	關東州	867			27	833	131	265	900	1473	1364	5860	168
	奉天省	2240	17	24	3606	1148	320	1012	3496	1004	2464	15826	7769
	吉林省	1231	7		40	332	80	817	715	341	797	3860	1988
	濱江省	1254	4	9	4	354	57	118	802	257	738	3597	1286
	龍江省	448	2	6	1	65	28	30	156	48	156	935	430
	安東省	116	1		15	31	13	59	74	62	101	522	260
	三江省	76	2		328	40	4	13	52	18	54	587	398
	黑河省	18			3	6			3	3	5	38	18
	錦州省	210	2	24	6909	208	76	128	299	93	378	8327	7246
	熱河省	141	1		4	272	11	18	319	133	180	1079	117
	興安各省	301	5		240	46	5	9	73	16	75	770	475
	間島省	225			321	23	6	8	28	58	58	727	563
	通化省	171	1		786	28	7	14	56	20	64	1147	1022
	牡丹江省	312	4		78	69	197	60	109	92	137	1058	395
	東安省	13			698	5			4		7	727	727
	北安省	191	5		12	35	8	7	85		97	445	445
	月計	7814	51	68	13072	3540	948	2058	7171	3618	6675	44505	
	前年同月比較	5129	15	37	10318	(-) 2206	654	1546	3066	1247	3501		23807
離滿者滯滿就勞地	關東州	2351	1	70	73	4730	1105	1196	1916	1106	1940	14488	(-) 306
	奉天省	1685	19	7	707	3734	4536	1292	3179	662	1850	17671	2823
	吉林省	771	48	11	107	1322	752	524	919	236	660	5345	1648
	濱江省	545	46	12	5	1931	1223	259	1286	242	472	6021	1631
	龍江省	216	7	1	4	132	64	54	146	17	103	744	(-) 340
	安東省	100		12	2	520	284	72	198	39	74	1301	(-) 6
	三江省	69	14		102	153	485	79	75	39	71	1087	313
	黑河省	34			3	53	262	8	11	2	7	380	251
	錦州省	157	2	7	322	270	559	206	384	141	254	2302	717
	熱河省	122			7	205	13	73	223	66	119	828	320
	興安各省	134	1	1	4	99	133	14	73	12	43	514	146
	間島省	45	7	2	13	34	877	32	28	13	20	1076	611
	通化省	140	7		719	68	3746	12	67	8	41	4808	4489
	牡丹江省	191	27		32	236	4569	460	159	48	104	5826	4534
	東安省	24			18	36	507	88	32	1	10	716	716
	北安省	54	5		6	68	85	9	19	10	44	300	300
	月計	6638	179	123	2129	13591	19200	4378	8715	2642	5812	63407	
	前年同月比較	2631	169	95	91	(-) 316	7641	2560	949	419	3608		17847
備考													

（9） 入滿勞働者隨伴家族入滿實數調

康德7年1月分

入滿地	性別＼至聖地	天津	北京	山海關	秦皇島	芝罘	龍口	威海衛	安東	古北口	喜峰口	冷口	濟南	月計
大連	男	207			780	275	330	24					27	1548
	女	681			2215	1.033	690	113					158	4880
	計	888			2.995	1298	920	137					185	6423
營口	男													
	女													
	計													
安東	男													
	女													
	計													
山海關	男			925										925
	女			2.736										2.736
	計			3.661										3.661
古北口	男		1							76				77
	女		1							140				141
	計		2							216				218
喜峰口	男										3			3
	女										4			4
	計										7			7
冷口	男													
	女													
	計													
月計	男	207	1	925	780	275	330	24		76	3		27	2548
	女	681	1	2.736	2215	1.023	690	113		140	4		158	7761
	計	888	2	3.661	2.995	1298	920	137		216	7		185	10.309

59

(10)、離滿勞働者隨伴家族離滿實數調

康德7年1月分

離滿地 \ 性別 \ 歸還地 \ 經路別		陸路 山海關	陸路 古北口	陸路 冷口	陸路 喜峰口	陸路 計	海路 天津	海路 青島	海路 芝罘	海路 龍口	海路 威海衛	海路 計	月計
大連	男						87	126	163	127	85	538	538
	女						394	544	1.110	585	272	2.905	2.906
	計						481	670	1.273	712	307	2.443	3.443
營口	男												
	女												
	計												
安東	男												
	女												
	計												
山海關	男	762				762							762
	女	1455				1455							1455
	計	2217				2.217							2217
古北口	男		1			1							1
	女		9			9							9
	計		10			10							10
喜峰口	男												
	女												
	計												
冷口	男												
	女												
	計												
月計	男	762	1			763	87	126	163	127	85	588	1301
	女	1455	9			1464	394	544	1110	585	272	2.905	4869
	計	2217	10			2227	481	670	1273	712	307	3.443	5670

伪满劳工协会监理部长关于送交一九四〇年二月出入伪满劳工统计月报致伪满治安部警务司长、民生部劳务司长等的函（一九四〇年五月二十日）

滿勞監發統第七一二號

康德七年五月二十日

滿洲勞工協會監理部長

入離滿勞働者統計月報送付ノ件

二月分首題月報別冊ノ通及送付候也

追而客年十二月分及本年一月分ノ第七、八表ニ大連經由分ヲ記入計上シタルヲ以テ別紙添附表ト御差換相成度

尙一月分ニ別紙證件家族調第九、一〇表ヲ添加相成度申添候

36

送付先

治安部警務司長
民生部勞務司長
關東局司政部長
關東軍第四課長
關東軍第三課長
關東憲兵隊司令部警務部長
產業部開拓總局長
經濟部官房資料科長
關東軍經理部主計科長
國務院總務廳統計處長
國務院總務廳企畫處長
新京特別市公署行政科長
大使館通商課長
北京特務機關長
天津特務機關長
濟南特務機關長
青島特務機關長
芝罘特務機關長
青島海軍駐在武官
旅順要港部副官
天津總領事
濟南總領事
青島總領事
芝罘領事
關東州警察部長
大連水上警察署長
安東警察廳長
營口警察廳長
營口海上警察隊長
山海關國境警察署長
古北口警察署長
喜峰口警察署長
冷口警察署長
首都警察廳特務科特高股長
滿鐵ー
調査部長
新京支社鐵道課長
新京支社業務課長
奉天鐵道局長
奉天鐵道總局營業局旅客課長
奉天鐵道總局營業局貨物課長
奉天鐵道總局營業局資料課長
奉天鐵道總局水運局水運課長
北支經濟調査所長
華北交通會社旅客課長
大連修航會長
營口航業聯合會長
安東航路同盟會長
奉天ビューロー滿洲支部長
北京新民會長
東京帝大農學部農業經濟學教室
北海道帝大農學部農業經濟學教室
拓殖大學拓殖研究會
滿洲土木建築協會長
關東州勞務協會長
滿洲中央銀行總行內臨時爲替局日支部長
滿洲勞工協會ー
各部科長
國外各支部、出張所長
安東支部長
營口出張所長
大連駐在員

附：伪满劳工协会监理部编制的出入伪满劳工统计月报（一九四〇年二月）

37

康德7年2月分

入離滿勞働者統計月報

滿洲勞工協會監理部

目　次

38

(1)身分證明書o特別身分證明書o特種身分證明書受給者查證地別各種統計表

康德7年2月分

査證地別		天津	北京	山海關	青島	芝罘	龍口	威海衛	古北口	喜峰口	冷口	濟南	月計	前年同月比較增減	本年累計
身分證明書	來所者	48.071	6.478	18.372	14.344	11.537	4.165	1.671	1.840	58	129	20.911	127.571	105.162	174.825
	拒否	167	159	60	3	55	3		2				452	350	958
	受付	47.904	6.319	18.312	14.338	11.482	4.162	1.671	1.838	58	129	20.911	127.119	104.812	173.872
	不合格	1	24	3	10	46			5			26	115	(一) 108	[illegible]93
	受給者 單獨	44.705	5.564	15.607	12.868	10.770	3.744	1.619	1.619	39	122	19.434	116.091	95.256	156.745
	受給者 家族同伴者	3.198	731	2.702	1.460	666	418	52	214	14	7	1.451	10.913	9.664	16.925
	受給者 計	47.903	6.295	18.309	14.328	11.436	4.162	1.671	1.833	53	129	20.885	127.004	104.920	178.670
	隨伴家族 男	1.838	494	1.556	929	425	257	29	137	14	11	993	6.483	5.791	10.883
	隨伴家族 女	4.999	1.204	4.631	2.271	1.051	667	70	317	23	13	2.174	17.420	15.498	27.071
	隨伴家族 計	6.837	1.698	6.187	3.200	1.476	924	99	454	37	24	3.167	23.903	21.289	37.954
特別身分證明書	受給者 月計	123	25	48	20	92	3	23	20	25	3		382	153	
	受給者 本年累計	232	60	116	30	179	4	52	41	59	9				782
	返納者 月計	91	27	47	11	52	1	19	15	21	5		289	5	
	返納者 本年累計	121	32	74	14	89	1	36	21	36	5				429
	失效者 月計	13	7	1	1	11	1		2	2	2		40	26	
	失效者 本年累計	13	7	1	1	11	1		2	2	2				40
特種身分證明書	受給者 月計	247				106			47		4		404	323	
	受給者 本年累計	253				106			196	19	11				585

備考　本表ノ(一)符號ハ前年ニ比シ本年ノ減ヲ示ス

(2)身分證明書受給者查證地別 鄉關、經由地及就勞地一覽表

康德7年2月分

查證地別		天津	北京	山海關	青島	芝罘	龍口	威海衛	安東	古北口	喜峰口	冷口	濟南	月計	前年同月比較增減	本年累計
鄉關別	河北省	32.047	5.360	16.026	113	9	2	1		1.696	53	125	407	55.839		79.608
	山東省	15.277	263	2.115	14.144	11.406	4.160	1.670		110		4	20.363	69.512		90.498
	山西省	25	320	24						9				378		772
	河南省	474	346	103	1								46	970		2.119
	江蘇省	28	2	29	16	18							59	152		277
	浙江省	11		1	18	2								32		38
	安徽省	34	2	5	34								10	85		299
	廣東省															1
	湖北省		1		2	1								4		[illegible]
	福建省															
	察哈爾省	6		5						18				29		38
	其ノ他	1	1	1										3		[illegible]
經由地別	大連	4.277	45		14.328	11.436	4.162	1.671					5.117	41.036		53.548
	營口															
	安東															1
	山海關	45.533	6.084	18.309									15.624	83.582		116.381
	古北口	51	166							1.888			144	2.204		3.442
	喜峰口										53		[illegible]	53		102
	冷口											129		129		195
就勞地別	關東州	2.957	49	51	5.686	8.054	1.293	1.239					1.874	22.732		28.167
	奉天省	21.322	2.851	7.818	4.032	1.516	730	185		932	2	14	6.311	45.370		61.114
	吉林省	8.664	379	2.246	289	375	388	39		9		6	4.156	16.564		20.586
	濱江省	4.962	978	1.249	333	477	1.328	27		4		3	2.587	12.298		15.97[illegible]
	龍江省	1.614	299	433	90	83	88	1		1	3	1	568	3.081		4.010
	安東省	307	[illegible]	54	282	839	80	45			1		46	1.220		1.772
	三江省	432	11	100	372	45	95	6					2.120	3.081		3.68[illegible]
	黒河省	13		71		3	27						7	118		157
	錦州省	8.770	1.857	3.777	160	24	7			28	5	9	1.000	10.632		20.568
	熱河省	242	470	97						762	37	66	186	1.459		2.557
	興安各省	471	72	1.105	8	5	21	1		40	5	26	225	1.974		2.772
	間島省	562	10	102	876	127	11						207	1.878		1.840
	通化省	981	9	93	266	39	27	3	[illegible]	7			1.246	3.881		3.877
	牡丹江省	845	47	501	354	275	92	44	[illegible]	5		4	585	2.703		3.525
	東安省	341	1	298	139	9	12						4	1.704		1.616
	北安省	326	63	346	44	2	9	1					215	1.010		1.447
月計		47.903	6.295	18.309	14.328	11.486	4.162	1.671	[illegible]	1.888	53	129	20.885	127.004		
前年同月比較		39.848	6.295	11.857	11.211	8.374	4.162	1.324	(−)124	1.094	(−)6		20.885	[illegible]	104.920	
本年累計		64.484	10.914	27.268	19.146	14.573	5.645	1.995	[illegible]	2.925	102	195	26.428	[illegible]		178.670
備考																

40

(3)身分證明書受給者職業別。査證地。經由地及就勞地一覽表

康德7年2月分

	職業別	農業	林業	漁業	鑛業	商業	土木業	建築業	製造業	運交業	雜役	月計
査證地別	天津	8.954	17	21	5.901	329	3.252	8.459	10.569	5.650	4751	47.903
	北京	1.205	4		2.438	1	118	660	1.609	124	141	6.295
	山海關	2.927	44	588	2.321	1.864	885	911	3.186	1.697	3.886	18.309
	青島	1.946		34	2.904	160	629	913	2.797	3.061	1384	14.328
	芝罘	343	19		129	2.108	507	2.024	2.734	1.643	1.929	11.436
	龍口	44	2	1	20	874	94	679	1.485	229	734	4162
	威海衛	15		12		251	14	206	682	236	255	1.671
	安東											
	古北口	151			979	212	35	88	229	61	78	1.833
	喜峰口	20				9		2	13	2	7	53
	冷口	47				16		3	39	2	22	12[illegible]
	濟南	7.888	18	17	4.599	290	733	1.054	3.804	1.336	1.146	20.885
經由地別	大連	8140	21	61	7.119	3.473	1.515	4228	8.451	7.591	5.437	41.036
	營口											
	安東											
	山海關	20.120	82	612	11.192	2.403	4711	10.660	18.151	6376	9.275	83.582
	古北口	213	1		980	213	36	106	493	70	92	2.204
	喜峰口	20				9		2	13	2	7	53
	冷口	47				16		3	39	2	22	129
就勞地別	關東州	1.573	1	28	204	2.197	983	2.625	4.855	6.707	3.559	22.732
	奉天省	7.056	28	197	7.755	1.610	2.233	6.769	10.685	3.551	5.486	45.370
	吉林省	5.046	16	2	194	482	1.079	2.720	3.672	1.316	2.037	16.56[illegible]
	濱江省	4.186	10	14	6	703	646	838	3.343	921	1.631	12.298
	龍江省	1.643	7	1	5	71	71	168	711	131	273	3.081
	安東省	205		2	7	125	34	237	208	253	149	1.22[illegible]
	三江省	257	2	2	2.005	69	38	90	396	90	132	3.081
	黑河省	47	6		9	19		2	9	4	22	118
	錦州省	558	6	426	5.159	243	591	876	1.561	565	647	10.832
	熱河省	215	1		10	265	42	105	580	80	161	1.459
	興安各省	966	1	1	612	64	20	24	149	45	92	1.974
	間島省	338	2		637	36	29	75	132	36	93	1.378
	通化省	288			1.987	35	31	109	131	35	65	2.681
	牡丹江省	653	20		40	120	424	329	521	259	336	2.702
	東安省	9			648	11	3	2	19	3	9	704
	北安省	500	4		13	64	38	80	175	45	141	1.010
	月計	28.540	104	673	19.291	6.114	6.262	14.999	27.147	14.041	14.833	127.004
	前年同月比較	20.978	85	624	16.697	3.177	4.984	13.916	21.944	11.090	11.525	104.020
	本年累計	30.864	154	735	34.723	10.222	7.148	17.121	33.861	17.712	21.180	178.670
	備考											

(4)身分證明書受給者鄉關別・職業細別一覽表

康德7年2月分

鄉關別		河北省	山東省	山西省	河南省	江蘇省	浙江省	安徽省	湖北省	福建省	察哈爾省	其ノ他	月計	本年累計
農牧林業	農耕	7.101	16.006	38	192	30		14					23.381	30.676
	養蠶業													
	畜産業	60	99										159	188
	林業	48	55		1								104	154
	計	7.209	16.160	38	193	30		14					23.644	31.01[illegible]
漁業	漁業	605	68										673	735
鑛業	金屬鑛業	1.190	1.418	5	27	5					1	1	2.647	4.656
	非金屬鑛業	8.615	7.202	48	327	60	1	30	1		20	2	16.306	28.719
	採鹽	146	191		1								338	[illegible]
	計	9.951	8.811	53	355	65	1	30	1		21	3	19.291	34.723
工業	窯業土石加工	2.326	3.059	27	100	1							6.413	7.086
	金屬工業	15	55										70	15[illegible]
	機械器具製造裝置	3.284	4.168	27	2								7.481	8.862
	運搬用具製造	47	108	1									156	197
	精巧工業	63	28	2			1						94	135
	化學工業	169	268	15	5	11							468	609
	纖維工業	985	1.829	23	1	1	3						2.842	3.761
	被服身裝品製造	721	991	10		10	1						1.733	2.245
	紙印刷工業	126	225	2									353	551
	皮革骨羽毛品製造	338	158								7		503	996
	木竹草蔓等品製造	2.351	1.997	27	7	6							4.388	5.353
	食料品類製造	696	852	34	2		15						1.599	2.338
	土木業	3.074	3.098	6	41	2		41					6.262	7.14[illegible]
	建築業	8.878	6.084	30	6	1							14.999	17.121
	電氣瓦斯水道	104	91										195	267
	其ノ他ノ工業	286	425	7	122	1							841	1.33[illegible]
	計	23.463	24.343	211	286	33	20	41			7		48.407	58.120
商業	商業從事	1.851	2.357	12	5	5	2						4.232	7.408
	金融保險業	25	3										28	57
	待客業從事	408	1.441		1	1			3				1.854	2.762
	計	2.284	3.801	12	6	6	2		3				6.114	10.222
交運業	通信	1	1										2	5
	運輸	5.198	8.708	42	78	12	1						14.039	17.707
	計	5.199	8.709	42	78	12	1						14.041	17.712
其ノ他	家事使用人	3.672	1.984	4	12	2	1						5.675	8.658
	其ノ他	3.456	5.683	18	40	4	7				1		9.159	12.479
	計	7.128	7.617	22	52	6	8				1		14.834	21.181
總計		55.839	69.512	378	970	152	32	85	4		29	3	127.004	173.470

42

(5)身分證明書受給者鄉關別・年齡及就勞地一覽表

康德7年2月分

鄉關別		河北省	山東省	山西省	河南省	江蘇省	浙江省	安徽省	廣東省	湖北省	福建省	察哈爾省	其ノ他	月計
年齡別	十九歲以下	8450	10858	53	127	23	9	6				2	1	19537
	二十歲以上	21785	29194	165	372	66	15	37				13	1	51648
	三十歲以上	14071	17080	111	314	42	7	17		3		8	1	31654
	四十歲以上	7601	8396	40	130	18	1	24		1		3		16214
	五十歲以上	2969	3260	9	24	2		1				2		6267
	六十歲以上	955	724		3	1						1		1684
就勞地別	關東州	2549	20159		17	7								22732
	奉天省	25658	19198	183	251	43	7	11				18	1	45370
	吉林省	7666	8681	81	81	8	13	34						16564
	濱江省	4380	7671	45	165	24	5	6		2				12298
	龍江省	1050	1973	8	41	8	1							3081
	安東省	300	916	1		1	2							1220
	三江省	345	2710	2	9			15						3081
	黑河省	69	49											118
	錦州省	7979	2366	33	237	8		4		1		2	2	10632
	熱河省	1094	343	7	15									1459
	興安各省	1534	411	2	19			1				7		1974
	間島省	517	799	2	52	1	3	3				1		1378
	通化省	753	1845	4	19	49		10				1		2681
	牡丹江省	1013	1673	4	10	1				1				2702
	東安省	491	205	2	5			1						704
	北安省	441	513	4	49	2	1							1010
月計		55839	69512	378	970	152	32	85		4		29	3	127004
備考														

(6) 身分證明書支給者經由地別·鄉關·年齡及就勞地一覽表

康德7年2月分

經由地別		大連	營口	安東	山海關	古北口	喜峯口	冷口	月計
鄉關別	河北省	3071			50738	1852	53	125	55839
	山東省	37753			31442	313		4	69512
	山西省				369	9			378
	河南省	62			896	12			970
	江蘇省	83			69				152
	浙江省	20			12				32
	安徽省	44			41				35
	廣東省								
	湖北省	3			1				4
	福建省								
	察哈爾省				11	18			29
	其ノ他				3				3
年齡別	十九歲下	7402			11774	346	5	10	19537
	二十歲上	16964			33872	751	12	49	51648
	三十歲上	9647			21376	582	21	28	31654
	四十歲上	4821			10998	365	9	26	16214
	五十歲上	1772			4355	124	5	11	6267
	六十歲上	430			1212	36	1	5	1684
就勞地別	關東州	22624			108				22732
	奉天省	7326			37046	982	2	14	45370
	吉林省	1781			14768	9		6	16564
	濱江省	2535			9756	4		3	12298
	龍江省	157			2919	1	3	1	3081
	安東省	806			413		1		1220
	三江省	2178			903				3081
	黑河省	30			88				118
	錦州省	191			10404	23	5	9	10632
	熱河省				227	1129	37	66	1459
	興安各省	151			1748	44	5	26	1974
	間島省	585			793				1378
	通化省	1676			998	7			2681
	牡丹江省	769			1924	5		4	2702
	東安省	164			540				704
	北安省	63			947				1010
月計		41036			83582	2204	53	129	127004
備考									

44

(7) 入離滿勞働者職業細別ｏ經由地一覽表

康德7年2月分

職業別	入離滿經由地／入離滿別	大連 入滿	大連 離滿	山海關 入滿	山海關 離滿	古北口 入滿	古北口 離滿	喜峰口 入滿	喜峰口 離滿	冷口 入滿	冷口 離滿	月計 入滿	月計 離滿	本年累計 入滿	本年累計 離滿
農牧林業	農耕	1.677	728	16.118	1.042	148	49	20		47		18.010	1.819	25.279	8.426
	養蠶業	1										1		1	3
	畜產業	7	3	97	8	21	17					155	28	170	56
	林業	19	3	77	79							96	82	147	261
	計	1.704	734	16.292	1.129	169	66	20		47		18.232	1.929	25597	8.746
漁業	漁業	52	20	598	14							650	34	713	157
鑛業	金屬鑛業	449	8	1.309	11	7	2					1.765	21	3.548	306
	非金屬礦業	2483	80	7.276	584	853	1					10.612	665	2.1891	2.487
	採鹽	150	4	176								326	4	336	5
	計	3082	92	8.761	595	860	3					12.703	690	25.775	2.819
工業	窯業土石加工	592	44	4.542	293	46	4					5.180	341	5843	1.52[illegible]
	金屬工業	10	1	54								64	1	124	5
	機械器具製造裝置	1.352	219	4388	377	182	21	4		15		5.941	617	7.270	2.458
	運搬用具製造	73	6	34	6	3				1		111	12	149	59
	精巧工業	16	8	63	11	2	2					81	21	122	93
	化學工業	153	54	224	45	2						379	99	522	376
	纖維工業	1.009	179	1.087	239	19	3			3		2.118	421	3.145	1.728
	被服身裝品製造	646	183	746	218	18	2	4		3		1.417	403	1.978	1.537
	紙印刷工業	173	24	110	6	5	49				4	288	83	505	211
	皮革骨毛品製造	49	21	360	140	14	2	1				424	163	907	638
	木竹草蔓等品製造	708	91	2.609	185	42	6	2		8	3	3.369	285	4359	1.053
	食料品類製造	368	124	888	191	23	15	2		8	1	1.289	331	2.152	985
	土木業	918	214	3.595	2.305	39	4				2	4.552	2.525	5.495	21.7[illegible]
	建築業	2.423	292	9.278	376	97	20	2		3	1	11.803	689	13.861	5.06[illegible]
	電氣瓦斯水道	28	18	151	4	1				1		181	22	249	104
	其ノ他ノ工業	268	59	333	127	18	10					619	196	1.307	9[illegible]
	計	8.786	1.537	28.462	4.523	511	138	15		42	11	37.816	6.209	47.988	38.502
商業	商業從事	1.723	4.739	1.862	2.109	174	86	4		17	1	3.780	6.935	6.854	19.826
	金融保險業	2	4	30	91							32	95	60	185
	待客業從事	413	104	431	128	37	21	5				886	253	1.324	863
	計	2.138	4,847	2.323	2.328	211	107	9		17	1	4.698	7.283	8.238	20.874
交通業	通信	1	3	1								2	3	32	10
	運輸	5.026	584	5.690	482	42	79	2		2		10.762	1.145	14.350	3.780
	計	5.027	587	5.691	482	42	79	2		2		10.764	1.148	14.382	3.790
其ノ他	家事使用人	1.658	160	3.761	950	31	31	6		20	4	5.476	1.145	7.539	2.676
	其ノ他	2.614	1.004	4863	677	55	62	1		2		7.535	1.743	11.147	6.024
	計	4.272	1.164	8.624	1.627	86	93	7		22	4	13.011	2.888	19.686	8.700
合計		25061	8.981	70.751	10.698	1.879	486	53		130	16	97.874	20.181		
本年累計		38.084	34.820	100.893	47.651	3.104	1.089	102	2	196	26			142.379	83.588

(8) 入離滿勞働者職業別・就勞地一覽表

康德7年2月分

職業別		農業	林業	漁業	鑛業	商業	土木業	建築業	製造業	運交業	雜役	月計	前年同月比較	本年累計
入滿者目的就勞地	關東州	835	1	23	222	1418	562	1467	3227	4492	2813	15060	11201	20420
	奉天省	5540	27	194	5931	1420	1909	5742	9031	3169	4997	37960	31198	53286
	吉林省	3709	16		178	407	895	2192	2942	1111	1820	13270	11559	17130
	濱江省	3334	8	6	5	494	245	686	2541	732	1459	9510	8095	13107
	龍江省	1416	5	1	6	59	61	142	586	118	261	2655	2219	3590
	安東省	105		2		76	23	180	157	150	122	815	606	1337
	三江省	181	2	1	436	55	36	72	332	69	89	1273	1180	1860
	黑河省	42	4		8	13		2	6	3	23	101	100	139
	錦州省	462	6	422	4215	235	546	792	1353	542	620	9193	7787	[illegible]
	熱河省	167			10	262	43	88	442	51	148	1211	644	2290
	興安各省	943	1	1	217	58	15	21	133	39	91	1519	1242	2289
	間島省	283	2		297	25	26	71	113	28	82	927	812	[illegible]
	通化省	183			884	23	17	79	101	23	49	1359	1295	2506
	牡丹江省	540	20		6	87	137	241	347	193	299	1870	1346	2928
	東安省	7			277	11	3		5	4	10	317	317	1044
	北安省	389	4		11	55	34	28	145	40	128	834	834	1279
	月計	18136	96	650	12703	4698	4552	11803	21461	10764	13011	97874		
	前年仝月比較	16074	80	613	9874	2078	3685	11045	17895	8666	10424		80435	
	本年累計	25450	147	713	25775	8238	5495	13861	28632	14382	19686			142379
離滿者滯滿就勞地	關東州	388		11	19	3106	94	166	719	519	866	5888	(−) 1262	20376
	奉天省	539	3	3	282	1637	701	271	1156	291	900	5783	1028	23454
	吉林省	240	5	2	30	737	303	73	281	77	310	2058	378	7403
	濱江省	184	41	6	5	722	84	46	301	60	233	1682	192	[illegible]
	龍江省	60	3	1	5	93	4	5	57	5	51	284	(−) 64	[illegible]
	安東省	31		2	6	158	257	14	43	13	28	552	329	1853
	三江省	19	14		34	87	42	11	20	6	34	267	(−) 52	[illegible]
	黑河省	9			14	13	12	1	5	1	6	61	8	441
	錦州省	90		7	207	261	118	49	180	58	203	1173	303	3475
	熱河省	73			3	137	3	22	151	85	131	605	283	1433
	興安各省	43	2	2	1	63	42	5	21	5	41	225	54	739
	間島省	18	1		24	21	27	6	2	1	8	108	(−) 106	1184
	通化省	63	1		38	70	585	2	26	6	23	814	600	5622
	牡丹江省	77	9		7	85	245	12	22	14	37	508	(−) 2	6334
	東安省	5			15	12	4	3	3		3	45	45	761
	北安省	8	3			81	4	3	8	7	14	128	128	428
	月計	1847	82	34	690	7283	2525	689	2995	1148	2888	20181		
	前年仝月比較	86	71	2	496	(−) 656	833	407	(−) 840	158	1314		1871	[illegible]
	本年累計	8485	261	157	2819	20874	21725	5067	11710	3790	8700			83588
備考		(−)符號ハ前年ニ比シ本年ノ減ヲ示ス												

46

（9）入滿勞働者隨伴家族入滿實數調

康德7年2月分

入滿地	性別 \ 査證地	天津	北京	山海關	青島	芝罘	龍口	威海衛	安京	古北口	喜峰口	冷口	濟南	月計	本年累計
大連	男	271			735	619	312	43					1	1981	3524
	女	850			1655	1298	856	173					24	4856	9736
	計	1121			2390	1917	1168	216					25	6837	13260
營口	男														
	女														
	計														
安京	男														
	女														
	計														
山海關	男			1556										1556	2481
	女			4631										4631	7367
	計			6187										6187	9848
古北口	男		8							137				145	222
	女	2	19							317				338	479
	計	2	27							454				483	701
喜峰口	男										14			14	17
	女										23			23	27
	計										37			37	44
冷口	男											11		11	11
	女											13		13	13
	計											24		24	24
月計	男	271	8	1556	735	619	312	43		137	14	11	1	3707	
	女	852	19	4631	1655	1298	856	173		317	23	13	24	9861	
	計	1123	27	6187	2390	1917	1168	216		454	37	24	25	13568	
本年累計	男	478	9	2481	1515	894	542	67		213	17	11	28		6255
	女	1533	20	7367	3870	2321	1546	286		457	27	13	182		17622
	計	2011	29	9848	5385	3215	2088	353		670	44	24	210		23877

（10）離滿勞働者隨伴家族離滿實數調

康德7年2月分

離滿地	性別	陸路 山海關	古北口	喜峰口	冷口	計	海路 天津	塘沽	青島	芝罘	龍口	威海衛	計	月計	本年累計
大連	男						53	10	69	104	76	7	309	309	847
	女						296	10	269	462	308	71	1416	1416	4321
	計						349	10	338	566	384	78	1725	1725	5168
營口	男														
	女														
	計														
安東	男														
	女														
	計														
山海關	男	416				416								416	1178
	女	1032				1032								1032	2487
	計	1448				1448								1448	3665
古北口	男		2			2								2	3
	女		1			1								1	10
	計		3			3								3	13
喜峰口	男														
	女														
	計														
冷口	男														
	女														
	計														
月計	男	416	2			418	53		69	194	76	7	309	727	
	女	1032	1			1033	296	10	269	462	308	71	1416	2449	
	計	1448	3			1451	349	10	338	566	384	78	1725	3176	
本年累計	男	1178	3			1181	140		195	267	203	42	847		2028
	女	2487	10			2497	690	10	813	1572	893	348	4321		6318
	計	3665	13			3678	830	10	1008	1839	1096	385	5168		8846

伪满劳工协会监理部长关于送交一九四〇年三月出入伪满劳工统计月报致伪满治安部警务司长、民生部劳务司长等的函（一九四〇年六月五日）

監登檢第九一七號

康德七年六月五日

滿洲勞工協會 監理部長

殿

秘

入離滿勞働者統計月報送付ノ件

三月分首題月報別冊ノ通及送付候也

送付先

治安部警務司長
民生部勞務司長
關東局司政部長
關東軍第四課長
關東軍第三課長
關東憲兵隊司令部警務部長
興農部開拓總局長
經濟部官房資料科長
關東軍經理部主計科
國務院總務廳統計處長
國務院總務廳企畫處長
新京特別市公署行政科長
大使館通商課
北京特務機關長
天津特務機關長
濟南特務機關長
青島特務機關長
芝罘特務機關長
青島海軍駐在武官
旅順要港部副官
天津總領事
濟南總領事
青島總領事
芝罘領事
關東州警察部長
大連水上警察署長
安東警察署長
營口警察署長
營口水上警察署長
山海關國境警察署長
古北口警察署長

喜峰口警察署長
冷口警察署長
首都警察廳特務科特高股長
滿鐵—
新京支社鐵道課
新京支社業務課
奉天鐵道局長
奉天鐵道總局營業局旅客課長
奉天鐵道總局營業局資料課長
奉天鐵道總局營業局貨物課長
奉天鐵道總局水運局水運課長
北支經濟調查所長
華北交通會社旅客課長
大連修航會長
營口航業聯合會長
安東航路同盟會長
奉天ビユーロー滿洲支部長
北京新民會
東京帝大農學部農業經濟學教室
北海道帝大農學部農業經濟學教室
拓殖大學拓殖研究會
滿洲土木建築協會長
關東州勞務協會長
滿洲中央銀行總行內臨時爲替局日支部
滿洲中央銀行總行產業部調查科
滿洲勞工協會—
本部各部、科長
國外各支部、出張所長
奉天省支部長
安東省支部長
營口出張所長
大連駐在員
吉林工人管理所

附：伪满劳工协会监理部编制的出入伪满劳工统计月报（一九四〇年三月）

25

康德7年3月分

入離滿勞働者統計月報

滿洲勞工協會監理部

目 次

(1) 身分證明書。特別身分證明書。特種身分證明書受給者查證地別各種統計表

康德7年3月分

查證地別			天津	北京	山海關	青島	芝罘	龍口	威海衛	安東	古北口	喜峰口	冷口	濟南	月計	前年同月比較增減	本年累計
身分證明書	來所者		213.741	11.667	48.708	40.618	37.827	14.274	7.344		3.916	238	719	71.035	450.082	166.726	624.907
	拒否		4.296	56	139	88	40	5			1				4.625	3.905	5.5 78
	受付		209.445	11.611	48.564	40.530	37.787	14.269	7.344		3.915	238	719	71.035	445.457	162.821	619.329
	不合格		198	2	12	18	227		7		12			612	1.088	(-) 202	1.285
	受給者	單獨	202.380	10416	41.067	36.041	35.044	12.598	7.064		3.425	205	667	66.885	415.789	142.276	572.534
		家族同伴者	6.872	1.193	7.485	4.471	2.519	1.671	273		478	33	52	3.538	28.585	20.747	45.510
		計	209.252	11.609	48.552	40.512	37.560	14.269	7.337		3.903	238	719	70.423	444.374	163.023	618.044
	隨伴家族	男	3.510	945	5.477	3.170	1.816	1.202	148		394	27	49	2.478	19.216	14.236	30.099
		女	10.309	11.837	11.782	7.600	4.336	2.976	409		758	80	96	4.999	45.182	33.630	72.253
		計	13.819	2.782	17.259	10.770	6.152	4.178	559		1.152	107	145	7.477	64.398	47.866	102.352
特別身分證明書	受給者	月計	172	46	58	18	264	7	88		28	42	10		683	157	
		本年累計	404	108	174	48	443	11	90		69	101	19				1.465
	返納者	月計	118	63	58	20	175	3	31		27	40	8		498	211	
		本年累計	234	65	127	34	264	4	67		48	76	8				927
	失效者	月計	27	2		1	18	1	1				1		51	34	
		本年累計	40	9	1	2	29	2	1		2	2	3				91
特種身分證明書	受給者	月計	43		31		43				32	209			358	(-) 620	
		本年累計	296		31		149				228	228	11				948

27

(2)身分證明書受給者查證地別，鄉關，經由地及就勞地一覽表

康德7 年3 月分

類	查證地別	天津	北京	山海關	青島	芝罘	龍口	威海衛	安東	古北口	喜峰口	冷口	濟南	月計	前年同月比較增減	本年累計
鄉關別	河北省	148.249	8.122	48.845	299	19	1			3.414	175	623	1.286	201.033	82.847	280.641
	山東省	52.703	499	4.218	40.084	39.525	14.267	7.337		455	68	96	66.341	223.588	88.480	314.086
	山西省	209	1.047	49		1				10				1.916	1.046	2.688
	河南省	12.661	1.332	334	2		1			21			1.600	16.001	9.964	18.120
	江蘇省	168	5	44	81	2							347	647	(−) 9	924
	浙江省	15	2		87	11								65	22	103
	安徽省	120	1	8	4	2							849	998	705	1.292
	廣東省				2									2	(−) 1	3
	湖北省			1	3									4	1	15
	福建省	2												2	(−) 4	2
	察哈爾省	104		3						2				109	(−) 37	147
	其ノ他	12	1							1				14	9	23
經由地別	大連	81.885	50		40.464	37.541	12.166	7.387					15.050	144.478	42.885	198.021
	營口	16.375	6		48	19	2.103						687	19.238	(−)10.784	19.238
	安東														(−) 48	1
	山海關	160.930	10.030	48.552									54.510	274.622	128.397	391.003
	古北口	82	923							3.903			176	5.084	2.001	8.527
	喜峰口										238			238	(−) 91	340
	冷口											719		719	163	914
就勞地別	關東州	5.507	63	38	10.531	18.009	2.609	4.584					2.030	43.456	(−)18.861	71.623
	奉天省	65.321	4.879	18.791	11.435	6.964	2.463	957		1.972	11	43	19.148	181.974	43.565	198.088
	吉林省	22.637	804	8.068	5.401	2.820	1.568	367		4	15	26	9.440	51.195	31.706	71.781
	濱江省	15.869	1.391	3.298	2.236	3.006	5.758	203				46	6.919	88.721	14.909	54.700
	龍江省	4.192	680	1.882	459	258	109			4	1	3	1.997	8.985	2.880	12.995
	安東省	8.247	30	58	2.230	2.270	408	725					100	9.122	4.968	10.894
	三江省	7.858	241	479	713	203	341	37				5	5.174	14.546	8.509	18.229
	黑河省	11.294		877	346	332	102	5					2.048	14.504	12.479	14.661
	錦州省	9.288	894	7.208	454	216	40	38		39	11	35	3.479	21.648	9.675	42.216
	熱河省	214	616	188		6	1	1		1.697	173	475	289	3.965	877	6.522
	興安各省	4.264	175	1.649	16	69	56	7		184	22	56	2.349	8.850	6.350	11.622
	間島省	7.180	39	1.128	1.232	607	58	68				8	2.046	12.320	1.702	14.160
	通化省	16.157	465	1.006	2.614	979	60	42		8			5.509	26.544	12.067	30.421
	牡丹江省	10.086	302	2.221	1.820	1.662	541	192			5	20	5.543	81.782	485	85.307
	東安省	10.269	288	1.170	1.086	60	18	12					8.230	16.733	16.733	18.349
	北安省	6.815	142	1.545	130	112	52	109				2	1.122	10.029	10.029	11.470
月計		209.252	11.809	48.552	40.512	37.560	14.269	7.387		3.903	238	719	70.428	444.374		
前年同月比較		65.700	11.808	(−)939	2.276	(−)3.058	14.269	3.677	(−)48	1.069	(−)89	163	68.340		163.023	
本年累計		278.736	22.528	76.320	59.658	52.138	19.914	8.332		6.828	340	914	96.846			618.044
備考																

(3) 身分證明書受給者職業別。査證地。經由地及就勞地一覽表

康德7年3月分

職業別		農業	林業	漁業	鑛業	商業	土木業	建築業	製造業	運交業	雜役	月計
査證地別	天津	14.667	25	22	8.763	320	137.795	16.067	19.564	6.057	5.952	209.252
	北京	1.598	2	5	1.514	1.032	1.506	1.087	4.148	276	441	11.609
	山海關	6.703	83	304	4.071	4.438	7.731	3.102	8.024	2.664	11.432	48.552
	青島	5.846	11	28	7.414	308	2.600	4.700	10.165	4.949	4.497	40.512
	芝罘	1.190	15	9	465	4.392	2.916	10.513	8.624	4.532	4.904	37.560
	龍口	163	14		135	3.224	21	3.160	5.258	511	2.783	14.269
	威海衛	78	1	7	26	1.031	34	1.551	2.282	1.180	1.147	7.337
	安東											
	古北口	425			1.959	384	94	181	604	45	211	3.903
	喜峰口	59			6	32	17		92	16	16	238
	冷口	157			4	73	12	6	321	5	141	719
	濟南	14.060	9	24	8.529	337	36.850	1.190	5.976	2.402	1.038	70423
經由地別	大連	8.310	43	57	16.182	8.495	37.555	20.218	25.688	14383	18.542	144473
	營口	287	2		478	519	14.514	518	1.601	886	483	19.238
	安東											
	山海關	35.611	115	337	14.254	5.898	137.381	20.572	35.059	7.295	18.100	274.622
	古北口	579			1.962	554	32	243	1.317	52	280	5.084
	喜峰口	59			6	32	17		92	16	16	238
	冷口	157			4	73	12	6	321	5	141	719
就勞地別	關東州	2.189	8	21	155	3.718	8.952	7.753	6.328	10.975	6.362	48456
	奉天省	18.416	37	74	15.420	4.252	46.749	12.554	20.762	5.315	11.402	131.974
	吉林省	9.312	20	10	1.017	1.431	17.333	7.406	8.594	1.721	4.351	51.195
	濱江省	7.680	28	17	35	2.811	9.771	2.863	8.981	1.942	4.593	38.721
	龍江省	3.140	5	16	9	318	2.390	688	1.494	183	742	8.985
	安東省	579	1		17	524	2.950	1.244	2.555	544	708	9.122
	三江省	701	4	6	3.584	267	8.287	560	679	133	316	14.546
	黑河省	63	3		425	70	12.759	681	453	11	34	14.504
	錦州省	1.117	5	247	5.369	585	6.871	1.760	3.657	707	1.371	21.648
	熱河省	624	6		8	658	116	256	1.742	66	489	3.965
	興安各省	1.519	15	3	798	208	4.967	689	352	69	280	8.850
	間島省	704	3		941	103	9.418	403	275	117	366	12.320
	通化省	1.377	10		2.553	160	19361	647	1.369	142	425	26.544
	牡丹江省	1.600	16		340	340	23.645	2.508	2.046	624	768	31.782
	東安省	30			2.131	31	13.188	227	1.010	10	76	16.733
	北安省	1.047	4		4	145	5.326	1.265	1.781	78	379	10.029
月計		44.956	160	834	82.686	15.571	189.576	41.557	64.078	22.637	82.562	444.374
前年同月比較		16.331	(+)31	(−)237	18.196	9.258	81.495	19.088	14.576	460	5.990	168.028
本年累計		75.317	314	1.129	67.309	25.798	196.724	58.678	97.939	40.349	53.692	618.044
備考		訂正 2月分三號表中 鑛業ノ前年同月比較欄16.897ヲ16.597ニ査證地青島ノ雜役1.381ヲ1.881ト訂正ス										

29

(4) 身分証明書受給者郷關別○職業細別一覽表

康德7年8月分

郷	關 別	河北省	山東省	山西省	河南省	江蘇省	浙江省	安徽省	廣東省	湖北省	福建省	察哈爾省	其ノ他	月計	本年累計
農牧林業	農耕業	12.410	31.649	161	870	104		22					1	44.717	75.393
	養蠶業														
	畜産業	122	112		1	1								236	424
	林業	93	64		3									160	314
	計	12.625	31.825	161	374	105		22					1	45.113	76.131
漁業	漁業	327	67											394	1129
鑛業	金屬鑛業	2.903	1.456		5	1		1				1		4367	9.023
	非金屬礦業	11.187	16.684	79	217	140	3	16		1		1		28328	58047
	採鹽	107	84											191	539
	計	14197	18.224	79	222	141	3	17		1		2		32388	57.609
工業	窯業土石加工	6.853	14.859	119	574	8		1						22409	29.495
	金屬工業	12	49	3										64	196
	機械器具製造裝置	4303	7.786	157	46									12292	21.154
	運搬用具製造	92	262	6										360	557
	精巧工業	169	96	5			1							271	406
	化學工業	167	566	34	3		1							771	1880
	纖維工業	1.642	5.224	80	10	1	7							6.964	10.725
	被服身裝品製造	2.063	3.126	28		12	9							5.238	7.483
	紙印刷工業	263	550	8										821	1.372
	皮革骨羽毛品製造	886	451	13		2						2		1.354	2350
	木竹草藁等品製造	3.688	3.929	36	55	1						1		7.710	18.063
	食料品類製造	1.223	1.694	242	10	2	19	1			2			3.193	5.581
	土木業	105.175	69.037	221	18.777	306	4	944				101	11	189576	196.724
	建築業	18.450	22.871	154	66	10	1	2	2			1		41.557	58.678
	電氣瓦斯水道	161	213	7	5	1								387	654
	其他ノ工業	560	1.042	11	630							1		2.244	3.572
	計	145.707	131.755	1.124	15.176	338	42	948	2		2	106	11	295.211	358.340
商業	商業從事	4777	5.486	191	36	1	2	2					1	10.496	17.899
	金融保險業	63	1											64	121
	待客業從事	866	4008	89	44	2				2				5.011	7.778
	計	5.706	9495	280	80	3	2	2		2			1	15.571	25.793
運交業	通信		8											8	13
	運輸	6.492	15.905	154	40	31	5	2						22.629	40.336
	計	6.492	15.913	154	40	31	5	2						22.637	40.349
其ノ他	家事使用人	10.869	5.760	7	47	5								16.688	25.346
	其ノ他	5.110	10.549	111	62	24	13	2		1		1	1	15.874	28.347
	計	15.979	16.309	118	109	29	13	2		1		1	1	32.562	53.693
月計		201.033	223.588	1.916	16.001	647	65	993	2	4	2	109	14	444.374	618.044

(5)身分證明書受給者郷關地○年齡及就勞地一覽表

康德7年3月分

郷關地		河北省	山東省	山西省	河南省	江蘇省	浙江省	安徽省	廣東省	湖北省	福建省	察哈爾省	其ノ他	月計
年齡別	十九歲以下	34.938	38.314	314	2.866	109	17	146	1	2		9	1	76.717
	二十歲以上	67.477	86.757	761	5.210	240	22	362			1	43	2	160.875
	三十歲以上	45.948	52.227	479	3.616	165	18	258	1	2	1	32	8	102.755
	四十歲以上	35.423	31.122	272	3.398	105	4	197				19	2	70.587
	五十歲以上	15.017	12.783	85	877	26	4	29				6	1	28.828
	六十歲以上	2.230	2.385	5	39	2		1						4.662
就勞地別	關東州	3.733	39.180		484	37	4	15		1		2		43.456
	奉天省	68.912	56.873	1.109	4.700	174	24	173				5	4	131.974
	吉林省	24.181	26.208	200	466	111	21	3			2	9		51.195
	濱江省	12.810	25.259	239	367	24	10	10		2				38.721
	龍江省	3.499	5.125	85	262	11		3						8.985
	安東省	2.405	6.645	7	63	2								9.122
	三江省	5.854	7.651	8	739	48		251						14.546
	黑河省	8.720	4.623	17	930	32		123				58	1	14.504
	錦州省	14.581	6.580	27	257	19		182				1	1	21.648
	熱河省	2.710	904	19	329			2					1	3.965
	興安各省	5.094	3.278	48	418	7		2				3		8.850
	間島省	5.659	5.519	79	987	8		60				6	2	12.320
	通化省	11.933	12.817	12	1.669	71		36				2	4	26.544
	牡丹江省	15.409	13.011	35	3.158	67	1	74				27		31.782
	東安省	9.221	6.687	10	732	28		53		1			1	16.733
	北安省	6.312	3.233	21	440	13	5	2	2			1		10.029
月計		201.033	223.588	1.916	16.001	647	65	993	2	4	2	109	14	444.874
備考	(訂正)2月分五號表中河北省ノ十九歲以下8.450ヲ8.458ニ郷關地江蘇省就勞地吉林省ノ3ヲ8ニ訂正ス													

31

(6)身分證明書受給者經由地別・鄉關・年齡及就勞地一覽表　康德7年3月分

經由地別		大連	營口	安東	山海關	古北口	喜峰口	冷口	月計
鄉關別	河北省	23.467	11.242		161.567	3.959	175	623	201.033
	山東省	118.505	5.821		98.344	759	63	96	223.588
	山西省	7	34		1.841	34			1.916
	河南省	2.043	1.977		11.654	327			16.001
	江蘇省	219	21		407				647
	浙江省	48			17				65
	安徽省	173	118		700	2			993
	廣東省	2							2
	湖北省	3			1				4
	福建省				2				2
	察哈爾省	2	24		81	2			109
	其ノ他	4	1		8	1			14
年齡別	十九歲以下	26.860	3.404		45.614	711	32	96	76.717
	二十歲以上	54.916	6.531		97.486	1.623	71	248	160.875
	三十歲以上	33.190	4.299		63.644	1.366	64	192	102.755
	四十歲以上	20.123	3.510		45.901	871	41	91	70.537
	五十歲以上	7.887	1.407		19.042	403	19	70	28.828
	六十歲以上	1.497	87		2.935	110	11	22	4.662
就勞地別	關東州	48.300	1		155				48.456
	奉天省	35.801	7.542		86.605	1.972	11	43	131.974
	吉林省	10.190	895		40.065	4	15	26	51.195
	濱江省	12.313	2.056		24.306			46	38.721
	龍江省	1.454	13		7.510	4	1	3	8.985
	安東省	6.010	1.561		1.551				9.122
	三江省	6.198	805		7.538			5	14.546
	黑河省	2.213	1.788		10.503				14.504
	錦州省	687	67		20.807	41	11	35	21.648
	熱河省	8			472	2.837	173	475	3.965
	興安各省	1.661	219		6.669	223	22	56	8.850
	間島省	3.891	591		7.830			8	12.320
	通化省	9.174	872		16.495	3			26.544
	牡丹江省	4.550	869		26.338		5	20	31.782
	東安省	5.145	323		11.265				16.733
	北安省	1.878	1.636		6.513			2	10.029
月計		144.473	19.238		274.622	5.084	238	719	444.374
備考	(訂正)2月分本表中安徽省ノ月計835ヲ835ニ山海關ノ四十歲以上10.998ヲ10.993ニ訂正ス								

（7） 入離滿勞働者職業細別・經由地一覧表

康德7年3月分

職業別		大連 入滿	大連 離滿	營口 入滿	營口 離滿	山海關 入滿	山海關 離滿	古北口 入滿	古北口 離滿	喜峰口 入滿	喜峰口 離滿	冷口 入滿	冷口 離滿	月計 入滿	月計 離滿	本年累計 入滿	本年累計 離滿
農牧林業	農耕	8.718	846	184	85	36.803	1.797	483	64	59		157	1	46.399	2.743	71.678	10.769
	養蠶業	1				1								2		3	3
	畜產業	15	1			175	31	75	14					265	46	435	102
	林業	45	12		1	118	102	1						164	115	311	376
	計	8.774	859	184	86	37.097	1.930	559	78	59		157	1	46.830	2.904	72.427	11.650
漁業	漁業	84	22		1	349	24							433	47	1.146	204
鑛業	金屬鑛業	2.277	10			1.839	26	9	2	2				4.127	38	7.675	344
	非金屬礦業	17.371	47	139	7	12.614	583	2.071	1	4		4		32.203	638	54.094	3.125
	採鹽	87				154								241		577	26
	計	19.735	57	139	7	14.607	609	2.080	3	6		4		36.571	676	62.346	3.495
工業	窯業土石加工	6.542	120	342	6	14.075	268	296	9	8		15		21.273	403	27.116	1.926
	金屬工業	39	20		2	63	2							102	24	226	69
	機械器具製造裝置	4.138	286	76	10	7.758	409	595	21	47		68	1	12.682	727	19.952	3.185
	運搬用具製造	269	4			95	19	4	1			1		369	24	518	88
	精巧工業	92	5	3		165	18	3	4			3		266	27	388	120
	化學工業	492	159	23	4	251	45	3	3					769	211	1.291	587
	纖維工業	4.921	579	30	6	2.010	806	24	5	2		14		7.001	896	10.146	2.624
	被服身裝品製造	2.993	256	79	3	2.023	335	41	10	2		9		5.147	604	7.125	2.141
	紙印刷工業	523	48	5		250	8	4	2	6				783	58	1.293	269
	皮革羽毛品製造	821	56	9	2	956	129	24	14	1		1	1	1.312	202	2.219	840
	木竹草蔓等品製造	3.425	149	39	8	4.250	297	90	18	22		179	8	8.005	480	12.364	1.533
	食料品類製造	1.318	129	21	3	1.762	242	80	15	2		18	1	3.201	390	5.353	1.375
	土木業	32.431	236	8.475	24	104.790	670	116	13	17		12		145.841	943	151.336	22.668
	建築業	20.120	431	261	2	19.845	507	234	15			6	2	40.466	957	54.327	6.024
	電氣瓦斯水道	119	20	1		251	13	2	2					373	35	622	139
	其他ノ工業	979	96	46	6	1.045	188	75	9	7		13		2.165	249	3.472	1.149
	計	78.722	2.594	9.410	76	159.589	3.406	1.591	141	109		339	18	249.760	6.230	297.748	44.782
商業	商業從事	4.791	6.627	242	29	4.712	2.988	408	124	13		70	9	10.241	9.777	17.095	29.603
	金融保險業					78	139							78	139	138	324
	待客業從事	1.843	427	36	5	982	173	108	14	14	1	3		2.986	620	4.310	1.483
	計	6.634	7.054	278	34	5.772	3.300	516	138	32	1	73	9	13.305	10.536	21.543	31.410
交通業	通信	7	10											7	10	39	20
	運輸	15.565	1.399	853	16	7.487	571	42	24	16		5		23.968	2.010	38.818	5.790
	計	15.572	1.409	853	16	7.487	571	42	24	16		5		23.975	2.020	38.857	5.810
其ノ他	家事使用人	6.427	123	8	3	11.211	1.039	24	21	14	1	131	5	17.815	1.152	25.354	3.868
	其ノ他	9.104	2.055	300	34	6.876	1.227	248	42	2		10	1	16.540	3.359	27.687	9.383
	計	15.531	2.178	308	37	18.087	2.266	272	63	16	1	141	6	34.355	4.551	54.041	13.251
月計		145.052	14.173	11.172	207	242.988	12.106	5.060	447	238	2	719	29	405.229	26.564		
本年累計		183.186	48.993	11.172	207	343.881	59.757	8.164	1.536	340	4	915	55			547.608	110.552
備考	（訂正）2月分本表中，畜產業ノ入滿月計欄ニ155トアルヲ125ニ訂正ス																

33

(8)入離満労働者職業別・就労地一覧表

康德7年3月分

職業別		農業	林業	漁業	鑛業	商業	土木業	建築業	製造業	運交業	雑役	月計	前年同月比較	本年累計
入満者目的就労地	關東州	2.644	5	27	608	2.975	3.771	8.551	9.210	12407	7.536	47.734	(一) 8.185	68.154
	奉天省	13.775	38	79	16.294	3.799	39.385	12.579	20.716	5.359	11.528	124.052	49.025	177.388
	吉林省	9.939	21	12	897	1.283	13.552	7.929	8.561	1.750	4.455	47.527	30.295	64.657
	濱江省	7.924	29	23	93	2.278	8.260	2.679	8.966	1.809	4.880	36.941	16.731	50.048
	龍江省	3.197	5	16	6	284	2.263	681	1.478	189	741	8.840	3.907	12.430
	安東省	577	2		31	378	2.111	1.208	2.169	589	746	7.811	4.573	9.148
	三江省	716	4	4	5.009	228	5.713	467	659	137	326	13.263	8.841	15.123
	黑河省	73	3	2	314	58	9.232	621	380	11	48	10.742	8.877	10.881
	錦州省	1.186	6	247	5.909	526	6.153	1.754	3.684	705	1.367	21.537	10.506	39.057
	熱河省	599	7		13	619	109	252	1.648	56	473	3.771	611	6.061
	興安各省	1.511	15	3	1.088	205	2.121	435	332	64	285	6.059	3.995	8.348
	間島省	668	2	1	1.045	85	7.290	442	248	110	262	10.153	2.354	11.807
	通化省	1.262	9	18	2.922	135	16.323	627	1.159	154	457	23.068	12.956	25.572
	牡丹江省	1.475	16	1	348	282	17.760	2.111	1.798	554	811	25.156	4.025	28.084
	東安省	32			1.990	31	7.638	164	828	7	64	10.754	10.754	11.798
	北安省	1.058	2		4	139	3.660	888	1.622	74	376	7.823	7.823	9.102
	月計	46.666	164	433	36.571	13.305	145.841	40.466	63.453	23.975	34.355	405.229		
	前年仝月比較	22.412	(一) 42	(一) 182	17.456	6.507	69.320	19.333	20.534	3.932	8.718		167.988	
	本年累計	72.116	311	1.146	62.346	21.543	151.336	54.327	92.085	38.357	54.041			547.608
離満者滞満就労地	關東州	376		13	16	4.097	155	341	1.164	1.283	1.655	9.100	1.913	29.476
	奉天省	989	14	10	319	2.516	359	310	1.810	375	1.474	8.176	3.395	31.630
	吉林省	373	34	1	27	999	75	95	324	99	400	2.427	867	9.830
	濱江省	321	28	1	3	989	51	71	411	96	357	2.328	686	10.031
	龍江省	110	2	1	1	237	10	11	46	12	66	496	18	1.524
	安東省	39	1			214	2	7	65	38	36	397	172	2.250
	三江省	19	9		25	201	11	6	27	14	39	351	(一) 5	1.705
	黑河省	4			3	30	4		4		14	59	21	500
	錦州省	189	1	21	201	335	114	70	213	54	215	1.415	622	4.888
	熱河河省	81	3		2	205	14	19	150	26	120	620	188	2.053
	興安各省	85	1		2	143	8	1	30	7	43	320	87	1.059
	間島省	36	6		16	60	14	1	10	4	27	174	88	1.358
	通化省	70	3		29	116	61	4	12	4	19	318	142	5.940
	牡丹江省	51	8		3	125	53	17	38	11	42	348	173	6.682
	東安省	11			28	44	4		3	1	9	100	100	861
	北安省	35	5		1	225	8	4	23	1	35	337	337	765
	月計	2.789	115	47	676	10.536	943	957	4.330	2.020	4.551	26.964		
	前年仝月比較	1.259	101	34	489	348	73	778	1.752	841	3.129		8.803	
	本年累計	11.274	376	204	3.495	31.410	22.668	6.024	16.040	5.810	13.251			119.552
備考		「訂正」 2月分本表中 入満者ノ商業欄，前年仝月比較 2.078ヲ2.079＝ 離満者ノ通化省，前年仝月比較 600ヲ609 ＝ 訂正ス												

(9) 入滿勞働者隨伴家族入滿實數調

康德7年3月分

入滿地	性別 \ 查證地	天津	北京	山海關	青島	芝罘	龍口	威海衛	安東	古北口	喜峰口	冷口	濟南	月計	本年累計
大連	男	867			3.486	2.548	1.560	482					66	9.009	12.538
	女	2.818			9.517	6.796	3.869	1.680					150	24.830	34.566
	計	3.685			13.003	9.344	5.429	2.162					216	33.839	47.099
營口	男	31					190							221	221
	女	109					446							555	555
	計	140					636							776	776
安東	男														
	女														
	計														
山海關	男			5.477										5.477	7.958
	女			11.782										11.782	19.149
	計			17.259										17.259	27.107
古北口	男		14							394				408	630
	女	1	31							758			2	792	1.271
	計	1	45							1.152			2	1.200	1.901
喜峰口	男										27			27	44
	女										80			80	107
	計										107			107	151
冷口	男											49		49	60
	女											96		96	109
	計											145		145	169
月計	男	898	14	5.477	3.486	2.548	1.750	482		394	27	49	66	15.191	
	女	2.928	31	11.782	9.517	6.796	4.315	1.680		758	80	96	152	38.135	
	計	3.826	45	17.259	13.003	9.344	6.065	2.162		1.152	107	145	218	53.326	
本年累計	男	1.376	23	7.958	5.001	3.442	2.292	549		607	44	60	94		21.446
	女	4.461	51	19.149	13.387	9.117	5.861	1.966		1.215	107	109	334		55.757
	計	5.837	74	27.107	18.388	12.559	8.153	2.515		1.822	151	169	428		77.203

35

(10) 離満勞働者隨伴家族離満實數調

康德7年3月分

離満地	性別	陸路 山海關	陸路 古北口	陸路 喜峯口	陸路 冷口	陸路 計	海路 天津	海路 塘沽	海路 青島	海路 芝罘	海路 龍口	海路 威海衛	海路 計	月計	本年累計
大連	男						123		180	330	139	33	805	805	1.652
	女						714		716	1.500	831	302	4.063	4.063	8.384
	計						837		896	1.830	970	335	4.868	4.868	10.036
營口	男						2						2	2	2
	女						3				10		13	13	13
	計						5				10		15	15	15
安東	男														
	女														
	計														
山海關	男	616				616								616	1.794
	女	984				984								984	3.471
	計	1.600				1.600								1.600	5.265
古北口	男		2			2								2	5
	女		13			13								13	23
	計		15			15								15	28
喜峯口	男														
	女														
	計														
冷口	男														
	女														
	計														
月計	男	616	2			618	125		180	330	139	33	807	1.425	
	女	984	13			997	717		716	1.500	841	302	4.076	5.073	
	計	1.600	15			1.615	842		896	1.830	980	335	4.883	6.498	
本年累計	男	1.794	5			1.799	265		375	597	342	75	1.654		8.453
	女	3.471	23			3.494	1.407	10	1.529	3.072	1.734	645	8.397		11.891
	計	5.265	28			5.293	1.672	10	1.904	3.669	2.076	720	10.051		15.344
備考		「訂正」2月分本表中芝罘ノ月計欄中男194トアルヲ104ト訂正ス													

伪满劳工协会监理部长关于送交一九四〇年四月出入伪满劳工统计月报致伪满治安部警务司长、民生部劳务司长等的函（一九四〇年七月十五日）

秘

監登祕第一、一九八號

康德七年七月十五日

滿洲勞工協會監理部長

入離滿勞働者統計月報送附ノ件

四月分首題月報別册ノ通及送附候也

送附先

治安部警務司長

民生部勞務司長

關東局司政部長

關東軍第四課長

關東軍第三課長

關東憲兵隊司令部警務部長

興農部開拓總局長

喜峰口警察署長

冷口警察署長

首都警察廳特務科特高股

滿

1 本社調查部長

2 新京支社鐵道課

3 新京支社業務課

4 奉天鐵道局長

12

經濟部官房資料科長
關東軍經理部主計科
國務院總務廳統計處長
國務院總務廳企劃處長
新京特別市公署行政科長
大使館通商課
北京特務機關長
天津特務機關長
濟南特務機關長
青島特務機關長
芝罘特務機關長
青島海軍駐在武官
旅順要港部副官
天津總領事
濟南總領事
青島總領事
芝罘領事
關東州警察部長
大連水上警察署長
安東警察廳長
營口警察廳長
營口水上警察署長
山海關國境警察署長
古北口警察署長

鐵
5 奉天鐵道總局營業局旅客課長
6 奉天鐵道總局營業局貨物課長
7 奉天鐵道總局營業局資料課長
8 奉天鐵道總局水運局水運課長
9 北支經濟調查所長
華北交通會社旅客課長
大連修航會長
營口航業聯合會長
安東航路同盟會長
奉天ビューロー滿洲支部長
北京新民會
東京帝大農學部農業經濟學教室
北海道帝大農學部農業經濟學教室
拓殖大學拓殖研究會
滿洲土木建築協會長
關東州勞務協會長
滿洲中央銀行總行內臨時儲蓄局日支部
滿洲中央銀行總行產業部調查科

滿洲勞工協會
- 本部各部科長（除登錄科長）
- 國外各支部出張所長
- 奉天省支部長
- 安東省支部長
- 營口出張所長
- 大連駐在員

--13.

康德7年4月分

入離滿勞働者統計月報

滿洲勞工協會監理部

目次

14

(1) 身分證明書·特別身分證明書·特種身分證明書受給者查證地別各種統計表

康德7年4月分

查證地別		天津	濟南	北京	山海關	青島	芝罘	龍口	威海衛	安東	古北口	喜峰口	冷口	月計	前年同月比較增減	本年累計
身分證明書	來所者	95,863	27,409	9,798	38,196	18,419	23,716	9,726	3,533		1,149	218	381	217,297	34,476	843,804
	拒否者	2,933	6	15	140	80		1						3,175	1,458	8,753
	受付	92,929	27,403	9,783	28,056	18,339	23,716	9,725	3,533		1,149	218	381	214,122	33,018	838,451
	不合格者	65	275	1	4	84	104				2	2		487	(-)464	1,772
	受給者 單獨	87,428	25,131	8,598	23,015	15,885	19,854	8,462	3,340		1,019	203	357	193,192	20,738	765,726
	受給者 家族同伴者	5,436	1,997	1,184	5,037	2,420	2,758	1,263	183		128	13	24	20,443	12,744	65,953
	受給者 計	92,864	27,128	9,782	28,052	18,305	22,612	9,725	3,523		1,147	216	381	213,635	33,482	831,679
	隨伴家族 男	2,671	1,429	723	4,486	1,490	2,217	902	109		111	19	23	14,180	9,495	44,379
	隨伴家族 女	8,355	2,947	1,766	7,464	4,069	5,141	2,435	276		205	22	35	32,765	20,705	105,013
	隨伴家族 計	11,026	4,376	2,489	11,950	5,559	7,358	3,337	385		316	41	58	46,945	30,200	149,397
特別身分證明書	受給者 月計	233		33	44	12	156	3	37		31	42	12	608	105	
	受給者 本年累計	637		139	318	60	599	19	137		100	143	31			2,073
	返納者 月計	140		35	47	11	174	4	39		23	31	9	513	60	
	返納者 本年累計	374		100	174	45	437	8	106		71	107	17			1,439
	失效者 月計	26		3	8	3	46	1					2	84	39	
	失效者 本年累計	66		12	4	5	75	3	1		3	3	5			175
特種身分證明書	受給者 月計	1,172			19		1,369				7	94	1	2,662	2,264	
	受給者 本年累計	1,468			50		1,518				235	322	12			3,605
備考																

(2)身分證明書受給者查證地別・郷關・經由地及就勞地一覽表

康德　7年　4月分

查證地別		天津	済南	北京	山海関	青島	芝罘	龍口	威海衛	安東	古北口	喜峰口	冷口	月計	前年同月比較増減	本年累計
郷關別	河北省	59265	507	6684	26068	64	87	2			1028	200	278	94133	20244	374774
	山東省	27628	35084	517	1894	18116	22552	9723	3523		87	16		108888	14925	428974
	山西省	458	8	1708	14		1				15			2194	631	4888
	河南省	4931	1099	868	228	4	1				14			7146	(一)1456	25260
	江蘇省	177	182	4	35	55	14				1			475	(一)568	1395
	浙江省	10	1			53	1							65	18	168
	安徽省	263	295		9	3	2							571	(一)248	1863
	[illegible]				2									2	1	5
	湖北省	1				11	3							15	11	30
	[illegible]														(一)3	2
	察哈爾省	139									2			141	(一)64	288
	其ノ他	2		1	1		1							5	(一)9	28
經由地別	大連	5696	3760	46		18305	17136	6792	3523					55258	(一)[illegible]05	253279
	營口	14103	809	3				2933						17848	(一)18783	37086
	安東	16					5476							5492	581	5493
	山海関	72981	22529	9007	28052									132569	56682	523572
	古北口	68	80	726							1147			1971	(一)565	10498
	喜峰口											216		216	64	556
	冷口												281	281	(一)192	1195
就勞地別	関東州	2452	862	56	18	4275	7198	985	2099					17945	(一)9872	89568
	奉天省	26288	7477	4524	10450	4337	3230	2083	321		325		14	59049	8927	252137
	吉林省	12216	4854	742	4462	2519	1156	805	114		3	1	4	26876	8905	98657
	濱江省	6271	3208	1615	2020	1435	1888	4247	69		2		13	20768	(一)5115	75468
	龍江省	2079	861	454	1179	252	120	145	7					5097	640	18092
	安東省	931	119	23	174	965	5811	295	642					8960	1652	19854
	三江省	5665	2102	58	386	153	151	375	9				1	8900	5118	27129
	黒河省	4121	763	86	348	106	107	71	4					5601	3810	20262
	錦州省	2372	1155	864	3204	167	38	23	23		18		14	7878	1802	50094
	熱河省	138	29	632	207	5	2				729	200	218	2160	(一)731	8682
	興安各省	2455	485	162	924	14	43	48	6		68	15	11	4231	2847	15853
	間島省	[illegible]	502	21	289	885	249	64	21				3	4548	(一)1087	18708
	通化省	2790	557	177	973	1008	692	63	81					6350	2341	36771
	牡丹江省	7262	1726	182	1448	694	1045	468	115				5	12935	(一)18292	48242
	東安省	10862	1875	26	1356	1014	477	24	7				1	15442	15442	33791
	北安省	4439	753	160	624	476	405	29	5		2		2	6895	6895	18371
月計		92864	27128	9782	28052	18305	22612	9725	3523		1147	216	281	218635		
前年同月比較		11581	17507	8279	151	2095	(一)16667	9725	2059	(一)15	(一)1105	64	(一)192		33482	
本年累計		366600	123974	32305	103872	77963	74745	29639	12855		7975	556	1195			831679
備考																

(3) 身分證明書受給者職業別・查證地、經由地及就勞地一覽表

康德7年4月分

	職業別	農業	林業	漁業	鑛業	商業	土木業	建築業	製造業	運交業	雜役	月計
查證地別	天津	8305	7	21	4851	337	51763	7268	11588	3298	5441	92364
	濟南	7762	4	10	1658	347	13292	589	2150	806	510	27128
	北京	1145	2	1	1940	1648	605	817	3881	252	391	9782
	山海關	3056	45	89	2111	3751	4903	1230	4292	834	7791	28052
	青島	3269	6	7	2084	816	2070	2451	3260	1840	3012	18305
	芝罘	1209	10	7	201	4272	1171	4648	4941	1757	4396	22612
	龍口	123	4	1	70	2939	10	1308	2546	239	2496	9725
	威海衛	91			12	397		458	1009	601	954	3523
	安東											
	古北口	189			337	223	22	66	193	34	94	1147
	喜峰口	26			60	25	3	42	27	4	30	216
	冷口	45	17		1	71		11	48	1	87	281
經由地別	大連	4428	16	35	3589	6491	8707	7609	10110	4638	9595	55256
	營口	217	3	4	1479	890	11017	617	2032	688	901	17848
	安東	611	2		43	613	201	1084	1415	452	1072	5492
	山海關	19552	57	57	6915	5753	53860	9411	19806	3773	18365	138569
	古北口	331			329	472	31	109	497	50	152	1971
	喜峰口	26			60	25	3	42	27	4	30	216
	冷口	45	17		1	71		11	48	1	87	281
就勞地別	關東州	840	2	13	171	2877	1370	1903	3305	3141	4328	17945
	奉天省	7066	35	25	5306	4313	12296	5547	13118	2781	8667	59049
	吉林省	5058	5	4	831	1234	9489	2931	3865	948	3011	26876
	濱江省	4458	7	5	38	3442	1953	1748	5402	1088	3637	20768
	龍江省	1849	7	4		288	1105	364	707	198	575	5097
	安東省	917	1	2	92	876	1039	1437	2208	723	1670	8960
	三江省	606	5	1	59	297	6811	191	484	207	339	8900
	黑河省	45	3		139	39	4615	515	190	9	46	5601
	錦州省	602	2	27	2653	404	1728	507	969	138	848	7878
	熱河省	357	17		98	549	39	164	566	50	320	2160
	興安各省	3449	8	5	350	199	2253	310	216	51	290	4281
	間島省	307			33	74	3523	219	175	46	172	4548
	通化省	1019	6		767	170	2942	358	617	97	374	6350
	牡丹江省	761	6		133	871	8745	1186	999	218	531	12935
	東安省	30			2448	25	11175	987	719	6	52	15442
	北安省	656	1		3	162	4755	516	400	60	347	6895
月計		25210	95	86	12415	14316	75838	18888	33935	9656	35302	218635
前年同月比較		10363	(-) 58	24	6056	9040	15238	2214	(-) 6319	(-) 2625	(-) 439	33483
本年累計		101037	409	1315	80024	40108	270562	77561	131874	50005	78894	831679

備考

17

（4）身分證明書受給者○鄕關別職業細別一覽表

康德7年4月分

鄕關別		河北省	山東省	山西省	河南省	江蘇省	浙江省	安徽省	廣東省	湖北省	福建省	察哈爾省	其ノ他	月計	本年累計
農牧林業	農耕	7.196	17.428	140	224	54		52						25.094	100.487
	蠶業														
	畜産業	74	42											116	540
	林業	68	25		2									95	409
	計	7.338	17.495	140	226	54		52						25805	101486
漁業	漁業	60	26											86	1.215
鑛業	金属鑛業	663	809	8	6	6		1						1.488	10.511
	非金属鑛業	6.190	4.270	94	245	95		10					1	10.905	68.952
	採鹽	5	17											22	5.61
	計	6.858	5.096	97	251	101		11					1	12.415	80.024
工業	窯業土石加工	3.908	4548	36	158	3								7.648	87.148
	金属工業	12	26											40	286
	機械器具製造修理	2.868	2.510	245	17	1			2					5.881	26.585
	運搬用具製造	111	132	2	1									246	808
	精巧工業	164	70	7		8	6							250	656
	化學工業	137	334	24	8	12		1						511	1.891
	纖維工業	1.966	3.820	89	9	1	9							5.894	16.619
	被服身装品製造	1.747	1.798	35		9	2	1		1				3.588	11071
	印刷工業	301	348	5	1									6.55	2.027
	皮革骨羽毛品製造	717	325	13	1							1		1.057	8.407
	木竹草蔓等品製造	2.425	2.087	44	17	2		1						4576	17.889
	食料品製造	1.125	997	228	12	6	20							2.388	7.919
	土木業	35.987	30748	448	5.835	241	2	496		1		188	2	73.888	270.562
	建築業	8.336	10.355	164	18	8		7				5		18.888	77.561
	電氣瓦斯水道	134	108											242	896
	其他ノ工業	974	478	9	498									1.459	5.082
	計	59.097	58.879	1.844	6.580	286	89	500	2	2		189	2	126.6[illegible]	479.997
商業	商業従事	4.677	5.470	263	22	4	2					1	2	10441	28840
	金融保險業	84	3											87	208
	待客業従事	684	2.994	105	82	7	2			18				3.787	11.560
	計	5.395	8.467	368	68	11	4			18		1	2	14.315	40.108
交通業	通信		4											4	17
	運輸	3.077	6.391	158	21	3	1	1						9.652	49.988
	計	3.077	6.395	158	21	3	1	1						9.656	50.005
其ノ他	家事使用人	7.577	5.195	8	3	4								12787	88.182
	其ノ他	4781	7.585	89	28	11	21	1				1		12415	40762
	計	12.308	12.780	92	36	15	21	1				1		25.202	78.894
月計		94.188	108.388	2.194	7.160	475	65	571	2	15		141	5	213.685	881.679
備考	訂正一	二月分四號表中山東省家事使用人1.9 8 4 ヲ 1 9 8 8 ニ其他ノ工業4 2 5 ヲ 4 2 6 ニ訂正相成度尚月計○累計欄及ビ三月分累計欄ヲモ右ニ準シ可然訂正相煩度													

18

（5）身分證明書受給者鄉國別、年齡及就勞地一覽表

康德7年4月分

鄉國別		河北省	山東省	山西省	河南省	江蘇省	浙江省	安徽省	廣東省	湖北省	福建省	察哈爾省	其ノ他	月計
年齡別	十九歲以下	14,043	18,129	281	1,302	81	23	89		1		11		33,960
	二十歲以上	28,541	37,171	769	1,949	180	20	168		3		59	1	68,861
	三十歲以上	24,572	26,819	613	1,686	111	11	155	2	6		28	1	54,004
	四十歲以上	16,942	16,737	373	1,664	80	8	121		2		25	3	35,960
	五十歲以上	8,147	8,111	144	527	16	2	35		3		11		16,996
	六十歲以上	1,883	1,921	9	18	7	1	3				7		3,854
就勞地別	關東州	1,790	16,010		107	13	7	12		5			1	17,945
	奉天省	31,729	24,563	1,079	1,490	103	17	54				12	2	59,049
	吉林省	11,989	13,869	154	716	62	22	52		1		11		26,876
	濱江省	6,622	13,461	312	324	29	11	4		5				20,768
	龍江省	2,506	2,347	72	163	5	2	2						5,097
	安東省	812	8,108	66	30		1			3				8,960
	三江省	3,845	3,769	599	940	14	3	253		1		16		8,900
	黑河省	2,834	2,267	1	426	10		60				3		5,601
	錦州省	5,344	2,115	35	267	11	2	101	2				1	7,878
	熱河省	1,860	169	28	101	1						1		2,160
	興安各省	2,350	1,476	77	309	17		1				1		4,231
	間島省	1,530	2,334	105	536	6		4				33		4,548
	通化省	2,833	3,155	3	337	18		3					1	6,350
	牡丹江省	6,356	5,660	214	677	23		4				1		12,935
	東安省	8,141	6,617	14	511	76		21				62		15,442
	北安省	3,592	2,963	35	212	87						1		6,895
月計		94,133	108,888	2,194	7,146	475	65	571	2	15		141	5	213,635
備考														

(6) 身分證明書受給者經由地別，鄉關，年齡及就勞地一覽表

康德7年4月分

經由地別		大連	營口	安東	山海關	古北口	喜峰口	冷口	計
鄉關別	河北省	4.428	9.057	16	78.547	1.612	200	278	94.138
	山東省	50.325	7.152	5.478	45.760	159	16	8	108.888
	山西省	3	175		1.926	90			2.194
	河南省	271	1.187		5.581	107			7.146
	江蘇省	139	122		213	1			475
	浙江省	54			11				65
	安徽省	29	121		421				571
	廣東省				2				2
	湖北省	11		3	1				15
	福建省								
	察哈爾省	2	33		104	2			141
	其ノ他	1	1		3				5
年齡別	十九歲以下	10.069	2.874	1.286	19.395	244	47	45	33.960
	二十歲以上	17.984	5.365	1.653	43.092	590	84	93	68.861
	三十歲以上	13.570	4.268	1.205	34.295	558	40	68	54.004
	四十歲以上	8.337	3.424	760	28.057	314	27	41	35.960
	五十歲以上	4.117	1.715	416	10.524	189	17	18	16.996
	六十歲以上	1.181	202	172	2.206	76	1	16	3.854
就勞地別	關東州	17.844	10		91				17.945
	奉天省	9.656	7.201	17	41.834	327		14	59.049
	吉林省	4.670	662	1	21.535	3	1	4	26.876
	濱江省	6.882	1.212	1	12.658	2		13	20.768
	龍江省	601	121	2	4.373				5.097
	安東省	2.477	228	5.260	995				8.960
	三江省	1.011	1.187		6.701			1	8.900
	黑河省	412	66		5.123				5.601
	錦州省	238	47		7.555	24		14	7.878
	熱河省	7	1		811	1.423	200	218	2.160
	興安各省	369	9		3.637	190	15	11	4.231
	間島省	1.209	695	2	2.639			3	4.548
	通化省	2.177	452	208	3.513				6.350
	牡丹江省	2.568	1.728	1	8.638				12.935
	東安省	4.051	2.681		8.709			1	15.442
	北安省	1.086	1.548		4.257	2		2	6.895
月計		55.258	17.848	5.492	132.569	1.971	216	281	213.635

20

(7) 入離滿勞働者職業細別，經由地一覽表

康德7年4月分

職業別	入離滿經由地 入離滿別	大連 入滿	大連 離滿	營口 入滿	營口 離滿	安東 入滿	安東 離滿	山海關 入滿	山海關 離滿	古北口 入滿	古北口 離滿	喜峰口 入滿	喜峰口 離滿	冷口 入滿	冷口 離滿	月計 入滿	月計 離滿	本年累計 入滿	本年累計 離滿
農牧林業	農耕	4.918	988	197	119	550	51	19.130	2.216	271	66	26	1	45		25.187	8.436	96.815	14.605
	養蠶業		2	2			1	1								3	3	6	6
	畜産業	10						73	34	57	8					140	42	575	144
	林業	13	11	4		1	5	58	127					17		93	143	404	519
	計	4.941	996	208	119	551	57	19.262	2.377	328	74	26	1	62		25.873	8.624	97.800	15.274
漁業	漁業	23	5	3	1			56	32							82	38	1.228	243
鑛業	金屬鑛業	648	5					290	27	8		59				1.000	32	8.675	376
	非金屬礦業	8.606	88	1.615	42	39	2	5.779	576	324	3		1	1		11.364	711	65.458	8.837
	採鹽	10	4	2				12								24	4	601	80
	計	4.259	97	1.617	42	39	2	6.081	603	332	3	59	1	1		12.388	748	74.734	4.248
工業	窯業土石加工	2.409	117	1.629	28	41	1	4.686	631	95	10	4		6		8.870	787	85.986	2.713
	金屬工業	6	82	3	2		1	28	8	1						38	43	264	113
	機械器具製造裝置	1.482	335	7	5	68	11	3.441	786	139	20			9		5.096	1.157	25.048	4.342
	運搬用具製造	107	17			8		108	17	3	1	3				229	35	747	118
	精巧工業	73	19	4	3	1		150	30	5	5			2		235	57	623	177
	化學工業	253	225	2	2	18	7	205	68	4						482	302	1.773	889
	纖維工業	2.469	512	34	18	684	161	2.314	509	28	5			3		5.532	1.205	15.678	3.829
	被服身裝品製造	1.542	249	11	5	75	14	1.758	666	35	7	3		3		3.427	941	10.552	3.082
	紙印刷工業	298	76	10	3	22	6	291	18	4	2					625	105	1.918	874
	皮革骨羽毛品製造	181	40	19	14	16	8	762	175	34	3		1	2		1.014	241	3.288	1.081
	木竹草蔓等品製造	1.472	159	48	17	122	7	2.538	359	39	4	15		20		4.244	546	16.608	2.079
	食料品類製造	648	159	16	32	62	26	1.534	416	58	20	3	2	3	2	2.324	657	7.677	2.082
	土木業	18.775	256	16.658	162	192	12	69.116	1.280	85	10	2				99.773	1.720	251.109	24.888
	建築業	9.267	691	312	22	978	18	9.684	946	111	27	42		11		20.900	1.704	75.227	7.738
	電氣瓦斯水道	58	13	11	2			158	19	2						229	34	851	178
	其他ノ工業	421	113	265	67	2	2	905	248	49	18					1.642	443	5.114	1.593
	計	34.411	8.013	19.519	882	2.284	274	97.673	6.178	642	127	72	8	59	2	154.660	9.977	452.408	54.709
商業	商業從事	4.249	5.579	1.047	219	251	275	4.608	2.807	398	185	22	1	70	6	10.640	9.022	27.785	38.625
	金融保險業	8						83	108							86	108	224	483
	接客業從事	1.576	449	7	3	31	11	787	171	69	14	3	1	1		2.474	649	6.784	2.183
	計	5.828	6.028	1.054	222	282	286	5.478	3.086	462	149	25	2	71	6	18.200	9.779	34.748	41.189
交通業	通信	6	14					1								7	14	46	34
	運輸	5.321	1.842	665	64	397	12	3.668	906	48	22	4		1		10.099	2.846	48.417	8.636
	計	5.327	1.856	665	64	397	12	3.669	906	48	22	4		1		10.106	2.860	48.463	8.670
其ノ他	家事使用人	4.925	186	81	25	842	20	7.644	1.286	1	5	9		85	6	13.587	1.528	89.941	5.396
	其ノ他	5.944	8.239	968	153	265	60	5.398	1.668	162	33	21		2	2	12.760	5.205	40.447	14.588
	計	10.869	8.425	1.049	178	1.107	80	13.042	2.954	163	33	30		87	8	26.347	6.733	80.388	19.984
合計		65.658	15.420	24.110	1.008	4.660	711	145.261	16.184	1.970	468	216	7	281	16	242.156	38.759		
本年累計		248.794	64.413	35.282	1.215	4.660	711	489.142	75.891	10.184	1.999	556	101	1.196	71			789.764	144.811
備考		（訂正）三月分7號表中家事使用人ノ離滿者月計欄1.152ヲ1.192ニ仝シク同欄ノ職業別月計（總計）26.564ヲ26.964ニ農耕ノ離滿本年累計10.769ヲ11.169ニ訂正ス																	

(8) 入離滿勞働者職業別。就勞地一覽表

康德7年4月分

職業別		農業	林業	漁業	鑛業	商業	土木業	建築業	製造業	運交業	雜役	月計	前年同月比較	本年累計
入滿者目的就勞地	關東州	926		11	177	2.615	1.766	2.175	3.503	3.337	4.823	19.333	(−) 11.299	87.492
	奉天省	7.209	23	21	5.290	4.095	17.825	5.831	12.905	2.738	8.732	64.489	3.691	241.827
	吉林省	5.095	6	5	447	1.161	11.993	8.369	3.911	948	3.064	29.999	11.179	94.656
	濱江省	4.421	7	5	27	2.315	3.035	1.870	5.356	1.310	3.914	22.260	(−) 4.838	72.308
	龍江省	1.765	7	4	1	253	1.135	421	712	193	576	5.067	41	17.497
	安東省	924	2	2	84	583	1.833	1.382	2.222	670	1.749	9.451	3.001	18.599
	三江省	601	5	3	152	297	3.246	292	455	116	345	10.512	6.604	25.635
	黑河省	47	5		162	39	5.689	493	250	9	42	6.736	5.387	17.617
	錦州省	598	2	26	2.686	400	2.146	525	985	136	842	8.346	1.910	47.403
	熱河省	336	17		98	585	41	161	585	48	335	2.156	(−) 608	8.217
	興安各省	639	7	5	50	197	3.545	441	188	45	283	5.400	2909	13.748
	間島省	349			38	72	4.426	227	179	51	194	5.536	(−) 1.929	17.343
	通化省	1.090	156		708	132	4659	357	858	102	423	8.485	2430	34.057
	牡丹江省	790	6		119	332	12546	1.541	1.014	339	609	17.296	(−) 10.075	45.380
	東安省	23			2.189	26	14202	1.149	435	6	57	18.137	18.137	29.935
	北安省	647	1		9	148	6.686	666	379	58	354	8.948	8.948	18.050
	月計	25.280	93	82	12.388	13.200	99.773	20.900	33.937	10.106	26.347	242156		
	前年仝月比較	10.121	(−) 61	1	5.975	7.181	21.668	8.311	(−) 9.346	(−) 2.054	(−) 1.308		35.488	
	本年累計	97.396	404	1.228	74.734	34.743	251109	75.227	126.072	48.463	80.388			789.764
離滿者滯滿就勞地	關東州	560	4	5	17	3.576	209	479	1.294	1.743	2.730	10.617	3.743	40.093
	奉天省	1.324	11	6	360	2.745	910	698	8.190	611	2.293	12.148	6.687	43.778
	吉林省	473	31		87	706	145	179	580	203	541	2.895	1.304	12725
	濱江省	370	51	1	5	1.110	63	98	598	117	407	2.820	1.130	12851
	龍江省	131	1		2	149	17	26	82	13	63	484	(−) 43	2008
	安東省	109	4		2	415	32	29	330	31	133	1.085	(−) 164	3.335
	三江省	11	13		42	118	29	5	35	6	31	290	11	1.995
	黑河省	3			7	17	11		2		10	50	22	550
	錦州省	156	2	26	179	263	149	84	205	63	216	1.343	359	6.231
	熱河省	88			7	203	13	28	111	25	140	615	174	2668
	興安各省	62			1	114	8	4	24	3	36	252	74	1.311
	間島省	29	1		17	51	5	4	5	3	19	134	72	1.492
	通化省	69	4		36	79	62	8	18	3	25	304	150	6.244
	牡丹江省	43	17		6	109	57	59	50	31	56	428	205	7.110
	東安省	22			27	31	6		5		9	100	100	961
	北安省	31	4		3	93	4	3	24	8	24	194	194	959
	月計	3.481	143	38	748	9.779	1.720	1.704	6.553	2.860	6.733	33.759		
	前年仝月比較	1.951	105	28	527	(−) 498	1.065	1.377	2.813	1.562	5.088		14018	
	本年累計	14.755	519	242	4.248	41.189	24.388	7.728	22593	8.670	19.984			144.311
備考														

22

（９）入滿勞働者隨伴家族人滿實數調

康德７年４月分

入滿地＼查驗地＼別		天津	濟南	北京	山海關	青島	芝罘	龍口	威海衛	安東	古北口	喜峰口	冷口	月計	本年累計
大連	男	371				2.191	1.818	999	445					5.819	18.352
	女	1.367				5.978	5.577	3.110	1.670					17.702	52.368
	計	1.788				8.169	7.390	4.109	2.115					23.521	70.620
營口	男	279						745						1.024	1.245
	女	889						1.820						2.709	3.264
	計	1.168						2.565						3.733	4.509
安東	男						461							461	461
	女						1.907							1.907	1.907
	計						2.368							2.368	2.368
山海關	男				4.486									4.486	12.444
	女				7.464									7.464	26.613
	計				11.950									11.950	39.057
古北口	男			18							106			124	754
	女	5		37							207			249	1.520
	計	5		55							313			373	2.274
喜峰口	男											19		19	63
	女											22		22	129
	計											41		41	192
冷口	男												23	23	83
	女												35	35	144
	計												58	58	227
月計	男	650		18	4.486	2.191	2.274	1.744	445		106	19	23	11.956	
	女	2.261		37	7.464	5.978	7.484	4.930	1.670		207	22	35	30.088	
	計	2.911		55	11.950	8.169	9.758	6.674	2.115		313	41	58	42.044	
本年累計	男	2.026	94	41	12.444	7.192	5.716	4.036	994		713	63	83		33.402
	女	6.722	334	88	26.613	19.365	16.601	10.791	3.636		1.422	129	144		85.845
	計	8.748	428	129	39.057	26.557	22.317	14.827	4.630		2.135	192	227		119.247

(10)離滿勞働者隨伴家族離滿實數調

康德7年4月分

離滿地	性別	陸路					海路							月計	本年累計
		山海関	古北口	喜峰口	冷口	計	天津	塘沽	青島	芝罘	龍口	威海衛	計		
大連	男						189		219	237	154	42	841	841	2.493
	女						935		827	1.492	790	531	4575	4.575	12.959
	計						1.124		1.046	1.729	944	573	5.416	5.416	15.452
營口	男						3				10		13	13	15
	女						42				44		86	86	99
	計						45				54		99	99	114
安東	男									3			3	3	3
	女						3			103			106	106	106
	計						3			106			109	109	109
山海関	男	769				769								769	2.563
	女	899				899								899	4.370
	計	1.668				1.668								1.668	6.933
古北口	男		11			11								11	16
	女		14			14								14	37
	計		25			25								25	53
喜峰口	男														
	女														
	計														
冷口	男														
	女														
	計														
月計	男	769	11			780	192		219	240	164	42	857	1.637	
	女	899	14			913	980		827	1.595	834	531	4.767	5.680	
	計	1.668	25			1.693	1.172		1.046	1.835	998	573	5.624	7.317	
本年累計	男	2.563	16			2.579	457		594	837	506	117	2.511		5.090
	女	4.370	37			4.407	2.387	10	2.356	4.667	2.568	1.176	13.164		17.571
	計	6.933	53			6.986	2.844	10	2.950	5.504	3.074	1.293	15.675		22.661
備考															

伪满劳工协会监理部长关于送交一九四〇年五月出入伪满劳工统计月报致伪满中央银行调查课的函

（一九四〇年八月十三日）

中央銀行調査科御中

滿勞監發秘第一四九〇號

康德七年八月十三日

滿洲勞工協會監理部長

入離滿勞働者統計月報送付ノ件

五月分首題月報別册ノ通及送付候也

送付先

治安部警務司長
民生部勞務司長
關東局司政部長
關東軍第四課長
關東軍第三課長
關東憲兵隊司令部警務部長
興農部開拓總局長
經濟部官房資料科長
關東軍經理部主計科
滿鐵本社調查部長
喜峰口警察署長
冷口警察署長
首都警察廳特務科特高股

滿鐵
新京支社、鐵道課
新京支社、業務課
奉天鐵道局長
奉天鐵道總局營業局旅客課長
奉天鐵道總局營業局貨物課長
奉天鐵道總局營業局資料課長

國務院總務廳統計處長
國務院總務廳企劃處長
外務局政務處長
新京特別市公署行政科長
大使館通商課
北京特務機關長
天津特務機關長
濟南特務機關長
青島特務機關長
芝罘特務機關長
青島海軍駐在武官
旅順要港部副官
天津總領事
濟南總領事
青島總領事
芝罘領事
關東州警察部長
大連水上警察署長
安東警察廳長
營口警察廳長
營口水上警察署長
山海關國境警察署長
古北口警察署長

奉天鐵道總局水運局水運課長
北支經濟調査所長
華北交通會社旅客課長
大連修航會長
營口航業聯合會長
安東航路同盟會長
奉天ビユーロー滿洲支部長
北京新民會
東京帝大農學部農業經濟學教室
北海道帝大農學部農業經濟學教室
拓殖大學拓殖研究會
滿洲土木建築協會長
關東州勞務協會長
滿洲中央銀行總行內臨時爲替局日支部
滿洲中央銀行總行產業部調査科
滿洲興業銀行調査課長
滿洲勞工協會
本部各部科長
國外各支部、出張所長
奉天省支部長
安東省支部長
營口出張所長
大連駐在員

附：伪满劳工协会监理部编制的出入伪满劳工统计月报（一九四〇年五月）

1

康德7年5月分

入離滿勞働者統計月報

滿洲勞工協會監理部

目　　次

(1) 身分證明書。特別身分證明書。特種身分證明書受給者査證地別各種統計表

康德7年5月分

査證地別			天津	濟南	北京	山海關	青島	芝罘	龍口	威海衞	安東	古北口	喜峰口	冷口	月計	前年同月比較增減	本年累計
身分證明書	來所者		49.481	17.355	8.568	17.123	12.148	14981	6.561	2.482		1.165	231	200	130295	27.371	972.499
	拒否		810	8	51	38	30		-5			1			938	(-) 1.546	9.691
	受付		48.671	17.352	8.517	17.085	12.118	14981	6.556	2.482		1.164	231	200	129.357	28.917	962.808
	不合格		201	99	3	7	26	80		2		5			423	(-) 288	2.195
	受給者	單獨	44077	15.329	7.636	13.739	10001	12.798	5.415	2.349		1.057	222	186	112.809	18.649	878.535
		家族同伴者	4.393	1.924	878	3.339	2.091	2.103	1.141	131		102	9	14	16.125	10556	82.078
		計	48.470	17.253	8.514	17.078	12.092	14.901	6.556	2.480		1.159	231	200	128.934	29.205	960613
	隨伴家族	男	1.616	1.288	495	2.358	1.360	1.498	767	60		65	12	12	9.532	6.338	53.811
		女	6.684	3.003	1.232	4.371	3.525	4007	2.201	190		157	14	30	25.364	16.293	130382
		計	8.250	4.291	1.727	6.729	4.885	5.505	2.968	250		223	26	42	34.896	22.631	184.193
特別身分證明書	受給者	月計	246		27	59	17	107	11	48		24	47	13	599	184	
		本年累計	883		166	277	77	706	30	175		124	190	44			2.672
	返納者	月計	238		29	54	59	105	5	39		30	58	14	631	160	
		本年累計	612		129	228	104	542	13	143		101	165	31			2.070
	失効者	月計	24		4	2	5	23	7	1		1	1	1	74	7	
		本年累計	90		16	6	10	103	10	2		3	3	6			249
特種身分證明書	受給者	月計	539					110				11	138	2	800	500	
		本年累計	2.007			50		1.628				246	460	14			4405
備考																	

3

(2) 身分證明書受給者査證地別。鄉關。經由地及就勞地一覽表

康德7年5月分

	査證地別	天津	濟南	北京	山海關	青島	芝罘	龍口	威海衛	安東	古北口	喜峰口	冷口	月計	前年同月比較增減	本年累計
鄉關別	河北省	28691	895	6246	15670	27	30	5	4		977	210	197	52454	15627	427228
	山東省	17344	16399	761	[illegible]	11972	14840	6551	2476		154	21	3	72106	20817	495080
	山西省	351	3	914	11						3			1282	(一) 467	6162
	河南省	1346	187	589	88	2	2				22			2436	(一) 3929	27702
	江蘇省	56	125	2	18	34	5							240	(一) 412	1839
	浙江省	9			1	53	20							83	40	251
	安徽省	93	144		4		3							244	(一) 2250	2107
	廣東省														(一) 25	5
	湖北省	1				3	1							5	(一) 16	35
	福建省				1	1								2	1	4
	察哈爾省	75									3			78	53	366
	其ノ他	4												4	(一) 234	32
經由地別	大連	2228	2220	24		12092	11334	5026	2480					35404	4260	288683
	營口	2954	285	4				1530						4773	(一) 19660	41859
	安東	31					3567							3598	1765	9091
	山海關	43183	14737	7842	17078									82840	42650	606412
	古北口	74	11	644							1159			1888	54	12386
	喜峰口											231		231	136	787
	冷口												200	200		1395
就勞地別	關東州	1611	295	30	19	3032	5367	770	1820					12944	63	102512
	奉天省	17483	4567	3991	7245	3216	2517	1620	249		287	4	7	41186	13660	293328
	吉林省	8164	2734	708	2592	1436	503	498	60			1	6	16702	5517	115359
	濱江省	4619	2780	1564	1177	872	1103	2555	72		4		10	14756	618	90224
	龍江省	1287	686	318	684	193	109	157	6		3			3438	(一) 256	21530
	安東省	284	51	10	37	504	3572	160	185					4803	1396	24657
	三江省	2840	1548	88	346	129	133	280	17		286		1	5668	3949	32797
	黒河省	936	586		58	65	69	28						1742	(一) 187	22004
	錦州省	1141	557	432	2199	318	98	19	4		2	6	6	4782	1360	54876
	熱河省	164	16	567	116		4	2			528	219	159	1775	(一) 206	10457
	興安各省	1574	396	423	373	11	10	35			48	1	1	2872	1712	18725
	間島省	1056	372	19	77	276	138	43	11					1987	(一) 473	20595
	通化省	1062	866	56	226	746	429	70	24					3479	(一) 213	40250
	牡丹江省	2002	244	55	1284	436	338	214	27		1		6	4607	(一) 5928	52849
	東安省	2621	868	2	275	675	481	63	5					4990	4990	38781
	北安省	1626	687	256	870	183	40	37					4	3203	3203	21574
月計		48470	17253	8514	17078	12092	14901	6556	2480		1159	231	200	128934		
前年同月比較		6036	11716	5970	1758	842	2490	(一) 1002	1648	(一) 1	(一) 395	143			28205	
本年累計		415070	141227	408191	120950	90055	89646	36195	15335		9134	787	1395			950813

備考

（3） 身分證明書受給者職業別・査證地・經由地及就勞地一覽表

康德7年5月分

職業別		農業	林業	漁業	鑛業	商業	土木業	建築業	製造業	運交業	雜役	月計
査證地別	天津	9.180	10	9	2.708	401	16.988	3.153	9.007	3.251	4823	48.470
	[illegible]東	6.991	19	1	2.448	450	4970	250	1.566	520	418	17.253
	北京	811	20		329	2.011	744	499	3.587	181	332	8.514
	山海關	1.710	55	42	1.818	3.745	1.927	898	2.856	425	5.205	17.078
	青島	2.688	1	2	1.953	234	671	876	1.886	1.455	2.326	12.092
	芝罘	556	23	1	169	3.836	517	1.571	4002	1.063	3.163	14.901
	龍口	148			53	2.476	23	539	1.390	159	1.782	6.556
	威海衛	58		1	46	328	2	270	654	451	675	2.480
	安東											
	古北口	142			278	193	292	14	137	47	56	1.159
	喜峰口	8			8	19		17	43	8	128	231
	冷口	25	1		1	74	2	2	16	2	77	200
經由地別	大連	3.568	23	6	3.908	5.676	2.111	2.386	6.664	3.182	7.190	35.404
	營口	281		4	113	626	1.780	262	1.046	115	546	4773
	安東	228	1		5	632	48	342	1.389	228	725	3.598
	山海關	17.516	104	46	4799	6.234	21.895	3.948	15.141	3.2969	10.193	82.840
	古北口	261			279	501	295	28	345	58	121	1.888
	喜峰口	8			8	19		17	43	8	128	231
	冷口	25	1		1	74	2	2	16	2	77	200
就勞地別	關東州	797		5	151	3.712	396	961	2.329	2.231	3.362	12.944
	奉天省	7.234	40	19	4136	4519	2.605	2.613	11.104	1.800	6.913	41.186
	吉林省	4851	18		188	1.155	3.877	1.037	2.519	749	2.358	16.702
	濱江省	3.765	26	2	7	2.212	1.042	753	3.622	817	2.510	14756
	龍江省	1.480	5		5	324	360	109	620	121	414	3.438
	安東省	397	1		8	754	167	444	1.698	352	987	4808
	三江省	335	13	2	89	259	4384	78	205	58	251	5.668
	黑河省	53			87	28	1.385	41	184	4	10	1.742
	錦洲省	387	1	28	1.866	396	448	209	703	101	648	4782
	熱河省	265	1		12	578	12	59	418	67	363	1.775
	興安各省	288	8		1	158	2.047	60	111	23	181	2.872
	間島省	179			10	81	1.472	51	47	37	110	1.987
	通化省	782	4		1.242	150	739	114	113	43	292	3479
	牡丹江省	471	3		19	245	2.653	498	298	104	818	4607
	東安省	24			1.470	26	2.648	281	452	5	75	4990
	北安省	529	12		8	165	1.743	277	226	55	193	3.203
月計		21.337	129	56	9.203	18.762	26.121	7580	24.644	6.562	18.980	128.934
前年同月比較		11.776	89	16	1.776	8.080	1.155	1.138	4202	(-) 835	1.848	29.203
本年累計		122.914	538	1.271	89.227	53.870	296.693	85.141	156.518	56.567	97.874	960.618
備考												

5

(4) 身分證明書受給者・鄉關別・職業細別一覽表

康德9年5月分

鄉關別		河北省	山東省	山西省	河南省	江蘇省	浙江省	安徽省	廣東省	湖北省	福建省	察哈爾省	其ノ他	月計	本年累計
農牧林業	農業	6.259	15.381	25	23	66		32			1			21.787	122.374
	蠶桑業														
	畜産業	62	38											100	640
	林業	73	48	1	2	5								129	538
	計	6.394	15.467	26	25	71		32			1			22.016	123.552
漁業	漁業	49	7											56	1.271
鑛業	金屬鑛業	238	908		3	3								1.152	11.663
	非金屬礦業	2.884	4.887	33	123	52		15						8.036	76.988
	採鹽	1	14											15	576
	計	3.123	5.789	88	135	65		18						9.203	89.227
工業	窯業土石加工	1.205	1.915	27	3								1	3.151	40.294
	金屬工業	8	70											78	314
	機械器具製造裝備	2261	1.668	108	9			1				1		4048	30.583
	運搬用具製造	140	97	4		1								242	1.045
	精巧工業	151	53	6		2								212	868
	化學工業	132	242	13										387	2.278
	纖維工業	1.875	3.884	98	10	8	7							5.882	22.451
	被服身装品製造	1.520	1.255	27	2	8	6			2		1		2.821	13.892
	紙印刷工業	310	246	3	2		1							562	2.589
	皮革骨羽毛品製造	662	305	14	1									982	4389
	木竹草蔓類品製造	1.991	1.150	27	5	7								3.180	20.819
	食料品嗜好品製造	938	776	111	3	4	41	2						1.875	9.794
	土木業	10.645	18.154	285	1.722	55		195				72	3	26.131	296.693
	建築業	3.492	4002	61	25									7.580	85.141
	電氣瓦斯水道	100	68	2										170	1.066
	其他ノ工業	414	270	9	411									1.104	6.186
	計	25.889	29.155	750	2.198	80	55	198		2		74	4	58.855	538.352
商業	商業從事	5017	5.126	226	30	1	4	2				2		10.418	38.758
	金融保險業	75	1											76	[illegible]
	接客業從事	693	2.471	59	30	4	3			3				3.268	14828
	計	5.790	7.608	285	60	5	7	2		3		2		18.762	53.870
運交業	通信	2	3											5	22
	運輸	1.979	4503	64	4	6		1						6.557	56.545
	計	1.981	4506	64	4	6		1						6.562	56.567
其ノ他	家事使用人	5.087	3.432		3		4							8.526	66.658
	其ノ他	4191	6.142	74	11	13	17	3			1	2		10.454	51.216
	計	9.278	9.574	74	14	13	21	3			1	2		18.980	97.874
月計		[illegible]	72.106	1.282	2.436	240	83	244		5	2	78	4	128.984	960.513

(5)身分證明書受給者鄉關別，年齡及就勞地一覽表

康德7年3月分

鄉關別		河北省	山東省	山西省	河南省	江蘇省	浙江省	安徽省	廣東省	湖北省	福建省	察哈爾省	其ノ他	月計
年齡別	十九歲以下	6.496	10.940	171	427	40	18	31			1	13		18.137
	二十歲以上	16.299	22.681	460	654	73	35	72		2	1	31	2	40.310
	三十歲以上	14.867	18.415	337	610	72	14	63		1		24	1	34.434
	四十歲以上	9.080	11.911	200	549	38	7	45		1		5	1	21.837
	五十歲以上	4.365	6.287	80	187	17	9	30		1		5		10.981
	六十歲以上	1.347	1.872	4	9			8						3.235
就勞地別	關東州	1.057	11.844	3	23	7	4	2		3		3		12.944
	奉天省	22.718	17.213	619	496	77	21	23		1	1	16	1	41.186
	吉林省	7.428	8.738	80	411	20	24	4			1	1		16.702
	濱江省	5.000	9.477	125	122	10	14	6		2				14.756
	龍江省	1.272	2.012	77	70	4	3							3.438
	安東省	242	4.541	1	5		12	1				1		4.803
	三江省	1.869	2.908	65	619	29	1	165				16	1	5.668
	黑河省	460	1.140	1	116	11		13					1	1.742
	錦州省	3.186	1.587	24	23	7	4	1						4.782
	熱河省	1.570	156	24	21							4		1.775
	興安各省	1.184	1.578	59	41	2						18		2.872
	間島省	828	1.044	45	34	11		23				2		1.987
	通化省	747	2.598	83	51	2		1				1	1	3.479
	牡丹江省	2.301	2.125	28	131	2		4				16		4.607
	東安省	1.383	3.408	8	137	48						6		4.990
	北安省	1.264	1.752	40	136	10		1						3.203
月計		52.454	72.106	1.282	2.436	240	83	244		5	2	73	4	128.934
備考														

(6)身分證明書受給者經由地別、鄉關、年齡及就勞地一覽表

康德7年5月分

經由地別		大連	營口	安東	山海關	古北口	喜峰口	冷口	月計
鄉關別	河北省	1.634	1.844	37	46.971	1.561	210	197	52.454
	山東省	33.558	2.654	3.548	32.097	225	21	3	72.106
	山西省	13	50		1.160	59			1.282
	河南省	39	195	1	2.161	40			2.436
	江蘇省	87	4		149				240
	浙江省	61		12	16				83
	安徽省	5	7		232				244
	廣東省								
	湖北省	4			1				5
	福建省	1			1				2
	察哈爾省	2	18		55	3			78
	其ノ他		1		3				4
年齡別	十九歲以下	6.011	768	711	10.274	268	60	45	18.137
	二十歲以上	11.025	1.232	975	26.352	571	82	73	40.310
	三十歲以上	8.941	1.233	828	22.340	503	46	43	34.434
	四十歲以上	5.466	892	558	14.529	345	31	16	21.837
	五十歲以上	2.892	528	361	7.022	148	11	19	10.981
	六十歲以上	1.069	120	165	1.823	53	1	4	3.235
就勞地別	關東州	12.880			64				12.944
	奉天省	7.769	2.160	15	30.944	287	4	7	41.186
	吉林省	2.386	313	5	13.991		1	6	16.702
	濱江省	4.298	479	1	9.969	4		10	14.756
	龍江省	417	46	2	2.970	3			3.438
	安東省	951	61	3.452	339				4.803
	三江省	515	270		4.596	286		1	5.668
	黑河省	206	170		1.366				1.742
	錦州省	427	16		4.322	5	6	6	4.782
	熱河省	4	2		217	1.174	219	159	1.775
	興安各省	52	4		2.686	128	1	1	2.872
	間島省	455	464	2	1.066				1.987
	通化省	1.622	38	118	1.701				3.479
	牡丹江省	981	271	3	3.345	1		6	4.607
	東安省	1.841	461		2.688				4.990
	北安省	605	18		2.576			4	3.203
月計		35.404	4.773	3.598	82.840	1.888	231	200	128.934

(7) 入離滿勞働者職業細別，經由地一覽表

康德7年5月分

職業別 \ 經由地別・入離滿別		大連		營口		安東		山海關		古北口		喜峰口		冷口		月計		本年累計	
		入滿	離滿	入滿	離滿	入滿	離滿	入滿	離滿	入滿	離滿	入滿	離滿	入滿	離滿	入滿	離滿	入滿	離滿
農林業	農耕	8.744	1.517	194	217	262	97	17.328	3.407	180	62	8	2	25	2	21.736	5.804	118.551	19.909
	養蠶業		2														2	6	8
	畜産業	2	6					49	41	41	10					92	57	667	201
	林業	24	14		6	2	10	102	89					1	1	129	120	533	689
	計	8.770	1.539	194	223	264	107	17.474	3.537	221	72	8	2	26	8	21.957	5.486	119.757	20.757
漁業	漁業	9	4				1	46	31							55	36	1.283	273
鑛業	金屬鑛業	622	5					416	55	3	5					1.041	65	9.716	441
	非金屬鑛業	3.643	186	426	88	10	4	4.169	837	277	8	8		1		8.534	1.073	78.992	4.910
	採鹽	8	10	8				2	2							8	12	609	42
	計	4.268	151	429	88	10	4	4.587	894	280	13	8		1		9.583	1.150	84.317	5.393
工業	窯業土石加工	544	125	493	27	17	2	2.277	753	39	21	1		2		3.368	928	89.849	3.641
	金屬工業	18	25	15	13	1	8	54	14	1	5					89	60	853	172
	機械器具製造業	1.014	439	15	5	45	18	2.870	1.130	69	78	26		4		4.048	1.660	29.091	6.002
	運搬用具製造	69	27			5	4	150	17	4	1					288	49	985	167
	精巧工業	46	20	24	12			156	31	3	4					234	67	857	244
	化學工業	185	258	23	32	22	8	178	82	1	1	1		1		406	871	2.179	1.260
	纖維工業	2.377	656	93	84	1.185	288	2.428	631	26	12	1			1	6.110	1.567	21.783	5.396
	被服身裝品製造	968	379	31	15	68	24	1.699	329	27	11	1		2		2.796	1.258	13.848	4.340
	紙印刷工業	221	75	13	8	10	3	332	22	3	1	1				575	114	2.493	488
	皮革骨角毛品製造	180	66	52	10	12	10	777	179	30	4	2		1		1.004	269	4.237	1.350
	木竹草蔓等品製造	735	160	35	12	78	12	2.158	681	26	25	1	1	1	1	3.079	842	19.637	2.921
	食料品類製造	522	228	32	24	85	47	1.217	514	68	21	9		5	4	1.930	833	9.816	2.865
	土木業	2.381	384	2.320	411	48	41	22.546	1.465	296	11			2		27.588	2.262	278.697	26.650
	建築業	3.164	1.001	282	89	394	52	4.127	1.383	26	19	17		2		7.962	2.449	38.189	10.177
	電氣瓦斯水道	40	15	18	3			123	33	1						187	56	1.038	229
	其ノ他ノ工業	202	73	102	67	6	4	864	339	39	11					1.213	494	6.327	2.086
	計	12.616	3.376	3.604	707	1.921	461	41.951	3.003	654	220	60	1	20	6	60.823	13.279	518.234	67.983
商業	商業從事	3.893	6.571	578	215	420	509	5.115	2.570	408	111	17	3	69	8	10.495	9.987	38.230	48.613
	金融保險業	1					1	72	69					1		74	70	293	502
	待客業從事	1.290	526	13	4	31	23	955	190	68	27	2		4		2.366	770	9.147	2.902
	計	5.184	7.097	586	219	451	533	6.142	2.829	476	133	19	3	74	8	12.932	10.827	47.675	52.016
交通業	通信	6	12				1	1								7	13	53	47
	運輸	3.396	2.639	166	125	250	39	2.977	1.329	48	16	3		2		6.847	4.148	55.264	12.784
	計	3.402	2.651	166	125	250	40	2.978	1.329	48	16	3		2		6.854	4.161	55.317	12.831
其ノ他	家事使用人	3.289	184	19	17	722	67	5.148	1.367	4	17	6		73	4	9.261	1.656	49.202	7.052
	其ノ他	4.739	4.221	486	227	336	114	5.141	2.154	122	58	122		4		10.950	6.774	51.397	21.362
	計	8.028	4.405	505	244	1.058	181	10.289	3.521	126	75	128		77	4	20.211	8.430	100.599	23.413
合計		37.277	19.723	5.434	1.306	3.954	1.837	33.467	20.149	1.805	584	281	6	200	21	182.418	48.866		
本年累計		286.071	84.186	40.766	2.821	8.614	2.088	572.609	96.040	11.989	2.538	787	17	1.396	92			922.132	187.677

備考　四月分7號表中喜峰口ノ離滿本年累計數10ヲ11ニ訂正ス

9

(8)入離滿勞働者職業別，就勞地一覽表

康德7年5月分

職業別		農業	林業	漁業	鑛業	商業	土木業	建築業	製造業	運交業	雜役	月計	前年仝月比較	本年累計
入滿者目的就勞地	關東州	804	1	6	154	2.452	548	996	2.477	2.349	3.884	13.646	116	101.138
	奉天省	7.143	89	16	4.439	4.333	2.801	2.752	11.197	1.844	7.068	41.681	12.890	283.458
	吉林省	4.758	18		140	1.104	4.024	1.101	2.570	771	2.408	16.889	5.570	111.545
	濱江省	3.815	25	2	8	2.185	1.021	801	3.721	836	2.318	15.012	808	87.320
	龍江省	1.508	5		5	304	364	117	610	125	425	3.468	(-) 255	20.960
	安東省	487	2		18	604	159	498	1.880	400	1.819	5.271	928	23.870
	三江省	894	12	2	48	247	4.664	88	284	48	272	6.002	3.795	31.637
	黑河省	54			127	27	1.503	44	184	4	12	1.955	(-) 818	19.572
	錦州省	877	1	27	1.735	887	582	209	698	99	635	4.750	1.408	52.153
	熱河省	222	1		4	551	12	54	404	59	868	1.670	(-) 245	9.887
	興安各省	295	8		15	165	2.077	57	105	28	187	2.932	1.812	16.680
	間島省	183			15	73	1.412	68	55	86	118	1.950	(-) 562	19.298
	通化省	792	4	2	1.133	180	775	113	180	45	301	3.425	(-) 401	37.482
	牡丹江省	479	6		70	244	3.261	496	320	110	361	5.347	(-) 5.279	50.727
	東安省	26			1.679	24	2.682	270	521	6	70	5.278	5.278	35.213
	北安省	587	12		3	152	1.208	310	220	55	200	3.197	3.197	21.247
	月計	21.228	129	55	9.583	12.932	27.588	7.362	25.276	6.854	20.211	182.418		
	前年仝月比較	11.322	43	10	2.185	7.165	955	949	4.145	(-) 984	2.405		23.245	
	本年累計	112.224	533	1.233	84.317	47.675	278.697	88.189	151.848	55.817	100.599			922.182
離滿者滯滿就勞地	關東州	908	1	4	47	3.442	247	689	1.525	2.589	3.294	12.691	5.218	52.784
	奉天省	2.038	14	12	587	2.971	1.186	924	4.149	849	2.808	15.508	9.328	59.286
	吉林省	801	24		89	801	247	332	754	809	770	4.077	2.637	16.802
	濱江省	622	30		10	1.521	146	199	900	167	619	4.214	2.508	17.065
	龍江省	208		1	1	158	38	17	104	4	59	590	148	2.598
	安東省	143	9		6	679	52	66	456	83	241	1.735	718	5.070
	三江省	42	8		95	267	23	10	35	15	76	571	165	2.566
	黑河省	12			6	29	11	1	5	2	2	68	44	618
	錦州省	191	2	18	263	260	151	126	255	103	241	1.610	624	7.841
	熱河省	83	1		8	184	10	21	224	16	96	643	159	3.811
	興安各省	64		1	6	111	26	7	26	7	34	282	49	1.593
	間島省	48	3		38	39	11	5	20	11	31	201	184	1.693
	通化省	85	2		55	80	53	17	27	10	41	370	147	6.614
	牡丹江省	58	15		11	158	47	28	57	35	81	485	801	7.595
	東安省	7			82	40	5	3	3		9	99	99	1.060
	北安省	33	11		1	92	9	4	28	11	33	222	222	1.181
	月計	5.363	120	36	1.150	10827	2.262	2.449	8.568	4.161	8.430	48.366		
	前年仝月比較	3.643	97	29	884	1.109	1.819	2.063	4.461	2.633	6.248		22.486	
	本年累計	20.118	639	278	5.393	52.016	26.650	10.177	81.161	12.831	28.414			187.677
備考														

(9) 入滿勞働者隨伴家族入滿實數調

康德7年5月分

入滿地	性別	天津	濟南	北京	山海關	青島	芝罘	龍口	威海衛	安東	古北口	喜峰口	冷口	月計	本年累計
大連營口	男	319				1.908	1.468	861	338					4882	28.234
	女	1.287				5.205	4.627	8.025	1.691					15.885	68.103
	計	1.606				7.106	6.090	8.886	2.029					20.717	91.337
	男	230						382						612	1.857
	女	616						1.043						1.659	4.923
	計	846						1.425						2.271	6.780
安東	男						631							631	1.092
	女						1.803							1.803	3.710
	計						2.434							2.434	4.802
山海關	男				2.358									2.358	14.802
	女				4.371									4.371	30.984
	計				6.729									6.729	45.786
古北口	男	2	3	38							65			108	862
	女	8	1	81							156			246	1763
	計	10	4	119							221			354	2.628
喜峰口	男											12		12	75
	女											14		14	143
	計											26		26	218
冷口	男												12	12	95
	女												30	30	174
	計												42	42	269
月計	男	551	3	38	2.358	1.901	2.094	1.243	338		65	12	12	8.615	
	女	1.911	1	81	4.371	5.205	6.430	4.068	1.691		156	14	30	23.958	
	計	2.462	4	119	6.729	7.106	8.524	5.311	2.029		221	26	42	32.573	
本年累計	男	2.577	97	79	14.802	9.093	7.810	5.279	1.332		778	75	95		42.017
	女	8.633	385	169	30.984	24.570	23.031	14.859	5.327		1.578	143	174		109803
	計	11.210	482	248	45.786	33.663	30.841	20.138	6.659		2.356	218	269		151.820

11

(10)離満勞働者隨伴家族離満實數調

康德7年5月分

經路別 歸還地 性別 離満地		陸				路	海								路	月計	本年累計
		山海關	古北口	喜峰口	冷口	計	天津	塘沽	青島	芝罘	龍口	威海衛	上海	安東	計		
大連	男						310		164	310	168	34	11		997	997	3.490
	女						1.244		753	1.797	1.027	818	36		5.675	5.675	18.634
	計						1.554		917	2.107	1.195	852	47		6.672	6.672	22.124
營口	男						20				7				27	27	42
	女						51				42				93	93	192
	計						71				49				120	120	234
安東	男									2				1	3	3	6
	女									71				86	157	157	263
	計									73				87	160	160	269
山海關	男	888				888										888	3.451
	女	1.148				1.148										1.148	5.518
	計	2.036				2.036										2.036	8.969
古北口	男		20			20										20	36
	女		20			20										20	57
	計		40			40										40	93
喜峰口	男																
	女																
	計																
冷口	男																
	女																
	計																
月計	男	888	20			908	330		164	312	175	34	11	1	1.027	1.935	
	女	1.148	20			1.168	1.295		753	1.868	1.069	818	36	86	5.925	7.093	
	計	2.036	40			2.076	1.625		917	2.180	1.244	852	47	87	6.952	9.028	
本年累計	男	3.451	36			3.487	787		758	1.149	681	151	11	1	3.538		7.025
	女	5.518	57			5.575	3.682	10	3.109	6.535	3.637	1.994	36	86	19.089		24.664
	計	8.969	93			9.062	4.469	10	3.867	7.684	4.318	2.145	47	87	22.627		31.689
備考																	

伪满劳工协会理事长重藤千秋关于送交一九四〇年六月出入伪满劳工统计月报致伪满治安部警务司长、民生部劳务司长等的函（一九四〇年九月三十日）

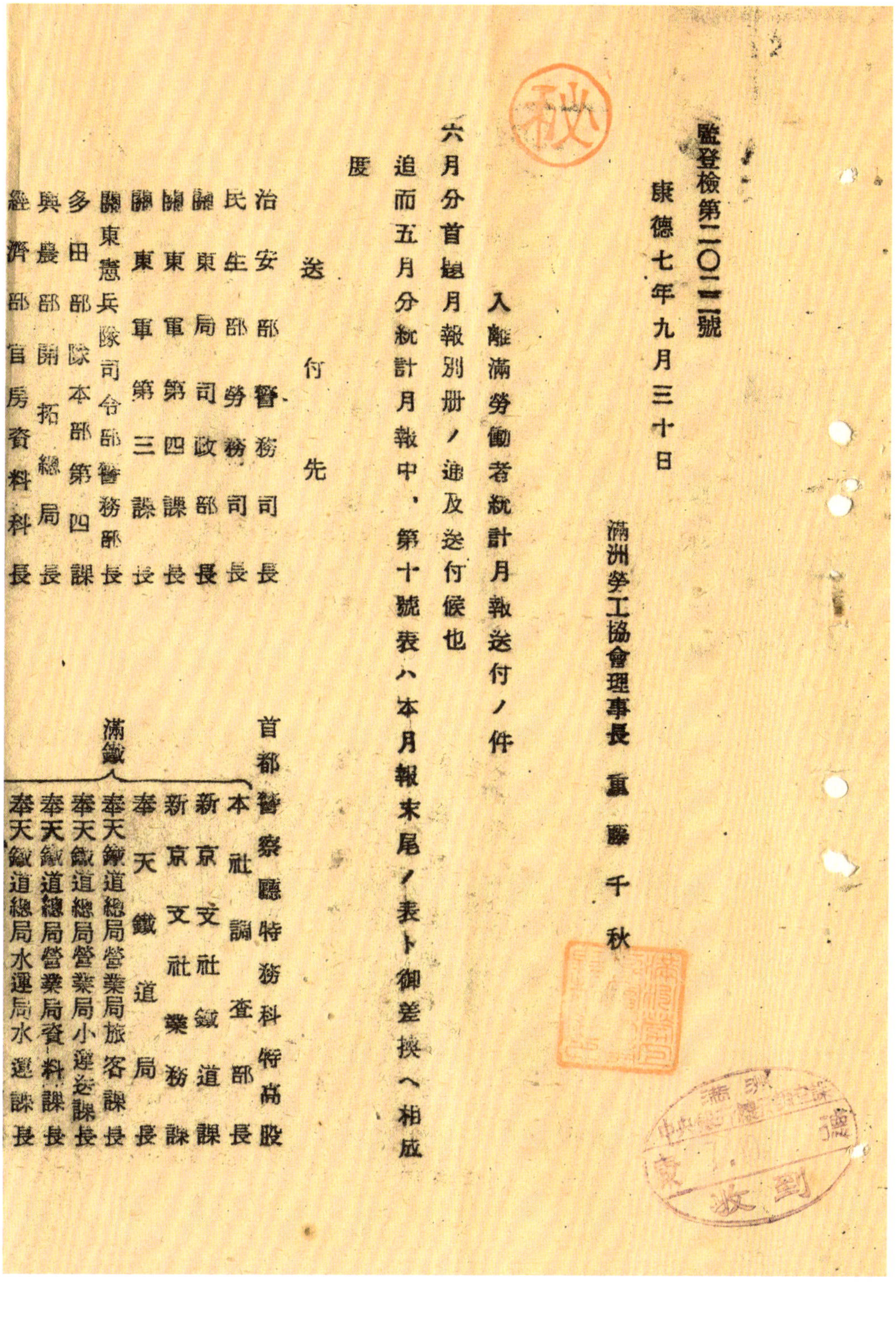

監登検第二〇二一號

康德七年九月三十日

滿洲勞工協會理事長　重藤千秋

入離滿勞働者統計月報送付ノ件

六月分首題月報別冊ノ通及送付候也

追而五月分統計月報中、第十號表ハ本月報末尾ノ表ト御差換ヘ相成度

送付先

治安部警務司長

民生部勞務司長

關東局司政部長

關東軍第四課長

關東軍第三課長

關東憲兵隊司令部警務部長

多田部隊本部第四課

興農部開拓總局長

經濟部官房資料科長

首都警察廳特務科特高股

滿鐵

本社調查部長

新京支社鐵道課

新京支社業務課

奉天鐵道局長

奉天鐵道總局營業局旅客課長

奉天鐵道總局營業局小運送課長

奉天鐵道總局營業局資料課長

奉天鐵道總局水運局水運課長

65

關東軍經理部主計科
國務院總務廳統計處長
國務院總務廳企劃處長
外務局政務處長
新京特別市公署行政科長
專賣總署
大使館通商課
北京特務機關長
天津特務機關長
濟南特務機關長
青島特務機關長
芝罘特務機關長
青島海軍駐在武官
旅順要港部副官
天津總領事
濟南總領事
青島總領事
芝罘領事
關東州警察部長
大連水上警察署長
安東警察廳長
營口警察廳長
營口水上警察署長
山海關國境警察署長
古北口警察署長
喜峰口警察署長
冷口警察署長

北支經濟調查所長
華北交通會社旅客課長
大連修航會長
營口航業聯合會長
安東航路同盟會長
奉天ビューロー滿洲支部長
北京新民會
東京帝大農學部農業經濟學教室
北海道帝大農學部農業經濟學教室
拓殖大學拓殖研究會
滿洲土木建築協會長
關東州勞務協會長
滿洲中央銀行總行內臨時爲替局日支部
滿洲中央銀行產業部調查科
滿洲興業銀行調查科長
糧穀會社
生活必需品會社

滿洲勞工協會
- 本部各部科長
- 國外各支部出張所長
- 奉天省支部長
- 安東省支部長
- 營口出張所長
- 大連駐在員

66

康德7年6月分

入離滿勞働者統計月報

滿洲勞工協會監理部

目　　次

2

68

(1) 身分證明書・特別身分證明書・特種身分證明書受給者査證地別各種統計表

康德7年6月分

査證地別			天津	済南	北京	山海関	青島	芝罘	龍口	威海衛	安東	古北口	喜峰口	冷口	月計	前年同月比較増減	本年累計
身分證明書	来所者		25.757	10.261	5.711	11.195	7.149	7.602	3.919	1.615		647	42	126	74.024	16.066	1.046.528
	拒否		877		32	42	31								482	(-) 67	10.173
	受付		25.380	10.261	5.679	11.153	7.118	7.602	3.919	1.615		647	42	126	73.542	16.133	1.036.350
	不合格		189	54	2		4	20							269	(-) 22	2.464
	受給者	單獨	21.670	8.553	5.119	8.752	5.618	6.361	3.122	1.518		553	35	116	61.417	7.563	939.952
		家族同伴者	3.521	1.654	558	2.401	1.496	1.221	797	97		94	7	10	11.856	8.592	93.934
		計	25.191	10.207	5.677	11.153	7.114	7.582	3.919	1.615		647	42	126	73.273	16.155	1.033.886
	随伴家族	男	1.372	1.053	260	1.277	943	838	538	43		65	4	1	6.394	4.645	60.205
		女	5.331	2.706	762	2.582	2.642	2.293	1.736	160		133	16	14	18.375	13.289	148.757
		計	6.703	3.759	1.022	3.859	3.585	3.131	2.274	203		198	20	15	24.769	17.934	208.962
特別身分證明書	受給者	月計	211		46	37	13	61	3	45		23	19	9	467	143	
		本年累計	1.094		212	314	90	767	33	220		147	209	53			3.189
	返納者	月計	201		25	55	13	75	6	38		23	30	9	475	144	
		本年累計	813		154	283	72	617	19	183		124	195	40			2.500
	失効者	月計	39		5		3	15	2	1		2		2	69	28	
		本年累計	129		21	6	8	118	12	3		5	8	8			318
特種身分證明書	受給者	月計	16			1		6				9	47		79	(-) 70	
		本年累計	2.023			51		1.684				255	507	14			4.484
訂正			五月分第一號表中、青島ノ特別證返納月計５９ヲ１４ニ仝累計１０４ヲ５９ニ同ジク失効者月計５ヲ抹消シ仝累計１０ヲ５ニ訂正スルト共ニ査證地別月計欄並ニ前年仝月比較、本年累計欄モ可然訂正方相煩度														

(2) 身分證明書受給者查證地別。鄉關。經由地及就勞地一覽表

康德7年6月分

查證地別		天津	濟南	北京	山海關	青島	芝罘	龍口	威海衛	安東	古北口	喜峰口	冷口	月計	前年同月比較增減	本年累計
鄉關別	河北省	15.662	117	4.123	10.105	55	41	8	2		573	41	126	30.853	6.494	453.081
	山東省	9.116	10.067	573	918	6.935	7.523	8.911	1.613		67	1		40.724	12.031	535.804
	山西省	88	2	582	77		1				5			755	(-) 604	6.919
	河南省	209	8	392	45	2					2			658	(-) 778	28.560
	江蘇省	53	12	3	3	31	8							110	(-) 467	1.749
	浙江省	5				71	8							84	3	335
	安徽省	23	1	1	2	1	1							29	(-) 551	2.136
	廣東省				2									2	(-) 1	7
	湖北省					19								19	15	54
	福建省														(-) 1	4
	察哈爾省	32												32	18	398
	其ノ他	3		3	1									7	(-) 4	39
經由地別	大連	930	1.097	29		7.114	6.219	3.232	1.615					20.236	4.804	308.919
	營口	475	2	7				687						1.171	(-) 9.737	43.030
	安東	11					1.363							1.374	27	10.465
	山海關	23.744	9.088	5.205	11.153									49.190	21.499	655.602
	古北口	31	20	436							647			1.134	(-) 94	13.520
	喜峰口											42		42	(-) 265	829
	冷口												126	126	(-) 79	1.521
就勞地別	關東州	907	205	32	21	2.043	3.403	554	1.312					8.477	2.141	110.989
	奉天省	12.118	3.441	2.935	5.319	2.286	1.156	982	95		282		7	28.621	11.252	321.944
	吉林省	8.991	2.002	444	1.537	682	232	293	28		1	1	1	9.212	2.127	124.571
	濱江省	3.067	1.671	1.009	950	458	574	1.488	39				4	9.260	2.225	99.484
	龍江省	954	463	184	232	97	60	88	4			4		2.116	723	23.646
	安東省	160	93	14	[illegible]6	293	1.520	89	87					2.272	246	26.929
	三江省	379	132	23	157	56	57	155	2				1	962	236	33.759
	黑河省	171	203		19	11	7	15	2					428	(-) 1.556	22.432
	錦州省	768	881	301	1.773	136	16	5	1		9	13	5	3.398	818	58.274
	熱河省	89	29	395	71		1	1	1		335	24	99	1.045	(-) 202	11.502
	興安各省	197	42	77	239	2	18	15	5		20		1	616	(-) 829	19.341
	間島省	262	27	12	37	98	60	21	9				2	523	1	21.218
	通化省	251	938	32	120	504	178	30	14					2.062	793	42.312
	牡丹江省	219	154	142	280	165	226	141	10				3	1.340	(-) 1.263	54.189
	東安省	1.332	201		155	259	57	12	1					2.017	(-) 64	40.798
	北安省	336	225	77	197	29	22	30	5				3	924	(-) 503	22.498
月計		25.191	10.207	5.677	11.153	7.114	7.582	8.919	1.615		647	42	126	73.273		
前年同月比較		5.278	4.670	3.456	(-) 934	1.491	1.204	501	1.155	(-) 1	(-) 321	(-) 265	(-) 79		16.155	
本年累計		440.261	151.484	46.496	132.103	97.169	97.228	40.114	16.950		9.781	829	1.521			1.038.886
備考																

70

(3) 身分證明書受給者職業別。查證地。經由地及就勞地一覽表

康德 7 年 6 月分

職業別		農業	林業	漁業	鑛業	商業	土木業	建築業	製造業	運交業	雜役	月計
查證地別	天津	8.076	10	17	1.550	373	2.775	1.439	5.875	1.635	3.441	25.191
	濟南	5.007	14		2.025	382	497	154	1.287	348	493	10.207
	北京	473	3		410	1.454	218	269	2.495	95	260	5.677
	山海關	1.042	52	45	957	2.832	490	259	1.821	238	3417	11.153
	青島	1.879		4	1.326	238	113	233	1.079	863	1.379	7.114
	芝罘	286	12		99	2.408	116	558	1.757	582	1.764	7.582
	龍口	58	1		15	1.643	2	214	796	93	1.097	3.919
	威海衛	34		1	3	223	7	145	439	841	422	1.615
	安東											
	古北口	74			281	114	4	7	126	15	26	647
	喜峰口	13			13	11			3	1	1	42
	冷口	10	1			60		2	14		39	126
經由地別	大連	2.489	13	6	2.335	3.986	258	1.041	3.744	1.935	4429	20.236
	營口	116		13	26	303	17	59	306	69	262	1.171
	安東	107				270	30	123	477	84	283	1.374
	山海關	14.063	79	48	4.023	4.816	3.909	2.032	10.861	2.097	7.262	49.190
	古北口	154			282	292	8	23	287	25	68	1.134
	喜峰口	13			13	11			3	1	1	42
	冷口	10	1			60		2	14		39	126
就勞地別	關東州	593		2	12	1.923	158	563	1.627	1.433	2.166	8.477
	奉天省	6.200	39	26	3.133	3.348	866	1.268	7.567	1.380	4.794	28.621
	吉林省	3.733	9		108	876	349	491	1.622	460	1.564	9.212
	濱江省	2.813	13	1	6	1.563	341	309	2.189	421	1.604	9.260
	龍江省	1.182	2	1		189	37	50	321	53	281	2.116
	安東省	267			1	414	78	173	712	154	473	2.272
	三江省	203	6		11	158	276	18	116	24	150	962
	黑河省	24			5	16	344	2	25	6	6	428
	錦州省	321	4	37	1.329	338	102	131	634	79	423	3.398
	熱河省	182			7	351	9	23	324	27	122	1.045
	興安各省	203	4			117	54	11	74	33	120	616
	間島省	137	9		101	54	100	10	43	11	58	523
	通化省	546	2		1.072	90	44	86	74	50	148	2.062
	牡丹江省	311	4		71	159	281	105	147	57	205	1.340
	東安省	14	1		822	21	927	77	101	1	53	3.017
	北安省	223			1	121	256	13	116	22	172	924
月計		16.952	98	67	6.679	9.788	4.222	3.280	15.692	4.311	12.339	73.273
前年同月比較		10.820	21	26	730	4.565	(一) 6.028	738	3.656	887	1.240	16.155
本年累計		139.866	631	1.338	95.906	63.608	300.915	88.421	172.210	60.778	110.213	1.038.886
備考												

（４）身分證明書受給者、鄕關別，職業細別一覽表

康德７年６月分

鄕關別		河北省	山東省	山西省	河南省	江蘇省	浙江省	安徽省	廣東省	湖北省	福建省	察哈爾省	其ノ他	月計	本年累計
農牧林業	農耕	4.635	12.176	12	25	34		5						16.887	189.161
	蚕業														
	畜産業	16	49											65	705
	林業	60	32		1									93	631
	計	4711	12.257	12	26	34		5						17.045	140.497
漁業	漁業	62	5											67	1.338
鑛業	金屬鑛業	55	566		1	1								623	12.286
	非金屬鑛業	2.877	3.462	78	109	9		7	2				2	6.045	83.034
	採鹽	6	4											10	586
	計	2.438	4.032	78	110	10		7	2				2	6.679	95.906
工業	窯業土石加工	767	1.041	14	18	1								1.841	42.135
	金屬工業	10	53											63	377
	機械器具製造裝置	1.518	1.274	57	5									2.854	33.487
	運搬用具製造	106	72	2	1									181	1.226
	精巧工業	126	32	1			2							161	1.029
	化學工業	109	137	10	1									257	2.535
	纖維工業	1.308	1.809	29	4	2	9	3					1	3.165	25.616
	被服身裝品製造	1.152	720	16	1	9	3			1				1.902	15.794
	紙印刷工業	238	194	1										433	3.022
	皮革骨羽毛品製造	542	201	16	1									760	5.149
	木竹草藁等品製造	1.175	718	22	7	4	1							1.927	22.746
	食料品類製造	661	558	68	1	3	39							1.330	11.124
	土木業	2.220	1.720	104	122	11	1	9				81	4	4.222	300.915
	建築業	1.590	1.665	20	4	1								3.280	88.421
	電氣瓦斯水道	59	47		1	1								108	1.174
	其他ノ工業	225	176	5	304									710	6.846
	計	11.806	10.417	365	470	82	55	12		1		81	5	23.194	561.546
商業	商業從事	3.728	3.638	172	10	1	5			1				7.555	46.818
	金融保險業	51	2											53	337
	待客業從事	533	1.505	58	20	4	1	1		18				2.130	16.958
	計	4312	5.145	225	30	5	6	1		14				9.738	63.608
運交業	通信	2	1											3	25
	運輸	1.299	2.881	18	3	5		2						4.208	60.758
	計	1.301	2.882	18	3	5		2						4.211	60.778
其ノ他	家事使用人	3.288	2.069	3	6	6								5.872	52.030
	其ノ他	2.935	3.917	54	13	18	23	2		4		1		6.967	58.183
	計	6.223	5.986	57	19	24	23	2		4		1		12.339	110.213
月計		30.853	40.724	755	658	110	84	29		19		82	7	73.278	1.033.886

72

(5)身分證明書受給者鄉關別，年齡及就勞地一覽表　　康德7年6月分

鄉	關別	河北省	山東省	山西省	河南省	江蘇省	浙江省	安徽省	廣東島	湖北省	福建省	察哈爾省	其ノ他	月計
年齡別	十九歳以下	8.599	5.422	110	140	21	28	2		4		8	1	9335
	二十歳以上	9.981	13.152	248	210	22	30	8		7		14	5	[illegible]3.677
	三十歳以上	8.927	11.249	216	170	37	15	14	2	3		8	1	20.6[illegible]2
	四十歳以上	5.126	6.485	117	106	27	8	3		3		1		11.876
	五十歳以上	2.333	3.252	60	28	3	3	2		1		1		5.683
	六十歳以上	837	1.164	4	4					1				2.060
就勞地別	關東州	545	7.913		3	13	1			2				8.477
	奉天省	15.960	11.975	332	230	33	31	6	1			1	2	28.621
	吉林省	4.152	4.934	44	44	14	22	1				1		9212
	濱江省	3.234	5.793	122	55	22	18	2		14				9260
	龍江省	630	1.408	25	42	4	6	1						2.116
	安東省	119	2.142	2	3	5		1						2.272
	三江省	363	539	2	36	4		11					2	962
	黑河省	110	288	6	3			1		1		19		428
	錦州省	2.351	941	52	47	3	1	1	1				1	3.398
	熱河省	867	131	21	26									1.0[illegible]5
	興安各省	379	193	33	8	2		1						616
	間島省	226	267	14	13	1		1				1		523
	通化省	314	1.727	1	17	2		1						2.062
	牡丹江省	410	891	12	20		5	1		1				1.340
	東安省	772	1.132	23	81	5		1		1			2	2.017
	北安省	416	450	16	30	2						10		924
月計		30.353	40.724	755	658	110	84	29	2	19		32	7	78.273
備考														

6身分證明書受給者經由地別，郷關，年齡及就勞地一覽表　　康德7年6月分

經由地別		大連	營口	安東	山海關	古北口	喜峰口	冷口	月計
郷關別	河北省	590	267	21	28.356	952	41	126	30.853
	山東省	19500	390	1.347	18.368	118	1		40.724
	山西省	2			713	40			755
	河南省	4	13		617	24			658
	江蘇省	41		5	64				110
	浙江省	79			5				84
	安徽省	1	1	1	26				29
	廣東省				2				2
	湖北省	19							19
	福建省								
	察哈爾省				32				32
	其ノ他				7				7
年齡別	十九歲以下	3365	199	252	5.361	133	3	22	9335
	二十歲以上	6.555	316	389	16.014	343	14	46	23.677
	三十歲以上	5.257	298	347	14.376	321	14	29	20.642
	四十歲以上	2.965	183	202	8.306	198	8	14	11.876
	五十歲以上	1.507	114	127	3.316	108	1	10	5.683
	六十歲以上	587	61	57	1.317	31	2	5	2.060
就勞地別	關東州	8.431		1	45				8.477
	奉天省	4.327	780	6	22.719	282		7	28.621
	吉林省	1.185	57	1	7.966	1	1	1	9212
	濱江省	2.427	137	2	6.690			4	9260
	龍江省	236	13		1.863		4		2116
	安東省	669	19	1.321	263				2.272
	三江省	245	24	1	691			1	962
	黑河省	34	1		393				428
	錦州省	156	2		3.210	12	13	5	3398
	熱河省	2	1		144	775	24	99	1.045
	興安各省	36	4		512	63		1	616
	間島省	175	4	4	338			2	523
	通化省	685	8	37	1.332				2.062
	牡丹江省	525	17	1	794			3	1.340
	東安省	524	96		1.397				2.017
	北安省	79	8		833	1		3	924
月計		20.236	1.171	1.374	49190	1.134	42	126	78.273

74

(7) 入離満労働者職業細別，經由地一覧表

康徳 7 年 6 月分

職業別		大連 入満	大連 離満	営口 入満	営口 離満	安東 入満	安東 離満	山海関 入満	山海関 離満	古北口 入満	古北口 離満	喜峰口 入満	喜峰口 離満	冷口 入満	冷口 離満	月計 入満	月計 離満	本年累計 入満	本年累計 離満
農牧林業	農耕業	2505	1263	149	264	113	121	18.556	4.420	143	53	13	2	10	3	16492	6126	135.043	26.035
	養蠶業		5	2												2	5	8	13
	畜産業	4	1	1				59	39	4	13					68	53	735	254
	森林業	13	8	2	3		14	76	126					1		92	151	625	790
	計	2.525	1.277	154	267	113	135	18.691	4.585	147	66	13	2	11	3	16.654	6.335	136.411	27.092
漁業	水産業	7	15		2		8	48	36							55	61	1.338	339
鑛業	金属鑛業	144	13					457	38	2	13					603	64	10.319	505
	非金属鑛業	2.153	132	23	69		1	3.647	872	281	4	13				6.117	1.078	80.109	5.988
	採鹽	1	11					7	3							8	14	8 617	56
	計	2.298	156	23	69		1	4.111	913	283	17	13				6.728	1.156	91.045	6.549
工業	窯業土石加工	148	97	28	32	6	5	1.475	848	47	24			1		1.705	1.006	41.054	4.647
	金属工業	6	29	2	2		1	43	17	5						56	49	409	221
	機械器具製造	605	415	11	5	28	20	2.051	1.213	89	35			2	3	2.786	1.691	31.877	7.693
	運搬用具製造	57	12			3	11	109	18	1	1					170	42	1.155	209
	精巧工業	23	14	12	1	4	1	119	51	6	4					164	71	1.021	315
	化學工業	88	166	3	4	10	11	134	93	1	1					236	275	2.415	1.531
	紡織工業	1.009	797	16	14	420	205	1.668	807	20	2			1		3.134	1.825	24.922	7.221
	被服及身装品製造	536	416	5	8	27	35	1.294	1.060	27	3				1	1.839	1.528	15.237	5.863
	紙及印刷工業	153	68	2	5	15	9	257	31	2	1					429	114	2.922	602
	皮革骨羽毛類製造	90	60	4	8	13	10	628	197	14	11	3				754	286	4.991	1.636
	木竹草蔓類製造	361	140	56	15	26	16	1.373	751	21	35		3	3	1	1.840	961	21.527	3.882
	食料品製造	364	242	36	31	17	56	884	484	36	25			6	2	1.398	840	11.009	3.405
	土木業	264	412	135	503	31	62	4.179	1.963	9	19					4.618	2.959	283.315	29609
	建築業	1.038	843	61	53	163	76	1.958	1.337	21	24			2		3243	2.383	86.432	12.510
	電気瓦斯水道	20	15	5	6			82	45	1						108	66	1.146	295
	其他ノ工業	126	83	89	111		3	582	340	14	9			1		762	546	7.089	2.632
	計	4.888	3.809	515	798	765	521	16.786	9255	314	194	3	3	16	7	28.287	14.587	536.521	82.575
商業	商業従事	2.766	6.273	300	329	208	690	3.911	2.272	259	117	9	3	60	4	7.513	9688	45.743	58.300
	金融保険業	1	1				2	53	66							54	69	352	571
	接客業従事	846	663	12	8	19	29	730	170	46	23	2	1		1	1.655	895	10.802	8.797
	計	3.613	6.937	312	337	227	721	4.694	2.508	305	140	11	4	60	5	9222	10.652	56.897	62.668
交通業	通信		14					3								3	14	56	61
	運輸	1.896	1.789	78	71	103	59	2.031	1.373	24	13	1	1			3.133	3.306	59.397	16.090
	計	1.896	1.803	78	71	103	59	2.034	1.378	24	13	1	1			4136	3.320	59.453	16.151
其他	家事使用人	1.921	190	51	3	280	6[illegible]	3.339	1.201	2	12	1	3	39	3	5.633	1.476	54.835	8.528
	其ノ他	2.688	3.595	218	288	135	18[illegible]	3.759	2.633	65	60				1	6.865	6.759	58.262	28.121
	計	4.609	3.785	269	291	415	246	7.098	3.834	67	72	1	3	39	4	12.498	8.235	118.097	36.649
合計		19.836	17.732	1.351	1.335	1.623	1.691	48.462	22.504	1.140	502	42	13	126	10	72.580	44.346		
本年累計		305.907	101.918	42.117	4.656	10.237	3.729	621.071	118.544	13.079	3.035	829	30	1.522	111			994.762	232.023
随伴家族數																			
仝上累計																			
備考																			

75

(6) 入離滿勞働者職業別、就勞地一覽表　康德 7年 6月分

職業別		農業	林業	漁業	鑛業	商業	土木業	建築業	製造業	運交業	雜役	月計	前年同月比較	本年累計
入滿者目的就勞地	關東州	584		2	6	1769	160	564	1595	1408	2254	8387	1.892	109.475
	奉天省	6077	38	15	3095	3227	1073	1245	7360	1339	4762	28251	11.064	311.709
	吉林省	3607	9		80	860	341	465	1311	439	1549	8971	1.904	120516
	濱江省	2770	15		6	1464	337	804	2142	407	1590	9035	2.158	96.355
	龍江省	1154	1	1		170	34	48	296	56	281	2036	587	23.996
	安東省	266			1	353	81	207	798	169	604	2479	270	26.849
	三江省	202	6		10	151	267	19	116	20	151	942	242	32.579
	黑河省	20			5	15	267	2	25	5	6	345	(-) 1861	19.917
	錦州省	318	4	37	1330	325	104	129	617	80	405	3349	764	55.502
	熱河省	172			7	377	9	21	320	25	126	1057	(-) 109	10944
	興安各省	179	3			98	201	10	71	31	114	707	(-) 655	17.387
	間島省	137	9		74	47	231	15	38	8	60	619	34	19.912
	通化省	529	2		1107	69	50	89	74	45	171	2086	795	39.568
	牡丹江省	310	4		80	158	238	95	148	57	205	1295	(-) 1488	52022
	東安省	13	1		926	17	828	72	105	1	52	2015	352	37.228
	北安省	234			1	122	397	13	110	21	168	1056	(-) 144	22.303
	月計	16.562	92	55	6728	9222	4618	3243	15.426	4136	12.498	72580		[illegible]
	前年今月比較	10468	20	15	1330	4189	(-) 5747	692	3823	117	1298		16.305	[illegible]
	本年累計	185.786	625	1338	91.045	56897	283.315	86432	166.774	59158	113097			[illegible]
離滿者滯滿就勞地	關東州	787	1	11	26	3251	354	558	1414	1542	2729	10773	(-) 585	63.557
	奉天省	2396	15	9	497	2957	1228	928	4636	368	2856	16.885	10851	75.672
	吉林省	1109	27		46	741	231	344	884	523	810	4515	3084	21.315
	濱江省	715	31	2	3	1451	118	147	943	188	676	4274	2647	21.389
	龍江省	320	4		3	155	29	26	140	32	108	817	528	8315
	安東省	180	14	8	5	894	87	91	474	74	308	2135	1202	7205
	三江省	38	19		184	231	38	11	29	14	82	646	431	8212
	黑河省	11			8	29	117	1	4	1	7	178	134	[illegible]
	錦州省	206	3	31	173	229	148	109	351	81	255	1586	445	[illegible]
	熱河省	89	1		16	176	16	37	221	18	102	676	153	3987
	興安各省	84	2		8	114	20	3	24	8	49	312	132	1905
	間島省	36	1		31	51	16	9	27	11	28	210	143	1903
	通化省	101	5		89	69	456	21	33	5	48	827	685	[illegible]
	牡丹江省	72	19		9	182	72	42	86	49	119	650	490	[illegible]
	東安省	9			56	42	10		1	1	7	126	112	1186
	北安省	31	9		2	80	[illegible]	6	28	10	51	236	145	1417
	月計	6184	151	61	1156	10652	2989	2333	9295	3320	8235	44346		
	前年今月比較	4331	117	33	721	1190	1702	1498	3858	1396	5254		20100	
	本年累計	26.302	790	339	6549	62668	29609	12.510	40456	10151	36649			232.023
備考														

76

(9) 入滿勞働者隨伴家族入滿實數調

康德7年6月分

入滿地	查證地／性別	天津	濟南	北京	山海關	青島	芝罘	龍口	威海衛	安東	古北口	喜峰口	冷口	月計	本年累計
大連	男	65	91			918	207	741	37					2.059	25.293
	女	237	245	2		2.449	554	2.586	128					6.201	74.304
	計	302	336	2		3.367	761	3.337	135					8.260	99.597
營口	男	139						158						297	2.154
	女	486						431						917	5.840
	計	625						589						1.214	7.994
安東	男						346							346	1.438
	女						963							963	4.6[illegible]3
	計						1.309							1.309	6.111
山海關	男	1.116	886	239	1.249									3.540	18.342
	女	4.777	2.271	697	2.590									10.335	41.319
	計	5.943	3.157	936	3.839									13.875	59.661
古北口	男		1	16							65			82	944
	女	1	3	39							133			176	1.939
	計	1	4	55							198			258	2.883
喜峰口	男											4		1	79
	女											16		16	159
	計											20		20	238
冷口	男												1	1	96
	女												14	14	188
	計												15	15	284
月計	男	1.370	978	255	1.249	918	553	899	37		65	4	1	6.329	
	女	5.501	2.519	738	2.590	2.449	1.517	3.017	128		133	16	14	18.623	
	計	6.871	3.497	993	3.839	3.367	2.070	3.916	165		198	20	15	24.951	
本年累計	男	3.947	1.075	334	16.051	10.011	8.363	6.178	1.369		843	79	96		48.340
	女	14.134	2.854	907	33.574	27.019	24.548	17.876	5.455		1.711	159	188		128.425
	計	18.081	3.929	1.241	49.625	37.030	32.911	24.054	6.824		2.554	238	284		176.771

77

(10)離滿勞働者隨伴家族離滿實數調

康德7年6月分

離滿地	性別	陸路 山海關	古北口	喜峰口	冷口	計	海路 天津	塘沽	青島	芝罘	龍口	威海衛	上海	計	月計	本年累計
大連	男						202		205	278	192	50		922	922	4.412
	女						849		926	1.608	969	1.030		5.882	5.882	24.016
	計						1051		1.131	1.881	1.161	1.080		6.804	6.804	28.428
營口	男						14				9			23	23	65
	女						43				45			88	88	280
	計						57				54			111	111	345
安東	男									1				1	1	7
	女						16			196				212	212	475
	計						16			197				213	213	482
山海關	男	685				685									685	4.136
	女	1.075				1.075									1.075	6.593
	計	1.760				1.760									1.760	10.729
古北口	男		15			15									15	51
	女		24			24									24	81
	計		89			89									89	132
喜峰口	男															
	女															
	計															
冷口	男															
	女															
	計															
月計	男	685	15			700	216		205	274	201	50		946	1.646	
	女	1.075	24			1.099	908		926	1.804	1.014	1.030		5.682	6.781	
	計	1.760	89			1.799	1.124		1.131	2.078	1.215	1.080		6.628	8.427	
本年累計	男	4.136	51			4.187	1.003		968	1.424	882	201	11	4.484		8.671
	女	6.598	81			6.674	4592	10	4.085	8.423	4.651	3.024	36	24.771		31.445
	計	10.729	182			10.861	5.595	10	4.998	9.847	5.588	3.225	47	29.255		40.116